高级财务管理

王 静 ◎ 主编

内 容 简 介

本书通过理论讲解和案例分析相结合的方式，系统地介绍了高级财务管理学的核心内容，全面阐述了高级财务管理的基本理论和实践应用。全书共十四章，包括：总论，企业价值评估，企业并购财务管理，企业集团财务管理，企业集团资本运筹，企业集团纳税计划与股利政策，企业集团预算控制，企业集团的业绩评价，企业财务风险监测与危机预警，中小企业财务管理，非营利组织财务管理，特许经营财务管理，企业破产、重组和清算，以及国际财务管理。

本书适合作为高等院校经济管理类专业的本科生和硕士研究生教材，也可为财务从业人员、企业经营管理人员和对财务管理感兴趣的读者提供参考。

图书在版编目(CIP)数据

高级财务管理 / 王静主编. ——北京：北京大学出版社，2024.8. —— ISBN 978-7-301-35285-4

Ⅰ．F275

中国国家版本馆 CIP 数据核字第 202453G8A9 号

书　　　　名	高级财务管理 GAOJI CAIWU GUANLI
著作责任者	王　静　主编
策 划 编 辑	李娉婷
责 任 编 辑	耿　哲　李娉婷
标 准 书 号	ISBN 978-7-301-35285-4
出 版 发 行	北京大学出版社
地　　　　址	北京市海淀区成府路 205 号　100871
网　　　　址	http://www.pup.cn　新浪微博：@北京大学出版社
电 子 邮 箱	编辑部 pup6@pup.cn　总编室 zpup@pup.cn
电　　　　话	邮购部 010-62752015　发行部 010-62750672　编辑部 010-62750667
印 刷 者	大厂回族自治县彩虹印刷有限公司
经 销 者	新华书店
	787 毫米×1092 毫米　16 开本　17 印张　405 千字 2024 年 8 月第 1 版　2024 年 8 月第 1 次印刷
定　　　　价	52.00 元

未经许可，不得以任何方式复制或抄袭本书之部分或全部内容。
版权所有，侵权必究
举报电话：010-62752024　电子邮箱：fd@pup.cn
图书如有印装质量问题，请与出版部联系，电话：010-62756370

前 言

随着世界经济的全球化和企业竞争的日益激烈,财务管理在企业中发挥的作用越来越重要,加强财务管理、提高理财水平,已成为政府、企业和社会公众共同关注的问题。高级财务管理以企业价值最大化为出发点,以资金管理为中心内容,以成本效益原则及流动性、盈利性、风险性的平衡发展为基本财务管理理念,全面考虑企业战略、治理结构、风险管理对企业价值的影响,通过管理模式改进和资本运作来实现企业价值和资本增值的发展目标,保障企业的可持续发展。本书致力于学科的前沿研究,能够适应国内企业财务改革实践的要求,并力求与国外财务制度接轨,以适应社会对高级财务管理人才的培养要求。

在财务管理学科体系中,高级财务管理理论是在学生学习了财务管理基本理论和方法的基础上,进一步掌握的涉及专门领域、难度较高的专项财务管理理论。如何科学地设置财务管理课程体系,为党和国家培养造就大批德才兼备的高素质人才,不仅成为各大院校讨论的焦点,更是党的二十大报告中提到的"深入实施人才强国战略"的重要内容。为了适应目前高等院校财务管理专业更高层次的教学要求,培养具备现代理财知识的财务管理人才,编者在借鉴现代西方财务理论与实务的基础上,结合我国财务学科的新成果、新发展,编写《高级财务管理》一书。本书按财务管理的层次进行设置,共分为十四章,包括总论,企业价值评估,企业并购财务管理,企业集团财务管理,企业集团资本运筹,企业集团纳税计划与股利政策,企业集团预算控制,企业集团的业绩评价,企业财务风险监测与危机预警,中小企业财务管理,非营利组织财务管理,特许经营财务管理,企业破产、重组和清算,国际财务管理。由于财务管理作为一门新兴学科,还处于不断发展和完善的过程中,因此,尽管编者力图在本书中系统地介绍财务管理的新理论、新方法、新问题,但无论是体系结构,还是内容观点,都还需在教学实践中不断补充和完善。

本书在吸收国内外企业财务管理理论研究成果和实践经验的基础上,以专题形式介绍了各种特殊条件下的企业财务管理问题,既可作为高等院校财务管理、会计学等专业本科生和硕士研究生高级财务管理课程的教材,也可作为财务从业人员、企业经营管理人员学习财务管理知识的参考书。本书由山东建筑大学商学院王静教授编写。本书在编写过程中,参考了国内外的大量相关文献资料,在此,向这些文献资料的作者表示衷心感谢!山东建筑大学商学院学术型研究生赵璐瑶、马靖、高剑松、王一帆、李聪聪、刘明月协助编者进行了大量的资料整理工作，在此一并表示感谢！

北京大学出版社的编辑，以饱满的工作热情和认真负责的工作态度，为本书倾注了大量的心血，也在此表示衷心的感谢！

由于编者水平所限，书中难免有错漏和不妥之处，欢迎读者批评指正。

编　者

2024 年 3 月

目 录

第一章　总　论 ·· 001
　　第一节　财务管理理论结构 ··· 002
　　第二节　财务管理假设 ·· 008
　　第三节　财务管理原则 ·· 014

第二章　企业价值评估 ·· 019
　　第一节　企业价值评估概述 ··· 021
　　第二节　现金流量折现法 ·· 026
　　第三节　经济利润法 ··· 029
　　第四节　相对价值法 ··· 032

第三章　企业并购财务管理 ·· 036
　　第一节　企业并购概述 ·· 037
　　第二节　企业并购估价 ·· 044
　　第三节　企业并购支付方式及筹资 ·· 051

第四章　企业集团财务管理 ·· 057
　　第一节　企业集团财务管理概述 ·· 058
　　第二节　企业集团财务管理体制 ·· 062

第五章　企业集团资本运筹 ·· 070
　　第一节　企业集团筹资管理 ··· 071
　　第二节　企业集团投资管理 ··· 077
　　第三节　企业集团资本经营 ··· 083

第六章　企业集团纳税计划与股利政策 ·· 089
　　第一节　企业集团纳税计划 ··· 090
　　第二节　股利政策一般理论 ··· 096
　　第三节　企业集团股利政策 ··· 108

第七章 企业集团预算控制 ······ 116
第一节 预算控制概述 ······ 117
第二节 企业集团预算组织体制 ······ 132
第三节 预算目标规划 ······ 140
第四节 资本预算控制 ······ 142

第八章 企业集团的业绩评价 ······ 146
第一节 业绩评价概述 ······ 147
第二节 责任中心及其业绩评价方法 ······ 153
第三节 综合业绩评价体系 ······ 160

第九章 企业财务风险监测与危机预警 ······ 167
第一节 财务风险监测 ······ 168
第二节 财务危机预警 ······ 177
第三节 财务预警系统设计与财务预警功能 ······ 182

第十章 中小企业财务管理 ······ 188
第一节 中小企业财务管理概述 ······ 189
第二节 中小企业的筹资管理 ······ 196
第三节 中小企业的投资管理 ······ 200
第四节 我国中小企业的扶持政策 ······ 204

第十一章 非营利组织财务管理 ······ 211
第一节 非营利组织概述 ······ 212
第二节 非营利组织的筹资管理 ······ 215
第三节 非营利组织的资本预算 ······ 218

第十二章 特许经营财务管理 ······ 221
第一节 特许经营概述 ······ 222
第二节 受许人的财务管理 ······ 223
第三节 特许人的财务管理 ······ 226

第十三章 企业破产、重组和清算 ······ 229
第一节 企业破产概述 ······ 230
第二节 破产预警管理 ······ 232
第三节 和解与整顿财务管理 ······ 237
第四节 破产清算财务管理 ······ 239

第十四章　国际财务管理 ……………………………………………………………………… 242
　第一节　国际财务管理概述 …………………………………………………………… 243
　第二节　国际企业外汇风险管理 ……………………………………………………… 245
　第三节　国际企业筹资管理 …………………………………………………………… 247
　第四节　国际企业投资管理 …………………………………………………………… 250
　第五节　国际企业营运资金管理 ……………………………………………………… 254
　第六节　国际企业纳税管理 …………………………………………………………… 259

参考文献 ……………………………………………………………………………………… 264

第一章 总 论

思维导图

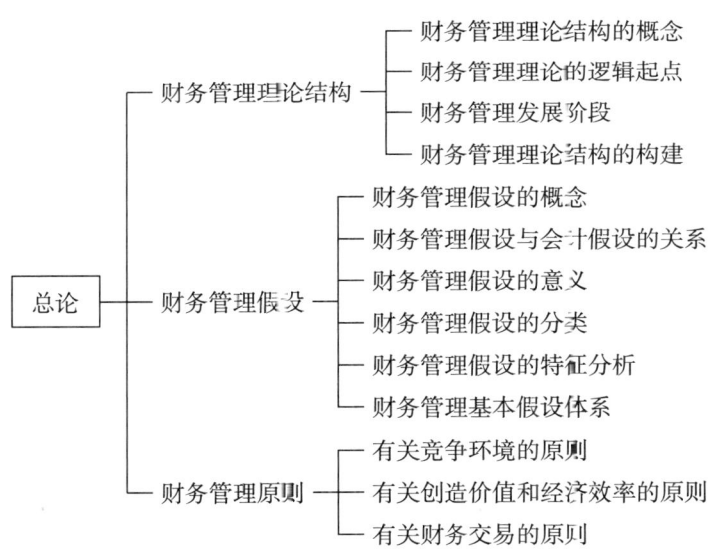

引 例

海尔集团于1984年成立于中国青岛，截至2023年，海尔集团在全球建立了35个工业园，138个制造中心，10个研发中心和23万个销售网络。2022年，海尔集团实现全球营业收入3 506亿元，全球利润总额252亿元。海尔集团在财务管理方面采取集约管理模式，一方面依据集团内部的发展需要统一管理资金的流量、存量、增量，调配集团内部企业资金余缺，优化配置集团资金资源，充分利用集团内部的闲散资金，注重集团内部资金融通；另一方面大力建构集团本外币存储体系，通过创新服务项目加大对集团资金的管理力度，如建立代扣代缴税款操作平台、实施外汇资金集中管理等。作为一家全球化运营企业，海尔集团从满足客户需求出发，通过全流程和全价值链的资金运营管理，着眼于实现营业收入、利润双增长，不断提高营运资金的效率、效益并加强风险控制，以形成最优的经营模式，实现资金管理的"二高一低"：高效率、高效益、低风险，并以此带动新一轮的商业模式与运营机制的创新，营造客户、供应商、企业多方共赢的局面。

思考：根据海尔集团特有的财务管理方式，谈一谈企业财务管理目标及其调整的重要性。

第一节　财务管理理论结构

一、财务管理理论结构的概念

理论研究的深度，是衡量一门学科成熟与否的标志；首尾一贯的理论，则是指导实务的指南。财务科学是财务实践的总结，为了形成系统的财务理论，理论界与实务界付出了巨大的努力。财务管理实务已有较长历史，但财务管理理论形成较晚。根据现有资料，社会主义制度下的财务管理理论，是20世纪40年代苏联科学院院士费·吉亚琴科教授倡导创建的。在西方，直到20世纪50年代，才形成比较规范的财务管理理论。中国的财务管理理论研究是从20世纪60年代开始的。但出于种种原因，财务管理理论结构问题始终没有得到充分的讨论。理论源于实践，同时，理论又指导实践和预测实践，没有理论指导的实践，是盲目的实践。改革开放以来，中国的财务管理实践已发生了巨大变化，亟需理论的规范与指导，以使今后的财务管理实务取得更好的发展和进步。

我们认为，理论是系统化的理性认识，是对所研究的客观对象的本质及其在与周围环境的相互联系、相互作用中所表现出的规律性进行高度抽象的结果。财务管理理论结构是人们基于对财务管理实践活动的认识，通过思维活动对财务管理理论系统的构成要素及其排列和组合方式所做的界定，财务管理理论结构的功能是界定财务管理理论体系所覆盖的内容与容量，揭示其内部的逻辑结构与各要素之间的层次关系，梳理财务管理理论研究的基本脉络，指导和推动财务管理实践的发展。

对于财务管理理论结构，理论界主要有以下三种观点。

第一种观点认为财务管理学是一门研究企事业单位资金运动规律及其运用方式的科学，其基本概念是资金运动，基本规律是资金运动规律，基本程序和方法则是对资金运动规律的运用。财务从资金运动的本质看应包括对象、职能、主体、环境等理论要素；从资金运动规律看应包括管理目标、原则、体制等理论要素；从资金运动规律的运用出发，应研究管理环节与方法。

第二种观点是按逻辑的规定性将财务管理理论体系划分为两部分：一部分是财务管理内涵方面的理论，包括财务管理学研究的对象、基本概念、基本特征及规律体系，可称之为基本理论体系；另一部分是财务管理外延方面的理论，包括财务管理的研究方法论、学科体系、课程体系、方法体系等，可称之为具体管理形态。

第三种观点认为财务管理理论结构应该以财务管理目标为起点，以财务管理原则为中间环节，以财务管理方法为归宿。

上述观点虽然都有一定道理，但都存在结构不完整、内容不全面、逻辑起点不明确或不恰当等缺陷。

二、财务管理理论的逻辑起点

要构建财务管理理论结构，首先要确定逻辑起点。逻辑起点是构建一门学科理论体系和理论结构的出发点，是该学科理论体系和理论结构赖以推理论证的最本源的理论范畴，它不仅是理论体系的一个组成部分，还对该学科其他理论要素的确立和发展，对整个理论体系的构建起着决定性作用。逻辑起点对理论结构有着直接的影响，不同的逻辑起点会形成不同的理论结构，构建财务管理理论结构必须先正确择定逻辑起点。

财务管理理论的逻辑起点，长期以来就是一个有争议的问题，主要有以下几种观点。

（一）财务本质起点论

长期以来，我国早期的财务管理理论是以财务的本质为逻辑起点的，从这一逻辑起点出发，阐述财务管理的概念、财务管理的对象、财务管理的原则、财务管理的任务、财务管理的方法等一系列理论问题。这种观点形成于20世纪80年代，财务管理理论工作者从财务的本质研究出发，奠定了财务管理理论的基础。进入20世纪90年代，我国有些学者对这种观点进行了系统论证，指出财务本质的规定性决定了财务的独立性，财务的种种独特形态乃是奠定财务独立存在的客观基础。从建立和完善财务管理理论体系来看，对财务的本质进行科学的定义是必要的，但以财务的本质作为理论的逻辑起点，只能解决什么是财务、什么是财务管理这些纯理论的问题，不能解决为什么进行财务管理这类与财务管理实践密切相关的问题，也不能有效地指导财务管理实践。因此，以财务的本质作为财务管理理论的逻辑起点，会阻碍财务管理应用理论的发展，不利于财务管理理论体系的完善。

（二）假设起点论

假设起点论是近年来人们在借鉴会计理论研究方法的基础上形成的。持这种观点的人认为，任何一门独立学科的形成和发展，都是以假设为逻辑起点的，然而财务管理学却忽略了这一点。他们指出，假设对任何学科都是非常重要的，因为它为学科的理论和实务提供了出发点或奠定了基础。财务管理假设是财务管理理论结构中一个非常重要的问题，必须认真研究。但是以财务管理假设为财务管理理论的逻辑起点也存在一些问题：①财务管理假设不是凭空臆造的，也不是天生就有的，而是根据财务管理环境和财务管理的内在规律概括出来的，显然，是环境决定假设，而不是假设决定环境；②即使是过去一直以假设为逻辑起点的会计学，进入20世纪70年代后，也逐渐放弃了这种观点，可见，并不是任何学科在任何时候都是以假设作为理论的逻辑起点的。

（三）本金起点论

本金起点论是我国财务管理学家郭复初教授提出的一种观点。他认为，本金是指为进行商品生产和流通活动而垫支的货币性资金，具有流动性与增值性等特点，经济组织的本金，按其构成可以分为实收资本、内部积累和负债等。他强调，本金起点论符合逻辑起点的基本要求，弥补了其他起点论的种种不足。本金作为财务资金的代名词，已成为财务管理理论的核心概念，是财务管理理论概念体系的组成部分。以本金为逻辑起点开始研究，有利于从小到大、层层展开，从而构建出完整的财务管理理论体系。但在以本金作为财务管理理论的逻辑起点时，必须先解决本金与资金、资本之间的关系问题。

（四）目标起点论

进入20世纪90年代以后，我国有些学者提出了以财务管理目标为财务管理理论的逻辑起点的看法，即目标起点论。这种观点认为，任何管理都是有目的的行为，财务管理也不例外。只有确立合理的目标，才能实现高效的管理。适应市场经济发展要求的财务管理理论结构应该以财务管理目标为出发点，并且财务管理目标应是在考虑风险和报酬两个重要因素的基础上实现企业价值的最大化。这种观点突出了财务管理目标在财务管理理论结构中的作用，有利于财务管理理论对财务管理实践的指导。但现在看来，这种观点也存在一些问题：①从逻辑学的角度来看，任何理论的逻辑起点都应是其原本点（原始出发点），显然财务管理目标并不具备这一特点，因为财务管理目标受财务管理环境的影响，不同的财务管理环境会产生不同的财务管理目标；②从财务管理理论体系本身来看，如果以财务管理目标为逻辑起点，就很难安排财务管理假设在财务管理理论结构中的地位，因为假设是根据环境概括出来的，而不是根据目标概括出来的。

我们认为，上述起点论都存在一定的合理性，但都不能作为财务管理理论的逻辑起点。研究财务管理理论结构必须明确环境决定一切、存在决定一切的唯物主义观点。财务管理的本质、财务管理的目标都是在一定的社会经济环境下人们对财务管理现象的一种认识，有什么样的财务管理环境，就必然有什么样的财务管理理论。财务管理环境决定了财务管理的本质，从而决定了财务管理的对象和职能，进而决定了财务管理的程序和方法。同时，财务管理环境决定了财务管理目标，从而决定了财务管理假设和财务管理原则。财务管理的本质和财务管理目标最终都统一在特定时空条件下的财务管理环境中。因此，研究财务管理理论结构必须从财务管理环境入手，只有对财务管理环境有了充分的认识，才能在对财务管理理论的研究中发现其实质及精华所在，才能揭示财务管理理论发展的真正原因。

财务管理环境是对财务管理有影响的一切因素的总和。它既包括宏观财务管理环境，也包括微观财务管理环境。宏观财务管理环境主要是指企业所面临的政治、经济、法律和社会文化环境；微观财务管理环境主要是指企业的组织形式，以及企业的生产、销售和采购方式等。我们认为，从财务管理的发展过程可以看出，财务管理环境对财务管理假设、财务管理目标、财务管理方法、财务管理内容具有决定性作用，是财务管理理论的逻辑起点。

三、财务管理发展阶段

20世纪是财务管理快速发展的时期，财务管理在这一时期的发展经历了筹资管理理财阶段、资产管理理财阶段、投资管理理财阶段、通货膨胀理财阶段和国际经营理财阶段五个阶段。

（一）筹资管理理财阶段

筹资管理理财阶段又称传统财务管理阶段，在这一阶段，财务管理的主要职能是预测企业资金的需要量和筹集企业所需资金。20世纪初，在西方国家经济持续繁荣和股份公司迅速发展的背景下，西方企业面临着如何筹集扩大生产经营所需资金的问题。那时，市场竞争不太激烈，企业只要能筹集到足够的资金，一般就能取得较好的效益。然而，当时的资金市场还不甚成熟，金融业也不太发达，因此，如何筹集资金便成为财务管理最主要的问题。在这一阶段，筹资理论和方法得到迅速发展，为现代财务管理理论的产生和发展奠定了基础。

（二）资产管理理财阶段

资产管理理财阶段又称内部控制财务管理阶段。筹资管理理财阶段的财务管理只注重研究资金筹集，却忽视了企业日常的资金周转和内部控制。第二次世界大战以后，随着资本主义国家经济的复苏、科学技术的迅速发展、市场竞争的日益激烈，西方财务管理人员逐渐认识到，要想在残酷的竞争中维持企业的生存和发展，财务管理的主要问题就不仅在于筹集资金，更在于有效的内部控制，即管好、用好资金。在这一阶段，资产负债表中的资产科目，如现金、应收账款、存货、固定资产等引起财务管理人员的高度重视。在这一阶段，企业内部的财务决策被认为是财务管理最主要的问题，而与资金筹集有关的事项则退居第二位。

（三）投资管理理财阶段

20世纪60年代中期以后，随着企业经营方式的不断变化和发展，资金运用日趋复杂，市场竞争更加激烈，这使得投资风险不断加大。资金运用效率和效益的提高不仅取决于日常的财务管理和控制，还在很大程度上与投资决策的成功与否有直接关系。因此，投资管理受到空前重视，主要表现在四个方面。①确定了合理的、科学的投资决策程序。财务管理人员认为，合理的、科学的投资决策程序是做好投资决策的基础。科学的决策必须遵循必要的程序，包括投资项目的提出、投资项目的评价与审核、投资项目的决策、投资项目的执行和投资项目的再评价。②建立了科学的投资决策指标体系。在这一阶段，财务管理人员逐渐认识到传统的财务评价指标（如静态投资回收期、投资报酬率）的缺陷，并建立起考虑货币资金时间价值的贴现现金流量指标体系，该指标体系主要包括净现值法、现值指数法和内含报酬率法等，该指标体系在 20 世纪 70 年代就已得到广泛运用。③建立了科学的投资决策方法。这一阶段建立的各种决策方法，为正确进行风险投资决策提供了科学依据。④创立了投资组合理论和资本资产定价模型。对投资财务管理理论做出重要贡献的学者有迪安、马科维茨和夏普。迪安主要研究如何应用贴现现金流量法来确定最优投资决策。马科维茨致力于投资组合的研究，提出了投资组合理论。夏普提出了资本资产定价模型，揭示了风险与报酬的关系。

（四）通货膨胀理财阶段

20 世纪 70 年代末至 20 世纪 80 年代初，伴随石油价格的上涨，西方国家出现了严重的通货膨胀，持续的通货膨胀给财务管理带来了许多问题，如何在通货膨胀条件下进行有效的财务管理便成为焦点。大规模的通货膨胀，使企业资金需求不断增加，货币资金不断贬值，资金成本不断升高，从而导致成本虚降、利润虚增，资金周转困难，还使得筹资决策、投资决策、股利政策遇到了许多难题。目前，针对通货膨胀在这些方面的影响已有一些研究，但尚未有全面的解决办法，需要进一步的研究和探讨。

（五）国际经营理财阶段

20 世纪 80 年代中期，随着运输和通信技术的发展，市场竞争加剧，企业跨国经营快速发展，国际财务管理对于国际企业越来越重要。由于国际企业涉及多个国家，要在不同制度、不同环境下做出决策，因此会有一些特殊问题需要解决，如外汇兑换的损益及风险问题、跨国性融资问题、跨国资本预算问题、国外投资环境问题、避税与反避税问题、贸易壁垒问题、内部转移价格问题等，这些问题属于国际财务管理的范畴。20 世纪 80 年代中期以来，国际财务管理成为独立学科，其理论和方法得到迅速发展，并在财务管理实务中得到广泛应用。

从 20 世纪财务管理的发展历程可以看出，财务管理目标、财务管理内容、财务管理方法的变化，都是财务管理环境综合作用的结果。可以说，有什么样的财务管理环境，就会产生与其相应的财务管理模式，就会产生与其相应的财务管理理论体系。实际上，财务管理总是依赖于其生存发展的环境。在任何时候，对财务管理问题的研究，都应以财务管理环境为立足点和出发点，这样才有价值。脱离了财务管理环境来研究财务管理理论，就等于是无源之水、无本之木。所以，将财务管理环境确定为财务管理理论的逻辑起点是一种合理的选择。

本书所建立的是以财务管理环境为逻辑起点，以财务管理假设为前提，以财务管理目标为导向，由财务管理的基本理论、财务管理的应用理论组成的理论结构。

四、财务管理理论结构的构建

明确了财务管理理论的逻辑起点以后，就可以建立财务管理理论结构的基本框架。我们认为，财务管理理论结构由四个层次组成，即财务管理起点理论、财务管理基本理论、财务管理通用业务理论、财务管理特殊业务理论（统称财务管理行为理论）。

(一) 财务管理起点理论

财务管理起点理论主要包括财务管理环境、财务管理假设以及财务管理目标三方面内容。

财务管理环境是财务管理理论的逻辑起点，财务管理中的一切理论问题都是由此展开，并在此基础上层层深入，形成合理的逻辑层次关系的。

财务管理假设是财务管理理论研究的前提。财务管理假设是人们利用自己的知识，根据财务活动的内在规律和财务管理环境的要求提出的，是具有一定的事实依据的假定或设想。一般来说，理论体系的建立，要通过假设、推理、实证等过程实现。因此，要形成理论，需要先根据环境和特定学科的规律性提出假设。

财务管理目标是财务管理理论和实务的导向。财务管理目标是在认真研究财务管理环境和确立财务管理假设的基础上确立的，它既对财务管理内容、财务管理原则、财务管理方法等基本理论问题起导向作用，也对财务管理通用业务理论和特殊业务理论起导向作用。不同的财务管理目标，必然会产生不同的理论构成要素和逻辑层次关系。在财务管理理论结构中，财务管理目标具有承上启下的作用，它是根据财务管理环境确立的，会对财务管理基本理论和应用理论产生影响。

(二) 财务管理基本理论

财务管理基本理论是指由财务管理内容、财务管理原则、财务管理方法构成的概念体系。

财务管理内容是指企业的财务活动，而财务活动又分为企业筹资引起的财务活动、企业投资引起的财务活动、企业日常经营引起的财务活动和企业分配引起的财务活动。因此，财务管理内容包括企业筹资管理、企业投资管理、企业营运资金管理和企业分配管理四个方面。

财务管理原则是财务管理工作必须遵循的基本准则，是从财务管理实践中概括出来的体现财务活动规律的行为规范。财务管理原则在财务管理理论结构中起着承上启下的作用，它是根据财务管理环境、财务管理目标、财务管理内容的要求建立起来的，同时它又对财务管理方法体系的建立起指导作用。因此，财务管理原则在财务管理理论结构中具有重要作用。如果没有财务管理原则，财务管理目标、财务管理内容与财务管理方法之间就没有连接点，财务管理理论结构就显得残缺不全。

财务管理方法是指财务管理人员为了实现财务管理目标，完成财务管理任务，在进行财务活动时所采取的各种技术和手段。财务管理方法是财务管理理论结构的落脚点，没有这一落脚点，财务管理理论结构就会变得虚无缥缈，就无法有效地指导财务管理实践。有人说："理论体系的精华是方法""方法是理论体系的灵魂"，这充分说明了方法在理论体系中的重要程度。因此，财务管理方法是财务管理理论结构中不可缺少的组成部分，必须认真研究。

(三) 财务管理通用业务理论

财务管理通用业务是指各类企业都有的财务管理业务。从财务管理基本理论中我们知道，财务管理内容包括企业筹资管理、企业投资管理、企业营运资金管理和企业分配管理。其中，企业营运资金管理涉及的更多的是操作方法方面的问题，它涉及的理论方面的内容不多，故在财务管理通用业务理论中，可以只研究企业筹资管理理论、企业投资管理理论和企业分配管理理论。这三个方面的理论，都受财务管理环境的影响，都以财务管理假设为前提，都以财务管理目标为导向。

（四）财务管理特殊业务理论

财务管理特殊业务是指只有在特定企业或某一企业的特定时期才有的财务管理业务。这类业务有很多，如企业破产清算的财务管理、企业并购的财务管理、企业集团财务管理、小企业财务管理、非营利组织财务管理、国际企业财务管理等，都属于企业财务管理中的特殊业务。这些业务往往都是在特定情况下或特定的企业中发生的，它们往往会对原有的财务管理假设产生冲击，财务管理人员在处理这些业务时，通常要提出新的假设，有时甚至要提出新的财务管理目标。比如，企业破产清算的财务管理、企业并购的财务管理就对持续经营假设提出挑战，研究此类问题时，就不能遵循持续经营假设，而应当提出非持续经营假设；企业集团财务管理、国际企业财务管理等会对理财主体假设提出挑战，因为出现了理财主体的多元化问题；小企业财务管理会对理性理财假设和有效市场假设提出挑战，因为小企业财务管理人员的素质相对较低，极有可能做出非理性理财行为，所以，即使存在一个有效市场，受规模限制，小企业也无法充分利用；非营利组织财务管理则会对资金增值假设提出挑战，因为非营利组织的资金并不要求增值。

第二节　财务管理假设

一、财务管理假设的概念

《韦氏词典》对假设的解释：一为理所当然或不言自明的命题；二为基本的前提或假定。因此，可把假设定义为人们根据特定环境和已有知识提出的，具有一定事实依据的假定或设想，是进一步研究的基本前提。根据假设的定义，结合财务管理的特点，可以将财务管理假设定义为人们利用自己的知识，根据财务活动的内在规律和财务管理环境的要求提出的，具有一定事实依据的假定或设想，它是进一步研究财务管理理论和实践问题的基本前提。

二、财务管理假设与会计假设的关系

会计假设是会计人员对会计核算所处的变化不定的环境做出的合理判断，是会计核算的前提条件。会计假设主要包括会计主体假设、持续经营假设、分期假设和货币计量假设四项。那么，财务管理假设与会计假设之间有什么关系呢？财务管理与会计历来都是相辅相成的。会计核算是财务管理工作的反映，为财务管理工作提供信息来源。会计主体与理财主体既有联系又有区别，一切理财主体都是会计主体，但会计主体不一定是理财主体。会计的持续经营假设与分期假设和财务管理的持续经营假设和分期假设，都假设主体能长

久地存在下去。会计的货币计量假设与财务管理的资金增值假设有相同之处，它们都假设主体发生的各项财务活动能以货币计量。总之，财务管理假设与会计假设在内容上有相似之处，在理论研究方法上也相似，它们都以假设为理论研究的前提条件。

三、财务管理假设的意义

（一）财务管理假设是建立财务管理理论体系的基本前提

财务管理是根据财经法规制度，按照财务管理的原则，组织企业财务活动，处理财务关系的一项经济管理工作。要形成财务管理理论，就需要先根据环境和特定学科的规律性提出假设，否则所形成的理论就没有依据，就得不到验证。只有对财务管理提出假设，才能更好地研究财务管理，使财务管理理论体系更加完善。

（二）财务管理假设是企业财务管理实践活动的出发点

人们做出任何决策都需要有一定的假设，财务管理也不例外。如果没有假设，就无法对财务管理工作进行合理预测，甚至无法进行财务管理决策。只有给财务管理建立一定的假设，使它更好地指导财务管理工作，才能更加有效地发挥财务管理的作用。

四、财务管理假设的分类

根据财务管理假设的作用不同，可将财务管理假设分为以下三种。

（一）财务管理基本假设

财务管理基本假设是研究整个财务管理理论体系的假定或设想，它是财务管理实践活动和理论研究的基本前提。财务管理基本假设在财务管理理论体系的构建中具有重要意义。亚里士多德说过，每一可论证的科学命题多半是从未经论证的公理开始的，否则论证的阶段就永无止境。这里的"未经论证的公理"就是假设。美国审计学家莫茨也说过，无论哪门学科，在阐明和检查它的基本假设、性质、局限性、意义之前，均无法得到真正的发展。对一门学科进行深入研究，首先应明确这门学科的基础或前提。财务管理基本假设作为财务管理理论和财务管理实践的逻辑前提，是深入研究财务管理诸多问题的基础，在财务管理研究中具有根本性地位，每一位财务管理人员都必须对此有明确的认识。

（二）财务管理派生假设

财务管理派生假设是根据财务管理基本假设引申和发展出来的一些假定和设想。财务管理的派生假设与基本假设互为作用、互为前提，派生假设是对基本假设的进一步说明和阐述，在构建财务管理理论体系中也起着重要作用。

（三）财务管理具体假设

财务管理具体假设是指为研究某一具体问题而提出的假定和设想。它是以财务管理基本假设为基础，根据研究某一具体问题的目的而提出的，是构建某一理论或创建某一具体方法的前提。比如，财务管理中的 MM 理论、资本资产定价模型、本量利分析等都是在一系列假设的基础上构建的。

五、财务管理假设的特征分析

从假设的概念中，我们可以总结出假设所具有的一般性质：①不可确定性；②矛盾性；③主观性。

财务管理假设除了应具有假设的一般性质，还应满足以下要求。

（1）财务管理假设应具有独立性。独立性是财务管理假设的重要条件之一，当一个命题不具备这种独立性时，就不能成为假设。也就是说，两条财务管理假设不能具有相关性，不能够相互推导，否则就应合并为一条。财务管理各个假设之间应相互独立，不能彼此相关。

（2）财务管理假设应具有排中性。同一事物在相同的条件下不能亦此亦彼，否则在逻辑上是讲不通的。根据这一点，财务管理假设应只考虑正常情况下的财务管理活动。

（3）财务管理假设应具有包容性，应有助于进一步推理。财务管理假设是财务管理理论和实务研究的出发点和基础，它应包含着丰富的命题，能推导出财务管理派生假设、财务管理具体假设，以及财务管理原则、方法、目标等，否则，财务管理假设就没有存在的必要。

（4）财务管理假设应具有系统性。这要求财务管理假设之间不仅不能存在矛盾冲突，还应具有内在联系，能够构成一个完整体系。

六、财务管理基本假设体系

根据上述财务管理假设的特征要求，借鉴和应用一些会计学者的研究成果，我们认为财务管理有以下几个基本假设。

（一）理财主体假设

理财主体假设是指企业的财务管理工作不应是盲目的，而应限制在每个具有经济独立性的组织之内。这一假设明确了财务管理工作的空间范围，将一个主体的财务活动同另一个主体的财务活动相区分。现代的公司制企业，客观上要求将企业的财务活动与股东的财务活动划分清楚，如果将成千上万的股东和企业混在一起，就无法判断企业的经营业绩和财务状况。使用理财主体假设，将企业与股东、债权人、企业职工等其他主体分开，显然是一种明智的做法。

理财主体应具备以下特点：①必须具有独立的经济利益；②必须具有独立的经营权和财权；③必须是法律主体。一个组织只有具备这三个特点，才能真正成为理财主体。显然，与会计主体相比，理财主体的要求更严格。比如，某个主体虽然有独立的经济利益，但不是法律主体，则该主体是会计主体，而不是理财主体，如一个企业的分厂。又如，某个主体虽然是法律主体，但没有独立的经营权和财权，也不能成为理财主体。当然，实际工作中，为了符合管理上的要求，会人为地确定一些理财主体。比如，对一个分厂实行承包经营，赋予它比较大的财权，这个分厂就有了理财主体的性质。因此我们认为，考虑到实际情况，理财主体可以分为完整意义上的理财主体（或称真正的理财主体、自然的理财主体）和相对意义上的理财主体（或称相对的理财主体、人为的理财主体）。一个完整意义上的理财主体，必须具备上述三个特点。一个相对意义上的理财主体，条件可适当放宽，可以根据实际工作情况和主体责、权、利的大小，确定特定层次的理财主体。不过，财务管理理论研究中所说的理财主体，一般都是指完整意义上的理财主体，本书也是按此思路进行研究的。

由理财主体假设可以派生出自主理财假设。从理财主体的三个特点可知，凡是成为理财主体的单位，都有财务管理上的自主权，即可以自主地从事筹资、投资和分配活动。当然，自主理财并不是说财权完全集中在财务管理人员手中，在现代企业制度下，财权是在所有者、经营者和财务管理人员之间进行分割的。这里的所有者主要是指原始出资者，在股份公司中是指股东；经营者是指企业的董事会成员和经理；财务管理人员是指包含财务部门经理在内的各级财务管理人员。股东的权利一般不能单独行使，它通常表现为一种集体决策权，如股份公司发放股利、大规模增资、进行重大项目投资都必须经过股东大会集体表决，事实上，在经营权和所有权日益分离的现代企业制度下，这种表决一般是象征性的。因此，经营权和所有权的分离，使财权回归企业，经营者有权独立地进行财务活动，做出筹资、投资和分配等重要决策。"经理革命"的出现，进一步为企业成为理财主体奠定了基础。所谓"经理革命"是指领取薪水的经理在高层管理中逐渐取代传统的所有者，在企业中占据支配地位，这是现代企业制度的一个基本特征。因此，现代的股份制企业是一个独立的理财主体。

理财主体假设从空间上限定了财务管理要素的具体范围，使财务主体、财务客体、财务管理目标、财务管理信息、财务管理方法有了空间归属，为科学划分权责关系奠定了理论基础。同时，理财主体假设明确了财务管理工作的服务对象。

（二）持续经营假设

持续经营假设是指理财主体持续存在并能执行其预计的经济活动。也就是说，除非有相反的证明，否则，将认为每个理财主体都会无限期地经营下去。它明确了财务管理的时间范围。在假定企业是理财主体后，就面临着这个企业能存在多久的问题。企业可能会持续经营，也可能会因为某种原因而终止营业。由于大多数企业都能持续经营下去，破产、清算的企业毕竟是少数（即使可能会破产，也难以预计发生的时间），因此，在财务管理上，除非有证据表明企业将破产、关闭，否则，都假定企业在可以预见的将来持续经营下去。

持续经营虽只是一种假设方法，但在正常情况下，却是财务管理人员唯一可以选择的假设。因为在任何一个时点上，企业的前景只有两种可能：持续经营和停业清算，非此即彼，没有第三种可能。在正常情况下，当企业进行筹资决策和分配决策时，假定企业持续经营是完全合理的，推测企业会停业清算反而违背常理。因为只有在持续经营情况下，企业的投资在未来产生效益才有意义，企业才会根据自身财务状况、对未来现金流量的预测和业务发展的要求安排借款期限。如果没有持续经营假设，这一切都无从谈起。可见，如果企业在下一期不继续经营，对企业下一期财务活动所进行的预测、决策和计划就毫无必要。因此，持续经营是企业财务管理人员进行财务预测、财务决策和计划，以及财务控制的前提条件。

持续经营假设可以派生出理财分期假设。理财分期假设将企业持续不断的经营活动，人为地划分为一定的期间,以便分阶段考核企业的经营成果和财务状况。这与会计的持续经营假设和分期假设是一致的。

持续经营假设是财务管理的一个重要前提。企业要想合理安排短期资金和长期资金的比例,合理确定短期投资和长期投资的关系,正确处理各种短期利益和长期利益的关系,都要以这一假设为基础。

(三)有效市场假设

有效市场假设是指财务管理所依据的资金市场是健全和有效的。只有在有效市场上,财务管理才能正常进行,财务管理理论体系才能建立。最初提出有效市场假设的是美国学者法马。法马将有效市场划分为以下三类。

①弱式有效市场。证券价格已完全地反映了蕴含在证券历史价格中的全部信息。其含义是,任何投资者如果仅根据历史信息进行交易,都不会获得额外盈利。

②次强式有效市场。证券价格完全反映所有公开的可用信息。这样一来,投资者根据一切公开的信息,如公司的年度报告、投资咨询报告、董事会公告等,都不能获得额外盈利。

③强式有效市场。证券价格完全反映一切公开的和非公开的信息。投资者即使掌握内幕信息也无法获得额外盈利。

实证研究表明,美国等发达国家的证券市场已达到次强式有效。我国有些学者认为,我国证券市场已达到弱式有效,但尚未实现次强式有效。事实上,即使是发达的证券市场,也不是在所有时间和所有情况下都是有效的,个别情况下也会出现例外,所以有效市场只是假设。法马的有效市场假设是建立在美国高度发达的证券市场和股份制占主导地位的财务管理环境的基础之上的,并不完全符合我国的国情。从我国财务管理环境和我国企业的特点来看,我们认为,有效市场应具备以下特点。

①当企业需要资金时,能以合理的价格在资金市场上筹集到资金。
②当企业有闲置资金时,能在市场上找到有效的投资方式。
③企业理财上的任何成功和失败,都能在资金市场上得到反映。

有效市场假设的派生假设是市场公平假设。市场公平假设是指理财主体在资金市场上的筹资和投资是完全处于市场经济条件下的公平交易状态的。市场不会抹杀某个理财主体的优点,也不会无视某个理财主体的缺点。理财主体的成功和失败,都会公平地在资金市场上得到反映。因此,每个理财主体都会自觉地规范自己的理财行为,以便在资金市场上受到好评,从而有利于今后的财务管理工作。市场公平假设还暗含着另外一个假设,即市场是由众多的理财主体在公平竞争中形成的,单个理财主体,无论其实力多强,都无法控制市场。有效市场假设是建立财务管理原则,决定筹资方式、投资方式,安排资金结构,确定筹资组合的理论基础。如果市场无效,很多财务管理方法和财务管理理论就无法建立。

(四)资金增值假设

资金增值假设是指通过财务管理人员的合理运营,企业资金的价值可以不断增加。这一假设实际上指明了财务管理存在的现实意义。因为财务管理是一种理财活动,如果资金在运作过程中不能实现增值，财务管理也就没有存在的必要。

在资金运营过程中，可能会出现以下三种情况：①资金增值；②资金减值；③资金价值不变。财务管理存在的意义就在于使资金增值。资金只有通过合理运营才能增值。在商品经济条件下，从整个社会来看，资金的增值是一种规律，而且这种增值只能来源于生产过程。但从个别企业来看，资金的增值并不是一种规律，资金的增值也不一定源于生产过程，因而资金的增值只能是一种假设。比如，一家企业将其资金投资于股票，一年后卖出，可能实现资金的增值，也可能会出现亏损，所以，我们说从个别企业来看，资金增值只能是一种假设，而不是一种规律。在财务管理中，企业进行投资时，一定会假定这笔投资是增值的，因为如果假定出现亏损，那么这笔投资就不会发生了。

资金增值假设的派生假设是风险与报酬同增假设。风险与报酬同增假设是指风险越高，投资者要求获得的报酬也越高。资金的运营方式不同，获得的报酬就不一样。例如，国库券基本是无风险投资，而股票是风险较大的投资，为什么还有人将巨额资金投向股市呢？这是因为他们假设股票投资取得的报酬要远远高于国库券投资的报酬，他们是依据风险与报酬同增这一假设来选择投资项目的。同样，有人将资金投向食品行业，有人投向房地产行业，有人投向金融衍生工具，他们也是根据风险与报酬同增这一假设来进行决策的。风险与报酬同增假设实际上暗含着另外一个假设，即风险可计量假设。因为如果风险无法计量，财务管理人员就不知道哪项投资风险大，哪项投资风险小，风险与报酬同增假设也就无从谈起。

资金增值假设说明了财务管理存在的现实意义，风险与报酬同增假设又要求财务管理人员不能盲目追求资金的增值，因为过高的报酬会带来巨大的风险。这两个假设为科学地确立财务管理目标、合理安排资金结构、及时调整资金投向奠定了理论基础。风险报酬原理、利息率的预测原理、投资组合原理也都是依据这两个假设展开论述的。

（五）理性理财假设

理性理财假设是指从事财务管理工作的人员都是理性的理财人员，因而，他们的理财行为也是理性的。他们会在众多的方案中选择最有利的方案。在实际工作中，财务管理人员分为两类：理性的财务管理人员和盲目的财务管理人员。但不管是理性的财务管理人员，还是盲目的财务管理人员，他们都认为自己是理性的，都认为自己做出的决策是正确的，否则，他们就不会做出这样的决策。尽管我们承认存在一部分盲目的财务管理人员，但从财务管理理论研究的角度来看，只能假设所有的理财行为都是理性的，因为盲目的理财行为是没有规律的，没有规律的事情无法上升到理论的高度。理性理财假设认为企业财务管理人员应为企业的目标服务。

理性理财的第一个表现是：理财是一种有目的的行为，即企业的理财活动都有一定的目标。当然，在不同的时期，不同的财务管理环境中，人们对理性理财行为的看法是不同的。可见，理性理财假设中的理性是相对的，是相对于具体财务管理环境而言的。无论事后证明这种理财行为正确与否，其行为的基本前提和出发点是理性的。理性理财的第二个表现是：财务管理人员在众多的方案中选择一个最佳方案。财务管理人员要通过比较、判断、分析等手段，从若干个方案中选择一个最有利于财务管理目标实现的方案。理性理财的第三个表现是：如果财务管理人员发现正在执行的方案是错误的，就会及时采取措施进行纠正，以使损失降至最低。理性理财的第四个表现是：财务管理人员能吸取以往工作的教训，总结以往工作的经验，不断学习新理论，使理财行为由不理性变为理性，由理性变为更理性。

尽管上述四个表现为理性理财假设提供了理论依据，但在实际工作中，仍有个别理财行为不是理性行为。另外，即使所有的理财行为都是理性行为，也不一定会产生理性的结果。因此，理性的理财行为只是一种假设，而不是事实。

理性理财假设可以派生出资金再投资假设。资金再投资假设是指当企业有了闲置的资金或产生资金的增值时，就会进行再投资。换句话说，企业的资金在任何时候都不会大量闲置。财务管理中的资金时间价值、净现值和内部报酬率的计算等，都是建立在这一假设基础之上的。

理性理财行为是确立财务管理目标，建立财务管理原则，优化财务管理方法的理论前提。财务管理的优化原则及财务管理的决策、计划和控制方法等，都与理性理财假设有直接联系。

第三节　财务管理原则

财务管理原则又称理财原则，是指人们对财务活动共同的、理性的认识。它是联系财务管理理论与实务的纽带。财务管理理论是从科学的角度对财务管理进行研究的成果，通常包括概念、原理、原则等；财务管理实务是人们在财务管理工作中使用的原则、程序和方法等。财务管理原则是理论与实务的结合部分。

财务管理原则是企业财务管理工作必须遵循的准则。财务管理是一种全方位的管理，是一种战略性管理，财务管理人员游刃有余的理财技巧很大程度上是在遵循正确的财务管理原则基础上形成的。对于财务管理原则，人们的认识不完全相同。其中，爱默瑞和芬尼特的观点比较具有代表性，他们将财务管理原则概括为三类，共十二条。

一、有关竞争环境的原则

（一）自利行为原则

自利行为原则是指人们在进行决策时都根据自己的财务利益行事，在其他条件相同的情况下，人们会选择使自己财务利益最大的行动。

自利行为原则的依据是理性经济人假设——人们对于每项交易都能衡量其代价和利益，并且会选择对自己最有利的方案来行动。自利行为原则假设企业决策者对企业目标有合理的认识，并且对如何达到目标有合理的理解。在这种假设情况下，企业会采取对自己最有利的行动。

自利行为原则的一个重要应用是委托-代理理论。该理论认为，一个企业涉及的利益关系人很多，这些利益关系人之间存在着利益冲突，他们都按自利行为原则行事。企业和各种利益关系人之间的关系，大多属于委托-代理关系。这种相互依赖又相互冲突的利益关系，需要通过契约来协调。

自利行为原则的另一个应用是机会成本和机会损失。机会成本又称择机代价，是指当采用一个经济资源利用方案而放弃另一个经济资源利用方案时，被放弃方案的最大收益。机会损失又称预计误差损失，是指当被放弃方案的参数给定时，被采用方案的收益与被放弃方案可能取得的最大收益之间的差额。尽管人们对机会成本或机会损失的概念有分歧，对它们的计算也经常会遇到困难，但是在人们决策时，机会成本仍是一个重要的考虑因素。

（二）双方交易原则

双方交易原则是指每项交易至少存在两方，在一方根据自己的经济利益进行决策的同时，另一方也会根据自己的经济利益行动，因此一方在决策时要正确预见另一方的反应。

双方交易原则的依据是商业交易至少有两方，交易是"零和博弈"，并且各方都是自利的。每项交易都有一个买方和一个卖方。无论是买方市场还是卖方市场，在已经成为事实的交易中，买进的资产和卖出的资产总是一样多，一方的获利只能以另一方的付出为代价。一个高的价格使买方受损而卖方受益；一个低的价格使买方受益而卖方受损。一方得到的与另一方失去的一样多，从总体上看双方收益之和等于零，故称"零和博弈"。在"零和博弈"中，双方都按自利行为原则行事，都想获利而不想吃亏。那么，为什么还会成交呢？这与现实中人们的信息不对称有关。由于信息不对称，买卖双方对未来价格走势和收益的预期产生偏差，因此，决策时不仅要考虑自利行为原则，还要考虑是否对对方有利，否则交易就难以实现。

双方交易原则要求我们在理解财务交易时不能只看重自身利益，在谋求自身利益的同时也应考虑对方的利益，因为对方也在遵循自利行为原则行事。这条原则要求我们不要总是"自以为是"，错误地认为自己优于对方。

双方交易原则还要求我们在理解财务交易的同时注意税收的影响。由于存在税收，利息可以税前扣除，因此一些交易表现为"非零和博弈"。政府从交易中收取税金，减少政府的税收，交易双方都可以受益。避税就是寻求减少政府税收的合法交易形式。避税使交易双方受益，但其他纳税人会承担更大的税收份额，从更大范围来看并没有改变"零和博弈"的性质。

（三）信号传递原则

信号传递原则是自利行为原则的延伸，它是指行动可以传递信息，并且比企业的声明更具说服力。比如，公司买进一项资产意味着该项资产"物有所值"，买进的行为提供了有关决策者对未来的预期或计划的信息。

人们常会根据企业的行为来判断它未来的收益状况。比如，一家经常用配股的方法圈钱的企业，很可能现金流转困难；一家大量购买国债的企业，很可能缺少净现值为正数的投资机会；内部持股人出售股票，通常是企业盈利下降的重要信号。因此，信号传递原则要求企业在决策时不仅要考虑行动方案，还要考虑该项行动可能给人们传递的信息。

（四）引导原则

引导原则是指当所用办法都无效时，寻找一个可以信赖的榜样作为自己的引导。

引导原则适用于两种情况：一是理解存在局限性，认识能力有限，找不到最优的解决办法；二是寻找最优方案的成本过高。

引导原则的一个重要应用是行业标准。比如，资本结构没有一个绝对的标准，理论不能提供企业最优资本结构的实用化模型，通过观察本行业的成功企业的资本结构，或者多数企业的资本结构，让自己的资本结构不与它们的水平偏离太远，就成为资本结构决策的一种简便、有效的方法。

二、有关创造价值和经济效率的原则

（一）有价值的创意原则

有价值的创意原则是指新创意能获得额外报酬。

竞争理论认为，企业的竞争优势可以分为经营奇异和成本领先两类。其中，经营奇异是指企业在产品本身、销售交货、营销渠道等客户广泛重视的方面在行业内独树一帜，这都需要新的创意。创造和保持经营奇异的企业，如果其产品溢价超过因产品的独特性而附加的成本，就能获得高于行业平均水平的利润。有价值的创意原则主要应用于直接投资项目，也应用于经营活动和销售活动。

（二）比较优势原则

比较优势原则是指专长能创造价值。在市场上要想赚钱，人们必须发挥自己的专长，必须在某一方面比别人强，并依靠自己的强项来赚钱。没有比较优势的人，很难取得超过平均水平的收入；没有比较优势的企业，很难增加股东财富。

比较优势原则的依据是分工理论。让每个人去做最适合他的工作，让每个企业生产最适合它生产的产品，社会的经济效率才能提高。

比较优势原则的一个应用是"人尽其才、物尽其用"。如果每个人都去做能做得最好的事情，每项工作都找到最称职的人，就会产生经济效率。国际贸易的基础，就是每个国家生产或提供它最能有效生产的产品或最能有效提供的服务，这样可以使每个国家都受益。比较优势原则的另一个应用是优势互补。合资、合并、收购等，都是基于优势互补。一方有某种优势，另一方有其他优势，双方优势互补，才能产生更好的效果。

（三）期权原则

期权是不附带义务的权利，它是有经济价值的。期权原则是指在估价时要考虑期权的价值。

期权概念最初产生于金融期权交易，它是指所有者（期权购买人）能够要求出票人（期权出售人）履行期权合同上载明的交易，而出票人不能要求所有者去做任何事情。在财务上，一份明确的期权合约意味着按照预先约定的价格买卖一项资产的权利。

广义的期权不限于财务合约，任何不附带义务的权利都属于期权。比如，一个企业可以决定某项资产出售或者不出售，可以在价格满意时才出售，这种选择权是广泛存在的。一个投资项目，本来预期有正的净现值，因而被采纳了，但实施以后发现它并没有原来设想的那么好，此时，决策人不会按原计划继续该项目，而会立即停止或者修改方案，使损失降到最

低,这种后续选择权是有价值的,它增加了项目的净现值。在评价项目时应该考虑到后续选择权是否存在以及它的价值有多大。有时一项资产附带的期权比该项资产本身更有价值。

(四)净增效益原则

净增效益原则是指财务决策建立在净增效益的基础上,一项决策的价值取决于它较替代方案所增加的净收益。

在财务决策中,净收益通常用现金流量计算,一个方案的净收益是该方案现金流入量减去现金流出量后的差额,也称现金净流量。一个方案的现金流入量是指该方案引起的现金流入量增加额;而现金流出量是指该方案引起的现金流出量增加额。

净增效益原则的应用之一是差额分析法,也就是在分析不同投资方案时只分析它们有差别的部分,而忽略它们相同的部分。

贯彻净增效益原则,还应注意沉没成本。沉没成本是指已经发生,不会因以后的任何决策而改变的成本。沉没成本与将要采纳的决策无关,因此在分析方案时应不予考虑。

三、有关财务交易的原则

(一)风险-报酬权衡原则

财务管理中的风险,通常是指企业经营活动的不确定性会造成财务成果的不确定性。企业的风险按其形成的原因可分为经营风险和财务风险。经营风险是指企业在生产经营方面的问题给企业经营成果带来不确定性,它源于企业外部环境的改变和企业内部原因两个方面。财务风险是指企业在筹措资金方面的问题给企业财务成果带来不确定性,它源于企业资产报酬率与负债资金利息率差额的不确定性和负债资金与权益资本比例两个方面。

风险-报酬权衡原则是指风险和报酬之间存在一个对应关系,进行任何投资时都必须进行风险和报酬之间的权衡。低风险往往带来低收益,而高风险不一定带来高收益,那么,人们冒风险进行投资的目的是获得超过平均收益的额外收益。但要实现此目的,必须规避风险,化解风险。

(二)投资分散化原则

投资分散化原则是指不要把全部财富都投资于一家企业、一个项目或一种证券,而要分散投资。

投资分散化原则源于股票投资,其理论依据是投资组合理论。由若干种股票组成的投资组合,其收益是这些股票收益的加权平均数,但其风险要低于这些股票的加权平均风险,所以投资组合能降低风险。

(三)资本市场有效原则

资本市场有效原则是指在资本市场上频繁交易的金融资产的市场价格反映了其所有可获得的信息,而且市场价格面对新信息可能迅速地调整。

资本市场有效原则要求理财要重视市场对企业的估价,同时要求理财要慎重使用金融工具。如果资本市场是有效的,购买或出售金融工具的交易的净现值则为零。企业作为从资本市场上取得资金的一方,不要企图通过筹资获取正的净现值,而应当依靠生产经营性投资增加股东财富。

(四) 货币时间价值原则

货币时间价值原则是指在财务计量时要考虑货币时间价值因素。货币时间价值是指货币在周转中由于时间因素影响而形成的差额价值。资金随着时间推移不断增值,等额资金在不同时点有不等额的价值表现。现在的100元同10年前的100元的购买力是不同的,即价值不同。投资者应重视资金在时间推移中所发生的变化,在财务活动中运用时间价值观念去思考问题。

货币时间价值的依据是货币投入市场后其数额会随着时间的延续而发生增值,这是一种普遍的客观经济现象。要想让投资者投资,市场必须给他们一定的报酬。这种报酬包括两部分:一部分是时间价值,即无风险投资的投资报酬;另一部分是风险价值,即因为冒风险而获得的投资报酬。

第二章　企业价值评估

思维导图

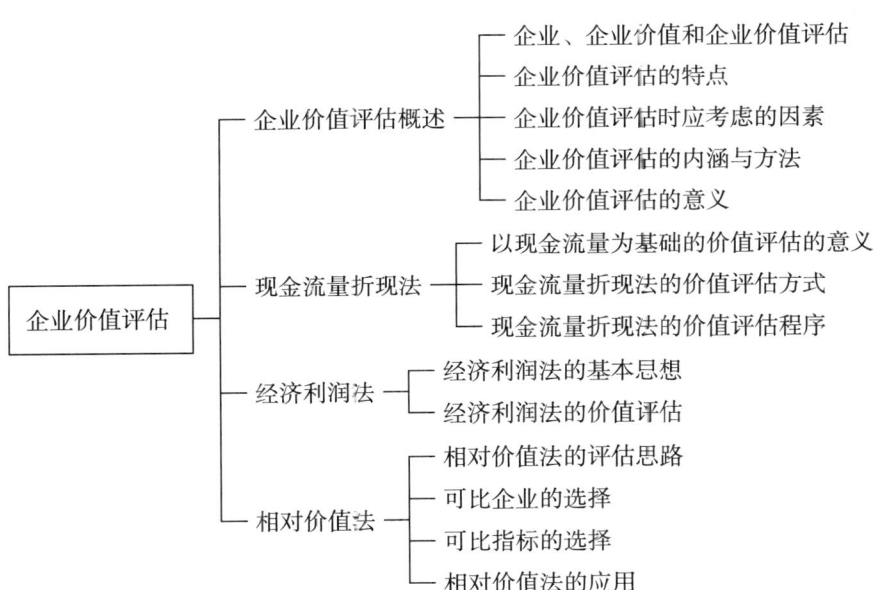

引 例

波斯曼股份有限公司（以下简称波斯曼公司）是以生产柴油机为主的公司。波斯曼公司自创建至今，净利润基本上是正的，20×1 年达 1 400 万元，20×2 年达 1 120 万元，均超过 1 000 万元。近几年波斯曼公司得到了外界的一致认可，波斯曼公司员工对公司的发展前景也充满了信心。波斯曼公司近几年的销量也呈上升趋势。因此，波斯曼公司近几年扩大了生产规模，不仅加大了对流动资产的投资，还加大了对固定资产的投资，可以看出波斯曼公司正处于蒸蒸日上的阶段，其盈利状况是相当可观的。波斯曼公司的部分财务数据如表 2-1 所示。

表 2-1　波斯曼公司的部分财务数据

	20×1 年	20×2 年
利润总额/万元	2 000	1 600
所得税税率	30%	30%
净利润/万元	1 400	1 120
财务费用/万元	300	240
债务资本/万元	6 000	4 800
权益资本/万元	12 000	11 200
投入资本总额/万元	18 000	16 000
加权平均资本成本	10%	9%

思考：用经济增加值和净利润中的哪种指标评价波斯曼公司的经营业绩更合理，为什么？

在现代经济条件下，企业投资的最终目标是实现其价值的最大化，企业资金运动的各个环节，如资金筹集、投资运用和收益分配等，无不与企业价值息息相关。为了了解企业资金运动对企业价值的影响，必须对企业的真实价值做出正确评估。同时，随着经济体制改革的进一步深入和经济增长方式的转变，国有企业改制、公司并购和跨国经营等经济活动频繁发生，对企业价值评估的需求也越来越多。然而，受会计程序与方法选择等因素的影响，企业的账面价值无法反映企业资产的时间价值和机会成本等，因而企业的账面价值也无法反映企业的真实价值。为此，需要借助企业价值评估的方法和程序来了解企业真实的经济价值，这不但是投资者做出科学投资决策的前提，而且对于企业自身的融资决策，对于企业提升企业价值、增加股东财富，也是非常重要的。

第一节　企业价值评估概述

一、企业、企业价值和企业价值评估

（一）企业

企业是为满足社会需求并获取盈利而从事生产、流通、服务等经济活动，独立核算、自主经营、自负盈亏，具有法人资格的经济组织。企业是市场经济的基本元素，具有独立性、社会性、持续经营性、营利性、整体性等特征。

独立性是指企业根据市场变化自主地组织生产和经营活动，而不受某种组织或机构的约束，具体表现为实行自主经营和独立核算。社会性是指企业作为社会经济力量的基础，不仅要生产满足社会需求的产品，还要承担劳动就业、环境保护、社会公益等社会责任，乃至政治责任。持续经营性是指企业在可以预见的将来按照适当的经营规模和经营类型继续经营。营利性是指企业的生产经营活动是以营利为目的的。整体性是指企业以其生产经营范围为依据，以生产经营活动为主线，将若干要素资产有机组合而形成功能完整、配置有效的有机整体。

（二）企业价值

严格意义上的企业价值，是该企业所有投资人所拥有的对于企业资产索取权价值的总和。投资人包括债权人和股权人，债权人是指固定索取权的借款人和债券持有人，股权人是指有剩余索取权的股权投资人。投资人索取权的账面价值包括债务、优先股、普通股等资产的价值。

（三）企业价值评估

企业价值评估在企业经营决策中极其重要。企业财务管理的目标是企业价值最大化，企业的经营决策是否可行，要看这一决策是否有利于增加企业价值。在现实经济生活中，常会出现把企业作为一个整体进行转让、合并等情况，如企业兼并、出售、重组联营、股份经营、合资合作经营、担保等，这些都涉及企业整体价值的评估问题。在这种情况下，需要对整个企业的价值进行评估，以便确定合并或转让的价格。然而，企业的价值，或者说购买价格，绝不是简单地由各单项经公允评估后的资产价值和债务加总后的代数和，因为兼并企业的目的是通过经营这个企业来获取收益。决定企业价值大小的因素相当多，其中最基本的是企业利用自有资产去获取利润的能力的大小。所以，企业价值评估并不是对企业各项资产的评估，而是一种对企业资产综合体的整体的、动态的价值评估，它是一种经济评估方法，目的是分析和衡量企业的公平市场价值并提供有关信息，以帮助投资人和企业管理当局改善决策。

根据评估目的以及评估结果的不同用途，企业价值的表现形式有企业的资产价值、企业的投资价值和企业的权益价值等。企业价值评估更多情况下是对企业的投资价值和权益价值进行的评估。企业的资产价值是企业拥有的所有资产（包括各种权益和负债）的价值

总和。企业的投资价值是企业所有投资人所拥有的对于企业资产索取权价值的总和，即前面所定义的严格意义上的企业价值，它等于企业的资产价值减去无息流动负债价值，或等于权益价值加上付息负债价值。企业的权益价值代表了股东对企业资产的索取权，它等于企业的资产价值减去负债价值。

二、企业价值评估的特点

（一）整体性

整体性是指企业价值评估的对象必须是企业的整体资产或由某一部分资产有机构成的资产组合。整体性是企业价值评估的一个重要特点，它集中表现在企业价值评估的对象和内容上。从对象和内容上看，企业价值评估不再是针对单一的机器、设备、厂房或单项的专门技术，而是针对由各类资产组合而成的企业资产整体，企业的整体资产或某一部分资产虽可由分割的单项资产构成，但整个企业的资产价值并不简单等于各单项资产价值之和。若企业的各类资产在各个生产、经营环节配置得比较合理，则整个企业的资产价值必然高于各单项资产价值之和，反之，就会低于各单项资产价值之和。

（二）预测性

预测性是指企业价值评估的对象的未来收益和相关的风险应具有预测性，即不确定性。由于企业价值是由资产本身的价值和预期收益决定的，而资产的预期收益一般都是根据企业资产的历史运营状况、企业产品所处的生命周期阶段，以及企业资产未来经营的外部环境和内部潜力等因素，按一定的程序和方法推算出来的，其数据结果具有极大的不确定性，隐含着一定的偏差。当影响资产预期收益的某个因素与预测时的假定情况不一致时，评估得出的企业价值必然与未来实际的企业价值不同，这就是企业价值评估的预测性（不确定性）。

（三）动态性

动态性是指企业价值评估要考虑在预期期限内，货币时间价值变化对预期收益的影响。企业价值评估的动态性主要表现在两个方面：一是企业各年的资产运营条件会发生变化，其预期收益也会发生变化；二是由于货币时间价值不同，企业各年的预期收益反映在资产上的价值也不同。

（四）增值性

增值性是指企业价值评估具有反映资产增值（包括负增值）的功能。企业价值评估是在单项资产评估的基础上进行的。企业单项资产的不同组合、配置和运营过程表现在企业获得预期收益的过程中。在此过程中，企业各单项资产价值之和是作为成本体现的。如果获得的收益增量大于成本，则企业整体具有比各单项资产价值之和更高的价值；如果获得的收益增量等于成本，则企业整体价值等于各单项资产价值之和；如果获得的收益增量小于成本，则企业整体价值要低于各单项资产价值之和。

(五) 持续性

持续性是指企业价值评估的对象必须是能够继续使用的,具有获利能力的资产的有机组合体。不具备持续获利能力的企业整体或资产整体就不能依照整体评估的原理进行评估。

(六) 匹配性

匹配性是指企业各类资产之间的有效配对关系。企业各类资产的匹配性是企业价值评估所涉及的一个重要问题。我们知道,企业在进行正常的生产经营活动时,需要把投入的各种生产要素有机组合起来,形成较强的匹配功能,使每种要素都能发挥最大的效能。有的企业耗费大量资金大做广告文章,企业的无形资产之———商誉的价值是提高了,但企业产品质量没有得到及时的提高,甚至产品的营销渠道都没有有效建立起来,这最终会导致企业的总体效益下降,甚至可能使企业走向破产。其原因就是企业资产的匹配性出现了问题。

三、企业价值评估时应考虑的因素

(一) 企业整体的技术情况

在两家企业全部资产的总价值量相同的情况下,技术较为先进或者机器设备成新率较高的企业,其整体评估值较高。这是因为技术进步有利于企业提高产品质量、提高生产效率,从而获得较多的竞争优势和利润。企业整体的技术情况主要体现在企业的长期性流动资产方面,因为社会技术水平进步对不动产的影响相对较小。

(二) 企业全部资产价值量的大小

一般而言,随着竞争的加剧,社会资产利润率逐渐平均化,在这种情况下,企业全部资产价值量与企业的获利能力呈正相关关系,即企业全部资产价值量越大,企业的获利能力越强。

(三) 企业资产的匹配状况

企业资产的匹配状况实际就是指企业的资源配置效率,它体现了企业各类资产通过一定的匹配方式能否最大限度地发挥生产能力。只有企业各项资源实现了有效配置,才能最大限度地降低生产成本,提高生产效率,使生产、财务、销售、管理等各部门运转流畅,避免浪费,从而使企业具有较强的获利能力。企业资产的匹配状况主要包括两方面内容:一是企业中各类资产的匹配状况,如流动资产、固定资产、无形资产等的匹配状况;二是各类资产内部的匹配状况,如固定资产中机器设备和房屋建筑物的匹配状况,流动资产中库存和流动现金的匹配状况等。这两方面的匹配状况直接影响着企业的资源配置效率。

(四) 企业经营者及员工的素质

企业经营者及员工的素质主要包括企业经营者的经营管理思想、策略、领导方式，以及员工的思想觉悟、文化修养和技术水平等。人是企业中最活跃的因素，也是最重要的生产要素，因此人的素质直接关系到企业的竞争能力和获利能力。可以说，企业经营者及员工的素质直接影响企业的竞争能力、应变能力、技术开发能力和扩大再生产能力。

(五) 企业文化及企业信誉

企业文化是指企业长期形成的一系列价值观念和行为规范。良好的企业文化能显著增强企业的凝聚力，极大地调动员工的工作积极性，为企业创造出更大的价值。企业信誉是企业在客户心目中的形象，它是企业在生产经营或提供产品、服务过程中所积累的声誉和信赖度。企业信誉主要包括产品信誉和经营信誉两个方面。企业提供优异的产品质量、周到的客户服务，恪守与供应商的合同并按时交货等，都会提高企业的信誉，为企业带来更高的商业利润。

(六) 其他因素

其他因素主要包括国家政策、企业所处的地理环境、企业所处宏观经济环境等。比如，企业所处的地理位置及其交通条件直接影响着企业的运输成本和其他额外成本，产业政策则直接影响着企业未来的发展潜力和获利能力。

四、企业价值评估的内涵与方法

(一) 企业价值评估的内涵

企业价值评估的内涵就是指企业价值评估的对象，也就是说，要明确对企业什么价值进行评估。

1. 企业价值与股东价值

企业价值是指企业全部资产的价值。股东价值又称资本价值，是指企业净资产的价值。由于"资产=负债+净资产"，因此，评估企业价值和评估股东价值是相互关联的。我们既可以从评估企业价值入手评估股东价值，也可以从评估股东价值入手评估企业价值，但应注意对二者进行评估时所采用的信息不同。

2. 持续经营价值与清算价值

企业的持续经营价值与清算价值可能是不同的。进行企业价值评估时应根据评估对象的具体情况，考虑应选择哪种价值。有的企业清算价值高于持续经营价值，有的企业持续经营价值高于清算价值，公允的企业价值应是取持续经营价值和清算价值中较高的一个。

3. 少数股权价值与控股权价值

评估企业市场价值时，通常是以股票或债券的市场价格为基础进行评估的。企业市场价值是评估企业经营业绩的重要指标，是资本成本的主要决定因素。但是，应当注意的是，市场价值衡量的是少数股权价值，而不是控股权价值。

（二）企业价值评估的方法

企业价值评估的方法有许多种，目前较为流行的方法有现金流量折现法、经济利润法和相对价值法。

五、企业价值评估的意义

企业价值评估是对企业全部或某一部分进行估价的过程。企业价值评估作为企业业绩评价的手段或方法，已被越来越多的人接受或采用。企业价值评估具有以下意义。

（一）满足企业价值最大化管理的需要

企业价值评估在企业经营决策中的作用极其重要，它能够帮助管理者有效改善经营决策。企业财务管理的目标是企业价值最大化，企业的各项经营决策是否可行，取决于这一决策是否有利于增加企业价值。企业价值评估可以用于投资分析、战略分析和以价值为基础的管理，可以帮助管理者更好地了解企业的优势和劣势。

（二）满足企业并购的需要

在企业并购过程中，投资企业已不满足于从重置成本角度了解目标企业在某一时点的价值，他们更希望从目标企业现有经营能力角度或与同类市场比较的角度了解目标企业的价值，这就要求评估师进一步提供有关目标企业股权价值的信息，甚至要求评估师分析目标企业与投资企业整合所能够带来的额外价值。另外，资本市场也需要更多以评估整体获利能力为代表的企业价值评估。

（三）推动我国企业持续发展的重要手段

企业财务管理的目标是使企业价值最大化，企业各项经营决策是否可行，取决于这一决策是否有利于增加企业价值。会计信息失真、会计信息质量不高等问题，实质上影响了企业财务状况和经营成果的真实体现。会计指标体系不能有效地衡量企业创造价值的能力，基于会计指标的财务业绩无法得出企业的实际价值，也就是说，企业的实际价值并不等于企业的账面价值。企业管理层仅仅以企业现阶段的财务报表来衡量企业的经营成果是片面的做法，正确推行以价值评估为手段的价值最大化管理，是推动我国企业持续发展的重要手段之一。

（四）进行投资决策的重要前提

企业在市场经济中作为投资主体的地位已经明确，但要保证投资行为的合理性，必须对企业资产的现时价值有一个正确的评估。社会主义市场经济发展到今天，在我国企业各种经济活动中，以有形资产和专利技术、专有技术、商标权等无形资产形成优化的资产组合作价入股已非常普遍。投资企业在进行投资决策前，必须对无形资产进行量化，由评估机构对无形资产进行客观、公正的评估，评估的结果既是投资企业与目标企业谈判的重要依据，又是目标企业确定其无形资产入账价值的客观标准。

第二节　现金流量折现法

一、以现金流量为基础的价值评估的意义

一般的财务管理理论认为，企业价值应该与企业未来资本收益的现值相等。企业未来资本收益可用股利、净利润、息税前利润和现金净流量等表示。不同的表示方法，反映的企业价值内涵是不同的。以现金净流量作为资本收益进行折现，被认为是较理想的价值评估方法，这是因为现金净流量与以会计为基础计算的股利和利润指标相比，能更加全面、精确地反映所有价值因素。

二、现金流量折现法的价值评估方式

现金流量折现法的价值评估的基本思路是"现值"规律——任何资产的价值等于其预期未来全部现金流量的现值总和。现金流量折现法的价值评估有两种方式。
①对企业全部资本价值进行评估。
②仅对企业股东价值进行评估。

三、现金流量折现法的价值评估程序

（一）现金流量折现法的价值评估公式

企业经营价值＝有明确预测期的经营现金净流量现值+
明确预测期后经营现金净流量现值
企业价值＝经营价值+非经营投资价值
股东价值＝企业价值-债务价值

采用现金流量折现法，既可以评估企业价值，也可以评估股东价值。将股东价值加上债务价值，可得到企业价值。如果将企业未来现金流量定义为企业所有资本提供者（包括所有者和债权人）的现金流量，则现金流量现值反映的是企业价值。如果将企业未来现金流量定义为企业所有者的现金流量，则现金流量的现值实际上反映的是股东价值，即从企业价值中减去债务价值。由于企业经营的根本目标是股东资本增值，因此评估企业经营价值通常就是评估股东价值。但是为了全面说明股东价值的来源，通常会用企业价值减去债务价值来得到股东价值。

例 2-1：下面以 AAA 公司为例，通过表 2-2 来说明企业价值与股东价值的评估方法。

表 2-2　AAA 公司的价值评估（现金流量折现法）

	企业经营现金净流量/万元	折现系数（10%）	企业经营现金净流量现值/万元
2012 年	160	0.909	145.44
2013 年	190	0.826	156.94
2014 年	220	0.751	165.22

(续表)

	企业经营现金净流量/万元	折现系数（10%）	企业经营现金净流量现值/万元
2015 年	250	0.683	170.75
2016 年	280	0.621	173.88
2017 年	310	0.565	175.15
2018 年	340	0.513	174.42
2019 年	370	0.467	172.79
2020 年	400	0.426	169.60
2021 年	430	0.386	165.98
连续价值	6 604	0.386	2 549.14
经营价值			4 219.31
非经营投资价值			200.00
企业价值			4 419.31
减：债务价值			(890.31)
股东价值			3 529.00

（二）有明确预测期的经营现金净流量现值估算

确定有明确预测期的经营现金净流量现值是企业价值评估最重要的内容。要正确预测企业经营现金净流量现值，需要按以下步骤操作。

1. 确定预测期

所谓有明确预测期是指预测期是有限的，而不是无限的。从预测的准确性、必要性角度考虑，预测期通常为 5~10 年。

2. 预测经营现金净流量

经营现金净流量是相对非经营投资而言的，它是指可提供给企业所有者和债权人的经营现金流量总额。经营现金净流量的计算有两种基本方法。

一种是经营现金净流量=息前税后利润-净投资。

其中，息前税后利润=净利润+利息，净投资=总投资-折旧。

总投资是指企业新的资本投资总额，包括资本支出、流动资产及其他资产投资。折旧包括固定资产折旧和无形资产及长期待摊费用的摊销等。

另一种是经营现金净流量=毛现金流量-总投资。

其中，毛现金流量=息前税后利润+折旧。

进行经营现金净流量预测时，首先应对企业历史绩效进行分析，将财务分析与产业结构分析结合在一起，对公司强项和弱项进行评估，并从信贷角度了解公司的财务状况。在对企业历史绩效分析之后，便可进行企业未来绩效的预测了。预测企业未来绩效的关键是明确影响企业价值或经营现金净流量的因素（包括时间因素）。在预测各种影响因素的基础上，可形成预测利润表、预测资产负债表及需要的其他个别项目，然后将这些资料综合起来，用以预测经营现金净流量。

3. 确定折现率

企业经营现金净流量折现率的高低，主要取决于企业资本成本的水平。为了与现金流量定义相符，折现率应反映所有资本提供者按照各自对企业总资本的相对贡献而加权的资本机会成本，即加权平均资本成本。由于某些资本成本的高低取决于投资者从其他同等风险投资中可得到的报酬率，因此，折现率必须能准确反映经营现金净流量的风险程度。只有折现率准确反映经营现金净流量的风险程度，价值评估结果才准确。而不正确的折现率将使价值评估结果偏高或偏低。

加权平均资本成本的计算公式如下：

$$加权平均资本成本 = 平均股权资本成本 \times 股权资本构成 + 平均负债资本成本 \times 负债资本构成 \qquad (2-1)$$

可见进行加权平均资本成本估算时，一要确定资本结构或资本成本加权权数；二要估算股权资本成本；三要估算负债资本成本。确定进行价值评估的企业的目标资本结构时，建议综合采用以下三种方法：第一，尽量估算以市场价值为基础的企业资本结构；第二，考虑可比企业的资本结构；第三，考虑管理层的筹资方针及其对目标资本结构的影响。

对于平均股权资本成本和平均负债资本成本的估算可在各项股权资本成本和负债资本成本估算的基础上采用加权平均的方法进行。

4. 计算有明确预测期的经营现金净流量现值

在合理预测经营现金净流量和折现率的基础上，可以计算出有明确预测期的经营现金净流量现值，公式如下：

$$经营现金净流量现值 = \sum_{t=1}^{n} \frac{经营现金净流量_t}{(1+折现率)^t}$$

应当注意，使用现金流量折现法的关键是保持现金与折现率的匹配，用加权平均资本成本贴现股权现金流量会导致股权价值偏高；用股本资本成本贴现经营现金流量，又会导致企业价值被低估。如果被估价的资产当前的现金流量为正，并且可以比较可靠地估计未来现金流量的发生时间，同时根据现金流量的风险特征又能够确定恰当的折现率，这时就适合采用现金流量折现法。但是在现实生活中，陷入财务拮据状态的企业、收益呈周期性的企业、拥有未被利用资产的企业、有专利权或产品选择权的企业等，其现金流量的预测和折现率的确定存在一定困难。

（三）明确预测期后经营现金净流量现值估算

明确预测期后经营现金净流量现值估算又称连续价值估算。使用连续价值公式便不再需要详细预测延长期的现金流量。用现金流量折现法进行连续价值估算时，可以选择的方法有长期明确预测法、现金净流量恒值增长公式法和价值驱动因素公式法。第一种方法实质上与有明确预测期的经营现金净流量现值估算方法相同，只是预测期加长（75年或更长）。这种方法不但麻烦，而且也没必要。通常选择现金净流量恒值增长公式法计算，计算公式如下：

$$连续价值 = 明确预测期后第一年经营现金净流量正常水平 \div (加权平均资本成本 - 现金净流量预期增长率恒值)$$

使用这一公式时应当注意以下几点：第一，这一公式假定企业现金净流量在连续价值期间内的增长率不变；第二，现金净流量预期增长率恒值应小于加权平均资本成本；第三，必须正确估算明确预测期后第一年经营现金净流量正常水平，使之与预期增长率相符。

如某企业明确预测期后第一年经营现金净流量正常水平为330万元，以后每年的增长率为6%，该企业加权平均资本成本为11%，那么，

$$连续价值 = 330 \div (11\% - 6\%) = 6\ 600（万元）$$

应当注意，此时的连续价值是指明确预测期后经营现金净流量折现到明确预测期最后一年的现值，还需在此基础上进一步折现为明确预测期期初的现值。如果其他条件与表2-2资料相同，则

$$连续价值现值 = 6\ 600 \times 0.386 \approx 2\ 548（万元）$$

可见，无论采用何种方法，都涉及确定预测期、估计明确预测期后经营现金净流量或利润水平及其增长率、加权平均资本成本估算及折现等问题。

预测期的选择，取决于计算有明确预测期的经营现金净流量现值时选择的期限。应当指出，虽然选择预测期十分重要，但它并不影响企业价值，只关系到明确的预测期与以后年份企业的价值如何分配的问题。

经营现金净流量和经营现金净流量的增长率，是涉及企业价值评估的重要参数，因此，应结合各自特点，采取相应方法进行预测。

加权平均资本成本是进行连续价值折现的基础，可参照式（2-1）进行计算。

（四）非经营投资价值和债务价值

企业价值是经营价值与非经营投资价值之和。前面研究了现金流量折现法下的经营价值的确定。非经营投资价值，也可通过非经营现金流量折现来确定。运用现金流量折现法进行企业价值评估，一要明确企业价值包括非经营投资价值；二要注意正确划分经营现金流量与非经营现金流量。由于非经营投资具有特殊性，因此，也可不采用现金流量折现法进行估价，而直接用非经营投资额代表非经营投资价值。

计算企业的股东价值或股本价值时，可用企业价值减去债务价值。债务价值等于债权人现金净流量的现值。因此，要评估债务价值，一要确定债权人的现金净流量，二要确定债权人的资本成本或折现率。应当注意，只有在价值评估当日尚未偿还的债务才需要估算价值，对于未来借款可以假设其净现值为零，因为这些借款得到的现金流入与未来偿付的现金流出的现值完全相等。

第三节 经济利润法

一、经济利润法的基本思想

经济学家与会计师在收入、成本和利润等概念上所持的观点常常是不一致的。经济利润法中的经济利润是指经济学家理解的利润概念。

（一）经济收入

经济收入是指在期末和期初同等富有的前提下，一定期间能够支配的最大花费。这里的收入是指按财产法计量的收入，包括财产增值和其他货币收入。

$$经济收入 = 财产增值 + 其他货币收入$$
$$= （期末财产价值 - 期初财产价值）+ 其他货币收入$$

会计收入是建立在权责发生制基础上的已实现的货币收入，它不将自然升值的财产作为收入处理，更易于验证。从发展趋势看，经济收入与会计收入之间的差别会越来越小。

（二）经济成本

经济成本包括会计上实际支付的成本和每种生产要素的机会成本。机会成本是指把资源投入某一用途而被放弃的其他用途的价值。衡量它，要看使用这种资源的第二种最佳用途的价值。只要资源是稀缺的，机会成本就必然为正值。机会成本在决策中受到的重视越来越多，并已向财务会计领域渗透。比如，股东投入企业的资本也是有成本的，这部分成本是本期的，应当在计算利润时扣除。这样做的理由是，股东投入的资本是生产经营不可缺少的要素之一，并且这笔钱绝不是免费使用的，股东必然要求丰厚的回报。

会计师编制利润表时，并不把股权资本成本考虑在内，其理由之一是股权资本成本虽然存在，却无明确的契约规定，随意性强，缺乏核算的根据；理由之二是会计惯例的影响。会计成本由于没有核算股权资本成本，因此存在着致命的缺陷。

（三）经济利润

经济利润是实际收益与资本成本之间的差额。简单的计算方法是用息前税后利润减去全部资本费用。复杂的计算方法是逐项调整会计收入使之变为经济收入，同时逐项调整会计成本使之变为经济成本，然后计算经济利润。

按照简单的计算方法，经济利润公式为：

$$经济利润 = 息前税后利润 - 全部资本费用$$

例 2-2：甲公司投入资本 1 000 万元，投入资本收益（息前税后利润）率为 10%，加权平均资本成本为 8%。则经济利润为 20 万元，即：

$$经济利润 = 1\,000 \times 10\% - 1\,000 \times 8\% = 100 - 80 = 20（万元）$$

这种方法表明，经济利润的概念与会计中的净利润概念相似，只是它是针对企业的所有资本而不仅仅是债务资本计算费用的。

经济利润是企业价值创造的晴雨表。经济利润的核心理念是每个企业都要以厂房、存货、营运资本以及其他资产形式占用一定数量的资金，而且由于资金的占用，企业必然会发生资金使用成本。当企业投放的资本（包括股权资本和债务资本）获取的收益大于其资本成本时，即取得了正溢价，此时，投放资本越多，取得的经济利润就越大，企业价值增长就越快。当企业的溢价为负值时，投入资本越多，消耗的经济利润就越大，企业价值被侵蚀的就越多。

还有一种方法可以计算经济利润，即用投入资本收益率与加权平均资本成本之差乘以投入资本。

$$经济利润=投入资本×(投入资本收益率-加权平均资本成本) \quad (2-2)$$

承例2-2,

$$经济利润=1\,000×(10\%-8\%)=1\,000×2\%=20(万元)$$

经济利润把投入资本收益率和增长率（最终表现为投入资本或企业规模的增长）这两个价值驱动因素转化为一个以货币为单位的数字，这一数字为正值表明创造了价值，为负值表明损耗了价值。

从式（2-2）可以看出，如果企业每个周期的投入资本收益率等于其加权平均资本成本，那么企业价值就等于其投入资本。只有当企业的投入资本收益率大于或小于其加权平均资本成本时，企业价值才发生变化（大于或小于其投入资本）。因此，企业经济利润正是表示了相对于投入资本而言的溢价或折价。用公式表示为：

$$企业价值=投入资本+预计经济利润现值$$

二、经济利润法的价值评估

经济利润法通过预测期间每年的投入资本收益率来测算企业价值。类似于现金流量折现法，使用该方法时，要先确定预测期和各年加权平均资本成本，再预测各年的投入资本收益率，计算出各年的经济利润，将预测的各年经济利润折现后累加，如果能预测到企业终止经营时的经济利润，则用折现的经济利润累加值加上预测之初的投入资本，求得企业价值。如果采取分段预测，则在前段逐年预测之后，再将后段不具备逐年预测条件，但可看作一个常量的年经济利润，按永久性公式计算其经济利润现值，用两段经济利润加上预测之初的投入资本，得到企业价值。其表达式为：

$$企业价值=预测之初投入资本+前段预测期经济利润现值+后段预测期经济利润现值$$

即：

$$企业价值=C+\sum_{i=1}^{n}\frac{P_i}{(1+r)^n}+\frac{P_{n+1}/r}{(1+r)^{n+1}}$$

式中：P_i——第i年的经济利润，P_i=第i年年初投入资本×(投入资本收益率-加权平均资本成本)；

C——预测之初投入资本；

P_{n+1}——第$n+1$年的经济利润；

r——折现率；

$1/(1+r)^{n+1}$——第$n+1$年的折现系数。

例2-3：ABC公司经济利润预测如表2-3所示，该公司企业价值为5 121.7万元。

表2-3　ABC公司的价值评估（经济利润法）

	经济利润/万元	折现系数（折现率10%）	经济利润现值/万元
2012年	100	0.909 1	90.91
2013年	108	0.826 4	89.25
2014年	120	0.751 3	90.16

（续表）

	经济利润/万元	折现系数（折现率10%）	经济利润现值/万元
2015 年	130	0.683 0	88.79
2016 年	150	0.620 9	93.14
2017 年	140	0.564 5	79.03
2018 年	134	0.513 2	68.77
2019 年	120	0.466 5	55.98
2020 年	110	0.424 1	46.65
2021 年	105	0.385 5	40.48
前段预测期经济利润现值			743.16
投入资本（预测之初）			4 000
第一段企业价值			4 743.16
后段预测期经济利润现值			378.54①
企业价值			5 121.7

注：①经预测 $P_{n+1}=108$，折现系数为 0.350 5。

我们用这种方法还可以预测股东价值，因为用企业价值减去债务价值就可以得到股东价值。

经济利润法将投资决策采用的现金流量折现法与业绩考核采用的权责发生制统一起来，结束了决策与考核标准不统一的局面，将企业价值最大化目标落实到财务管理的全过程。

第四节　相对价值法

现金流量折现法和经济利润法虽然在理论上很健全，但是在应用时会遇到较多的技术问题。还有一种相对容易的价值评估方法，就是相对价值法。

一、相对价值法的评估思路

相对价值法的评估思路是根据类似资产应有类似交易价格的原则，在市场上寻找与被评估企业相似的参照企业，分析、比较被评估企业和参照企业的重要指标，并在此基础上修正、调整参照企业价值，从而确定被评估企业价值。参照企业又称可比企业。

根据相对价值法的评估思路，评估企业价值的计算公式为：

$$V/X = V'/X'$$

即：

$$V = V'X/X'$$

式中：V——被评估企业价值；

V'——可比企业价值;
X——被评估企业与企业价值相关的可比指标;
X'——可比企业与企业价值相关的可比指标。

由相对价值法评估企业价值的计算公式可以看出,最关键的问题是选择可比企业和可比指标。

二、可比企业的选择

运用相对价值法的主要困难是如何选择可比企业。除了要考虑企业所处行业、企业规模等可以确认的因素,还要考虑影响企业获利能力的各种无形资产。就两家企业而言,哪些特征必须类似,才能确认它们之间存在可比性是相对价值法运用需重点考虑的问题。

可比企业的选择标准有两个:一要选择同行业的企业,同时该企业应是与被评估企业生产同种产品且市场地位类似的企业;二要考虑可比企业的资产结构和财务指标。

三、可比指标的选择

在采用相对价值法评估企业价值时,可比指标应选择与企业价值直接相关并且可观测的财务指标。由于企业价值主要是由其获利能力决定的,因此企业的利润、现金净流量指标自然是首要选择对象。此外,间接反映企业获利能力的指标,如销售收入和证券的账面价值,也是可以选择的对象。

那么究竟何种财务指标才是最合适的可比指标呢?

首先,如果评估人员可以找到一组可比企业,就可以先选择不同的可比指标 X,再计算不同的 V/X 在各可比企业之间的变动情况。如果根据某指标,如现金净流量,所计算出的 V/X 波动非常大,则说明选择该指标不合适。但是在某些情况下,V/X 的波动可能不是因为所选择的指标不合适,而是由短期内非正常因素造成的。例如,以税后利润作为可比指标,那么年度内资本盈余或亏损、新产品的引入、意外灾害及外汇汇率的波动等因素都会影响企业的税后利润。这种情况可以通过调整有关财务数据来减轻 V/X 的波动,如用几年平均的税后利润或者回归分析得出的税后利润,取代目前的税后利润。

其次,为避免短期非正常波动的影响或企业管理决策的影响,可以选择用销售收入替代利润和现金净流量指标作为可比指标。特别是那些利润在很大程度上取决于管理决策的企业,如合伙企业,由于其利润在很大程度上取决于管理决策,因此 V/X 在可比企业之间会有很大的差别,此时选择销售收入作为可比指标更为合适。

最后,可比指标的选择还要考虑可比企业在资本结构方面的差异。如果除资本结构外,可比企业在其他方面均相似,那么企业价值与企业盈利的比率在负债程度不同的可比企业之间将会有很大差异。因为具有高负债比率的企业会有更高的利息费用,同时存在更大的风险。风险的增加会引起企业资本成本上升,从而降低企业价值与企业盈利的比率。对于具有不同资本结构的可比企业来说,用税前利润(EBIDT)等指标作为可比指标更为合适,因为 EBIDT 与企业的负债数额无关。但需要注意的是,采用 EBIDT 作为可比指标时,评估的是企业总投资价值,而非所有者权益的价值。

四、相对价值法的应用

相对价值法的一个较为广泛的应用是根据市盈率估算被评估企业的价值，又称市盈率乘数法。其计算公式为：

$$被评估企业价值 = 被评估企业的年收益额 \times 参照市盈率$$

市盈率乘数法的基本做法如下。

①从证券市场上搜寻与被评估企业相似的上市公司作为可比企业，所在行业、生产产品及生产经营规模等方面的条件都要大体接近。

②根据可比企业的股票价格及不同的收益口径，如净利润、息税前利润（或现金净流量）等，计算出与之对应的市盈率。

③确定被评估企业相应口径的年收益额。

④以与可比企业口径相同的市盈率（参照市盈率）乘以被评估企业的年收益额，得到被评估企业的价值。

为提高市盈率乘数法评估结果的可信度，在评估时可以选择一组上市公司作为可比企业，分别计算出被评估企业的价值，然后分别对这一组被评估企业的价值给予权重（权重的大小取决于相应口径计算的收益额、参照市盈率与企业实际情况的相关度等），最后加权平均计算出被评估企业价值。

例 2-4：某企业拟进行整体资产评估，评估基准日为 2021 年 12 月 31 日。评估人员在同行业的上市企业中选择了 9 家可比企业，分别计算了可比企业 2021 年的市盈率。被评估企业 2021 年的净收益为 5 000 万元，则采用市盈率乘数法评估企业价值的过程如下。

9 家可比企业 2021 年的市盈率如表 2-4 所示。

表 2-4 9 家可比企业市盈率情况

可比企业	C1	C2	C3	C4	C5	C6	C7	C8	C9
市盈率	16.7	12.3	15.0	16.5	28.6	14.4	50.5	17.8	15.1

9 家可比企业 2021 年的平均市盈率为 20.77。但注意到可比企业 C5 和 C7 的市盈率明显高于其他可比企业，因此在计算平均市盈率时将它们删除。剔除可比企业 C5 和 C7 后的 7 家可比企业 2021 年的平均市盈率为 15.40。因此确定参照市盈率为 15.40。

被评估企业价值 = 5 000 × 15.40 = 77 000（万元）

由于企业的个体差异始终存在，如果仅采用单一可比指标计算参照市盈率，在某些情况下可能会影响评估结果的准确性。因此，在相对价值法评估中，除采用多个可比企业外，还可采用多种可比指标。

例 2-5：甲企业因产权变动需要进行整体资产评估，评估人员从证券市场上找到 3 家与甲企业处于同一行业的相似企业作为可比企业，然后分别计算各企业的市场价值与销售额的比率、市场价值与账面价值的比率，以及市场价值与现金净流量的比率，得到的结果如表 2-5 所示。

表 2-5　3 家可比企业的相关财务指标

	A 企业	B 企业	C 企业	平均比率
市场价值/销售额	1.2	1.0	0.8	1.0
市场价值/账面价值	1.3	1.2	2.0	1.5
市场价值/现金净流量	20	15	25	20

将 3 家可比企业的各项比率分别进行平均，就得到了评估甲企业价值所需的 3 个比率。需要注意的是，计算出来的各家企业的某项比率在数值上相对接近是十分必要的。如果它们差别很大，就意味着所选择的可比企业在某项特征上可能存在较大的差异，此时可比性就会受到影响，需要重新筛选可比企业。

例 2-5 中得到的数值结果都具有较强的可比性。假设甲企业的年销售额为 1 亿元，资产账面价值为 6 000 万元，现金净流量为 550 万元，利用可比企业相关指标计算出的甲企业价值如表 2-6 所示。

表 2-6　利用可比企业相关指标计算出的甲企业价值

甲企业数据		可比企业平均比率		甲企业价值
销售额	10 000 万元	市场价值/销售额	1.0	10 000 万元
账面价值	6 000 万元	市场价值/账面价值	1.5	9 000 万元
现金净流量	550 万元	市场价值/现金净流量	20	11 000 万元

将得到的 3 个甲企业价值进行算术平均或加权平均，就可以得到甲企业整体资产的评估值。本例采用算术平均的方法，得到甲企业的整体资产评估值为 10 000 万元。

在产权交易活跃和证券市场相对规范的国家，相对价值法是评估企业价值的重要方法。但是在产权交易不够活跃和证券市场规范性较差的情况下，相对价值法的使用存在两方面的障碍：一是交易案例较少，可比企业难以寻找；二是上市企业的股价往往不能反映企业的内在价值。

第三章 企业并购财务管理

思维导图

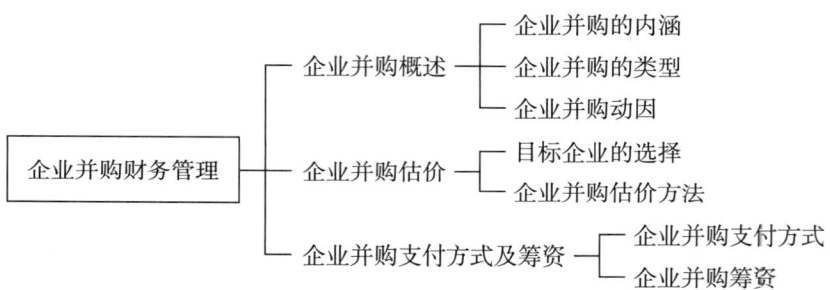

引例

普华永道发布的《2020年中国企业并购市场回顾与2021年前瞻》显示，2020年中国并购交易数量比2019年增加了11%，并购交易金额比2019年增长了30%，达到7 338亿美元，是2016年以来的最高水平，这主要得益于国有企业和政府强有力的投资支持。在交易数量和交易金额方面，中国约占全球并购市场的15%，在全球市场中扮演越来越重要的角色。据统计，2020年中国发生了93宗超大型并购交易（单宗交易金额在10亿美元以上），反映了国有企业改制进程的加快以及政府对金融行业注资的重视。党的二十大报告也明确指出，深化国资国企改革，加快国有经济布局优化和结构调整，推动国有资本和国有企业做强做优做大，提升企业核心竞争力。可以预测，在国有企业改革以及"双循环"和"产业升级"战略的支持下，未来一段时期内，中国企业并购市场将继续以境内交易为主，同时，海外投资的整体水平也将有较大的上升空间。

思考：企业并购的动因是什么？并购会为企业带来什么样的效应？

第一节 企业并购概述

一、企业并购的内涵

企业并购是指企业通过取得其他企业的部分或全部产权，从而实现对该企业产权控制的一种投资行为。其中取得控制权的企业称为并购企业或控股企业，被控制的企业称为目标企业。

并购包括兼并与收购。

（1）兼并

兼并通常是指一家企业以现金、证券或其他形式购买其他企业的产权，使其他企业丧失法人资格或改变法人实体，并取得对这些企业决策控制权的经济行为。

（2）收购

收购是指一家企业用现金、证券购买其他企业的股票或资产，以对这些企业实施经营业务上的控制或影响的行为。在收购过程中，目标企业的法人地位并不改变。收购包括资产收购和股票收购。资产收购是指并购企业购买目标企业的资产（包括资产和营业部门），以实现对目标企业的控制；股票收购是指并购企业直接或间接购买目标企业的部分或全部股票，以实现对目标企业的控制。收购作为企业资本经营的一种形式，既具有经济意义，又具有法律意义。

收购与兼并都以企业产权为交易对象，是企业资本经营的基本方式。它们的主要目的都是扩大企业规模或企业经营范围，增强企业实力，提高市场占有率。

收购与兼并的区别体现在以下两个方面。一方面，在收购中，目标企业仍可以法人实体的形式存在，其产权可以是部分转让，而在兼并中，目标企业不再作为法人实体存在。

另一方面，在收购中，并购企业是目标企业的新股东，以收购股份的出资额为限承担目标企业的风险，而在兼并中，并购企业成为目标企业的新的所有者和债权、债务的承担者，兼并是资产、债权、债务的整体转换。

二、企业并购的类型

（一）按并购双方行业关系划分

按并购双方行业关系，可将企业并购划分为横向并购、纵向并购和混合并购。

1. 横向并购

横向并购又称水平并购，是指同属于一个产业或行业，生产经营同类或相似产品的企业之间发生的并购行为。横向并购实质上是市场上同类竞争对手间的合并。横向并购有两个明显效果：一是实现规模经济；二是提高行业集中度。横向并购可以扩大同类产品的生产规模，扩大市场份额，降低产品生产成本，产生规模效益，提高专业化协作水平，从而增强企业的市场控制能力。

横向并购对社会有正、反两方面的影响：一方面，横向并购有利于社会效率的提高和社会资源配置的优化；另一方面，横向并购在一定程度上减少了市场竞争，助长了市场垄断的形成，其结果是市场竞争被削弱，经济运行效率降低，市场被少数企业所垄断。因此，许多国家都对横向并购非常关注，严格限制此类并购业务的发生。

2. 纵向并购

纵向并购又称垂直并购，是指在生产过程或经营环节相互衔接、相互关联的企业之间发生的并购，或者是在具有纵向协作关系的专业化企业之间的并购。纵向并购的目的是实现纵向生产一体化或供产销一体化。纵向并购主要集中在加工制造业和与其相联系的原材料、运输、流通等行业。

纵向并购又可分为前向并购和后向并购两种形式。

（1）前向并购

前向并购是指向其产品生产经营流程的下游并购，如原材料生产企业并购原材料加工企业，零部件生产企业并购零部件装配企业，制造企业并购流通企业等。

（2）后向并购

后向并购与前向并购刚好相反，是指向其产品生产经营流程的上游并购，如原材料加工企业并购原材料生产企业，零部件装配企业并购零部件生产企业，流通企业并购制造企业等。

纵向并购有利于减少生产经营的中间环节，节约运输和仓储费用，降低交易成本，缩短生产经营周期，加速资金周转。比如，原材料加工企业通过并购原材料生产企业，可实现原材料的自给，一方面节约了外购材料的中间成本（如采购费用等），另一方面保证了原材料的供应，降低了原材料供应中断的风险，并能够在一定程度上减少原材料库存，从而节约仓储费用。有的企业还可以通过对原材料的控制实现产业垄断，从而获得高额的垄断利润，而且较少受到各国反垄断法的限制。但是，由于纵向并购将企业生产经营集中于一个行业或产业，当该行业或产业不景气时，就会加大转产难度，增加企业经营风险。

3. 混合并购

混合并购是指两个或两个以上相互没有直接投入产出关系的企业之间的并购行为。混合并购可细分为三种形式：产品扩张型并购、市场扩张型并购和纯粹扩张型并购。

（1）产品扩张型并购

产品扩张型并购是指企业以原有产品和市场为基础，通过并购相关产业的其他企业，进入相关产业的经营领域，以扩大企业产品生产经营范围，增强企业实力。比如，彩电生产企业通过并购冰箱生产企业，实现产品生产经营的多样化。

（2）市场扩张型并购

市场扩张型并购是指企业为扩大其地盘而向其尚未渗透地区的生产同类产品的企业进行并购。通常，并购企业通过并购目标企业进入目标企业的市场销售网络，以扩大市场销售领域，提高市场占有率，增强市场竞争力。

（3）纯粹扩张型并购

纯粹扩张型并购是指并购企业并购与其产品和市场均无关联的目标企业，从而进入新的生产经营领域，实现多元化经营。

混合并购可使企业形成多元化经营的格局，既可实现技术和市场的共享，扩大企业经营范围和销售网络，又可分散单一产业的经营风险，为企业提供一个良好的生存和发展环境。其主要缺点是可能导致企业财力分散，难于管理。

（二）按并购实现方式划分

按并购实现方式，可将企业并购划分为购买式并购、承担债务式并购和股权交易式并购三种。

1. 购买式并购

购买式并购是指以现金购买目标企业的资产或股票，从而获得目标企业产权的一种方式。它包括以下两种情况。

（1）用现金购买资产

用现金购买资产，是指并购企业以现金或相当于现金的对价，购买目标企业绝大部分或全部资产，以实现对目标企业的控制。现实操作中，用现金购买还演变为并购企业以资产（或对其他企业的股权）购买目标企业资产（或股权）的资产置换等形式。

（2）用现金购买股票

用现金购买股票，是指并购企业以现金或相当于现金的对价，购买目标企业绝大部分或全部股票，以实现对目标企业的控制。购买股票可以通过一级市场进行，也可以通过二级市场进行。如果目标企业是上市公司，则有要约收购和协议收购两种形式。

2. 承担债务式并购

承担债务式并购是指在目标企业资不抵债或资产与债务相等的情况下，并购企业以承担目标企业全部或部分债务为条件，取得目标企业产权的行为。

承担债务式并购的特点是交易不以价格为准，而是根据债务和整体产权价值的比率而定，无须对目标企业进行资产评估。并购后，目标企业所有资产归入并购企业，法人主体消失，目标企业的管理人员和职工全部由并购企业接收。

这种并购方式可以减少并购企业在并购时的现金支出，但有可能影响并购企业的资本结构。

3. 股权交易式并购

股权交易式并购是指并购企业以股权交换目标企业的股权或资产的行为。股权交易式并购不需要支付大量的现金，同时目标企业的股东并未失去他们的所有权，只是这种所有权转移到了并购后的企业内，使他们成为并购后企业的新股东。目标企业的原股东与并购企业的股东一起享有分红的权利以及承担债务与亏损的义务。在这种并购方式下，并购企业的原有股东应该在经营控制权上占据主导地位。

股权交易式并购包括以股权交换股权和以股权交换资产两种情况。

（1）以股权交换股权

以股权交换股权是指并购企业向目标企业的股东发行并购企业的股票，以交换目标企业的大部分或全部股票，从而达到控制目标企业的目的。在这种方式下，若对目标企业的股票进行全面收购，则其法人资格不复存在；若只进行部分收购，则其法人资格仍然存在。这种并购一般在上市公司之间进行，按双方确定的换股比例实施并购。

（2）以股权交换资产

以股权交换资产是指并购企业向目标企业发行自己企业的股票，以交换目标企业的大部分或全部资产。就目标企业而言，其将清产核资后的净资产作为股本投入并购企业，取得并购企业的部分股权，成为并购企业的新股东，最终目标企业的法人主体地位不复存在。

（三）按并购融资渠道划分

按并购融资渠道，可将企业并购划分为杠杆收购、管理者收购和联合收购。

1. 杠杆收购

杠杆收购是指以目标企业资产作为抵押，大规模举债融资，收购目标企业的股票或者资产，取得目标企业的产权，并且用目标企业未来的现金流量偿还债务的并购方式。并购企业不需要投入全部资金，只需要付出少量资本代价即可完成并购，故称杠杆收购。杠杆收购的具体内容将在第三节"企业并购支付方式及筹资"中讨论。

2. 管理者收购

管理者收购是指管理者通过融资收购管理者所在企业的全部或部分股权，使管理者能够以所有者和经营者二者合一的身份主导重组企业，从而产生一个代理成本更低的新企业。

管理者收购的核心是由企业的经营管理集团筹资或以其他可行的财务运作方法来收购本企业的股权，并取得一定程度的控股权。在中国，进行管理者收购应注意以下三点：一是收购的股份应以非流通性的国有股、法人股为主；二是收购本企业股份所需的资本，既可以采取现金方式，也可以运用诸如购股期权、分期支付、收益权承诺等灵活多样的方式；三是控股程度可以根据各个上市公司的实际情况来决定和安排，可以选择完全控股、共同控股、参与控股等形式。

管理者收购对目标企业管理层的要求很高。他们不但要有很强的经营管理能力，而且要有很强的融资能力。另外，管理者收购还要求在目标企业内存在大规模的节约代理成本的可能性，并且管理者收购也可以解决企业长期含混不清的产权关系问题。

3. 联合收购

联合收购是指两个或两个以上的并购企业事先就各自取得目标企业的哪一部分，以及进行收购时应承担的费用达成协议而进行的收购行为。其特点是并购企业必须是两个或两个以上，目标企业不是整体出售给某个并购企业，而是各并购企业取得目标企业的不同部分。

三、企业并购动因

企业作为独立的经济主体，其一切经济行为都会受到利益动机的驱使。并购是一项资本运作决策，是一项特殊的企业投资活动，而投资活动就必须能创造企业价值或增加股东财富，这是企业并购最基本的动因。企业并购的另一个动因是市场竞争的巨大压力。这两大动因在现实经济生活中以不同的形态表现出来，当然，在多数情况下企业并购是多种因素综合平衡的结果。这些因素归结起来，主要有以下几个方面。

（一）谋求管理协同效应

一般并购企业都拥有一支高水平、高效率的管理队伍，其管理能力超出了管理该企业的需要，管理能力未能充分发挥。一个企业的管理水平是有限的，并购后若干企业的管理水平相加，管理的效益会更高。因此，并购管理水平低的企业，就可以发挥出并购企业的管理协同效应，提高目标企业的管理水平，甚至两个企业相互促进，共同提高双方的管理水平。并购不仅会给单个企业带来效率的提高，也会给整个社会带来剩余收益的增加。但是，管理协同效应有效发挥作用有以下两个前提假设。

①并购企业具有剩余管理资源，而且这种剩余只能在规模效应中得到释放。

②目标企业的低效管理可以由外部介入得到改善。

总之，优势企业的"管理溢出"将劣势企业的非效率资本与有效管理结合在一起，就达成了一种协同作用。但需要指出的是，企业之间管理效率的可比性要求并购双方必须处于同一个行业，因为管理资源的使用价值只能在特定的行业中得以发挥，所以，谋求管理协同效应只能视为横向并购的理论依据之一。

（二）谋求经营协同效应

企业并购不是两个或多个企业的简单相加，而是通过并购，使并购后企业的总体效益大于并购前各独立企业的效益之和。获取经营协同效应的一个重要前提是行业中的确存在规模经济，且在并购前企业尚未达到规模经济。企业并购给生产经营活动在效率方面带来的主要变化是规模经济效益的提高，具体体现在以下几个方面。

①并购后，对存量资产的整合和生产经营活动的调整，使企业达到规模经济的要求，这有利于企业降低生产成本，节约期间费用，扩大市场份额，提高营业收入。

②企业规模的扩大和财务实力的增强，使得企业筹资更加容易，抵御风险的能力更强，从而有助于企业实现快速发展。

③企业并购后可以集中足够的经费，用于研究、开发、设计新产品和改进生产工艺等方面，从而扩大经营规模，实现产品优化升级，取得规模经济效益。

(三) 谋求财务协同效应

财务协同效应是指并购使企业所有有价证券的持有者的财富得以增加。财务协同效应主要体现在以下几个方面。

1. 降低企业资金成本，增强企业的财务能力

一旦企业意识到自己在资金上具有剩余能力，而在其自身现有的经营范围内又难以找到合适的投资机会时，就会以并购企业的身份提供低成本的内部资金去收购目标企业，这可使低成本的资金在并购后的整体企业内部流动，节约了外部筹资费用和交易费用，从而降低企业资金成本。同时，这种并购也是对企业财务资源的重新配置，使企业财务资源由低速增长的行业转移到高速增长的行业。企业通过并购进行资本扩张时，往往是由于所在行业的投资机会减少，整体处于低速增长的态势，而被并购的目标企业在其所属行业中有着较高的期望增长率，但是缺乏现金流量。这样有多余现金流量的低速增长的企业去并购缺乏现金流量却可以有较高增长率的企业，就是在实现企业财务资源的转移。

2. 合理避税

合理避税也是财务协同效应的重要方面。企业并购可以产生以下几种节税效应。

①存在两家企业，一家企业有税收优惠，但该企业由于处于亏损状态无法获得这个好处，而另一家企业由于盈利而必须支付大量的所得税，如果这两家企业合并，就能利用税收优惠减少税收支出，从而令企业受益。

②在某些并购中，目标企业会按照当前的市场价值重新计算自己的资产价值，这一般会增加目标企业资产的未来折旧额，从而减少应税所得，增加企业收入和价值。

③经营损失可以在应税所得中扣除，但单个企业无法利用这种税收扣除，因为企业亏损时是没有应税所得的，而两个企业合并后就可以利用对方的经营损失而减少纳税额。

但是，以避税为目的的并购不会提高经济运行效率，只能将财富从政府手中转移到股东手中，所以许多国家法律都限制这种类型的并购。

3. 预期效应

预期效应是指因并购使股票市场对企业股票评价发生改变，从而对股价产生影响。由于预期效应的作用，企业并购往往伴随着强烈的股价波动，因此会形成股票投机机会。投资者对投机利益的追求反过来又会刺激企业并购的发生。

4. 降低风险

资本结构理论指出，如果并购双方的现金流量相关性不大，那么并购后企业的现金流量比并购前各企业的现金流量更具有稳定性。因此，并购产生了多元化效应，降低了并购后企业收益的波动性，降低了财务危机发生的可能性。

(四) 降低代理成本

在企业所有权与经营权相分离的情况下，管理者是代理人，而所有者作为委托人成为风险承担者，由此会形成包括契约成本、监督成本和剩余亏损在内的代理成本。通过企业内部组织机制安排、报酬安排、经理市场和股票市场等，可以在一定程度上缓解代理问题，降低代理成本。但当这些机制均不足以控制代理成本时，并购机制作为解决代理问题的外部控制机制，使得接管的威胁始终存在，换句话说，并购的存在有利于降低代理成本。

(五)降低交易费用效应

降低交易费用是企业发生并购的一个重要原因。在市场经济中,企业不仅是产品的生产单位,还需要在生产前后进行大量的交易活动,以实现其产品的价值,这些发生在流通领域的交易活动是连接生产和消费的纽带,是企业再生产过程中不可缺少的环节。这些交易活动包括企业产品的采购、推销、包装、调运、保管和储存等活动,也包括与此相关的信息收集与传播、用户的搜寻与联系、业务洽谈、合约签订和履行等活动。这些交易活动本身还包含风险责任,企业必须为此支付一定费用,而并购可以使企业组织结构和规模结构发生变化,从而改变交易费用的数额。

(六)企业发展效应

在市场经济条件下,企业只有不断发展才能保持和增强它在市场中的相对地位,才能生存下去。而外力成长模式较内力成长模式更具效率。

1. 有效降低了进入新行业、特殊行业的难度

企业在进入一个新的领域时,会遇到许多障碍。首先,企业面临着该领域原有企业的激烈反应,若以小规模方式进入,则面临成本劣势;其次,产品差异使得用户从一种产品转向新进入者产品时,必须付出高额转置成本,从而使得新企业难以占领市场;再次,某些资本密集型行业要求巨额投资,企业进入时,可能会面临筹资方面的困难以及较大风险;最后,由于原有企业同销售渠道之间有长期密切的关系,企业要进入新市场,就必须打破原有企业对销售渠道的控制,获得可靠的销售渠道。并购可以有效降低进入新行业、特殊行业的难度。

2. 大幅度降低了企业发展的风险和成本

投资新建不仅涉及增加新的生产能力,企业还要花费大量的时间和财力获取稳定的原料来源,寻找合适的销售渠道,开拓和争夺市场。因此投资新建涉及较大的不确定性和风险。在并购的情况下,企业可以充分利用原有企业的原料来源、销售渠道和已占有的市场,从而大幅度减少发展过程中的不确定性,降低风险和成本。

3. 降低了经营风险

企业通过经营相关程度较低的不同行业的业务,可以分散风险,稳定收入来源,增强企业资产的安全性。这种多元化经营可以通过内部积累和外部并购两种途径实现,但在多数情况下,外部并购途径更为有利。尤其是当企业因面临环境变化而需要调整战略时,并购可以使企业以低成本迅速进入目标企业所在的增长相对较快的行业,并在很大程度上保持目标企业的市场份额以及现有的各种资源,从而保证企业有持续不断的盈利能力。

(七)获得特殊资产

企图获得某项特殊资产往往是并购发生的重要原因。特殊资产可能是一些对企业发展至关重要的专门资产,如土地是企业发展的重要资源,一些有实力、有前途的企业(优势企业)往往会因土地资源少而难以扩张,而一些经营不善、市场不景气的企业(劣势企业)却占有较多的土地和优越的地理位置,这时,优势企业就可以通过并购劣势企业,获得其优越的土地资源。另外,企业通过并购,不但可以获得目标企业原有的生产能力和各

种资产，还可以获得原有企业的经验、有效的管理队伍、优秀的研究人员或专门人才，以及专利技术、商标和品牌等无形资产，这对进入新行业的企业来说具有特别重要的意义。

第二节　企业并购估价

一、目标企业的选择

企业并购属于大型的战略性投资，若决策正确，就可为企业带来良好的经济效益；若决策失误，就会给企业带来巨大的经济损失。因此，对于并购的目标企业的选择就十分重要。对于目标企业的选择一般要经历发现目标企业、调查目标企业、审查目标企业，以及评价目标企业四个阶段。

（一）发现目标企业

成功并购的前提是能够发现和抓住适合本企业发展的并购目标。在实践中，并购企业一般从两方面着手，即利用企业自身力量和借助企业外部力量。利用企业自身力量就是企业内部人员通过私人接触或根据自身的管理经验发现目标企业。借助企业外部力量就是利用专业金融中介机构为选择目标企业出谋划策。目前投资银行在企业并购活动中所扮演的角色越来越重要，这主要是由于投资银行家与并购企业经常联系，熟悉并购企业的具体情况和发展目标，能为并购企业提供适合企业具体情况的并购建议和目标企业。

（二）调查目标企业

1. 调查内容

通常情况下，并购中的调查内容应包括目标企业所处的行业或产业，目标企业的营运状况、规章制度及有关契约、人事管理状况、财务状况等。

2. 注意目标企业的考虑

在一项并购活动中，目标企业对并购企业的情况和存续企业有浓厚的兴趣。目标企业可能会被并购企业赋予一定期限的延期购买价款支付、补偿、特许权或其他有价物的权利。目标企业能否与并购企业保持联系，是与并购企业保持友好关系还是完全依赖于并购企业，了解这些是非常重要的。

3. 注意目标企业的致命缺陷

目标企业的致命缺陷是指目标企业或它的产品所面对的，如果不解决或不恰当地修正就会对企业造成相当程度损害的突出的经营问题或市场条件。这些缺陷如果被忽视并且潜伏在整个并购过程中，就会使并购最终失败。同时，并购企业也应注意到目标企业被并购后的致命缺陷，这主要包括核心人员流失、客户流失、未来可能的财务危机、未来市场的变化等。

（三）审查目标企业

在某些情况下，仅对目标企业进行调查和分析是不够的，并购企业可能需要对目标企业的财务报表进行审计，对目标企业管理人员的陈述进行审核。审查目标企业的重点主要有以下几个方面。

1. 审查目标企业出售动机

目标企业如果主动出售，往往是有原因的，审查其出售动机，将有助于评估目标企业的价值和确定正确的谈判策略。一般来讲，目标企业出售动机主要包括目标企业经营不善，股东欲出售股权，目标企业股东转换投资领域，目标企业大股东急需大量资金，股东不满意目标企业管理等。

2. 审查目标企业法律文件

这不仅包括审查目标企业所在的产业是否符合国家对该产业的相关规定，还包括审查目标企业的章程、合同契约等法律性文件。

3. 审查目标企业业务

业务审查主要是检查目标企业的业务能否与本企业的业务相融合。在审查过程中，并购目的不同，审查的重点也不同。

如果并购的目的是利用目标企业现有的生产设备，就应注意目标企业生产设备是否保养良好、是否实用，直接利用目标企业的生产设备与企业自行购买哪个更合算；如果并购的目的是通过目标企业的营销资源来扩大市场份额，就应对目标企业客户的特性、购买动机等需求情况有所了解。

4. 审查目标企业财务

财务审查是并购活动中一项极为重要的工作。并购企业要防止目标企业提供虚假或错误的财务报表，应尽量通过注册会计师进行合格的审计。财务审查主要应从以下三个方面进行。

①分析企业的偿债能力，审查企业财务风险的大小。
②分析企业的盈利能力，审查企业获利能力的高低。
③分析企业的营运能力，审查企业资金周转状况。

5. 审查目标企业并购风险

对并购风险的审查主要包括以下几方面内容。

（1）市场风险

目标企业如果是上市公司，并购消息一旦传出，立即就会引起目标企业股价飞涨，从而增加并购的难度；目标企业如果是非上市公司，消息传出，也容易引起其他企业的兴趣，挑起竞标，使并购价格抬高。这种因股票市场或产权交易市场引起的价格变动风险，就是市场风险。市场风险很难预测，只能在并购过程中从社会心理学、大众传播媒介等不同角度予以小心控制。

（2）投资风险

并购作为一种直接的外延型投资方式，也是投入一笔资金，以期在未来得到若干收益。企业并购后能取得多少收益，受许多因素的影响，每种影响因素变动都可能使投入的资金遭受损失，导致预期收入减少，这就是投资风险。

（3）经营风险

经营风险主要是指并购完成后，并购企业不熟悉目标企业的经营方法和经营策略，不能组织一个强有力的管理层去接管业务，从而导致经营失败。从风险角度来说，经营风险可以通过并购企业的努力降至最低，甚至完全回避。

（四）评价目标企业

1. 分析历史业绩

分析历史业绩是进行价值评估的第一步。对目标企业过去的财务状况和经营成果进行评价，彻底了解目标企业过去的业绩，可以为判定和评价目标企业的业绩以及为今后绩效的预测提供一个必不可少的参考，并为制定经营策略、财务决策、发展计划提供重要的帮助。历史业绩的分析应集中于关键的价值驱动因素，其中，投资收益率是最重要的指标，企业只有在投资收益率超过其资本成本时，才能为股东创造剩余价值。

2. 预测未来绩效

预测未来绩效就是对目标企业并购后的运作期间和经营绩效进行预测。通常情况下，可能影响企业绩效的因素有很多，有宏观的，也有微观的，有国内的，也有国际的，各种各样，形形色色，并购企业必须认真分析，以便正确预测目标企业并购后的经营绩效。

3. 估算加权平均资本成本

要预测目标企业的未来绩效，估计出不同情况下的自由现金流量，就需要估算出将预期现金流量折算为现值的贴现率，即加权平均资本成本。估算加权平均资本成本时，要确定资本结构中各种资本的比重、不同股权的资本成本及债务资本成本。

4. 估算未来现金流量

未来现金流量是目标企业被并购后，各期可能实现的现金流量的价值。对未来现金流量的估算主要包括两部分：一是未来能取得现金流量的期间，二是每个期间的现金流量终值。

5. 计算现值并进行结果检验

计算现值就是使用加权平均资本成本对预测的自由现金流量终值进行折算，以确定目标企业的现时价值总额。同时，如果可能的话，还要对计算结果进行检测和验证，尽量减少误差，以便作出正确的并购决策。

二、企业并购估价方法

并购估价就是对目标企业进行价值评估，即买卖双方对标的做出价值判断。在并购过程中，对目标企业的价值评估，是并购要约的重要组成部分。无论是并购企业股东，还是目标企业股东，都希望交易价格对自己有利，因此，对交易的标的做出公正的判断，对于交易双方都是十分重要的。

目标企业价值评估方法很多。一般而言，目标企业的价值，取决于并购企业对其未来现金流的预期。由于未来预期的不确定性，对目标企业的价值评估，应根据并购后目标企业是否继续存在以及资料信息是否充分等来确定采用何种价值评估方法。评估目标企业价值的方法主要有资产基础价值法、收益法和贴现现金流量法。

（一）资产基础价值法

资产基础价值法是指通过对目标企业的资产进行估价来评估目标企业的价值。要确定目标企业的资产价值，选择合适的资产评估标准很重要。目前通用的资产评估标准有以下三种。

1. 账面价值

账面价值，即会计核算记载的账面资产价值。以账面价值为标准的估价方法是以历史成本为计价依据的，它没有考虑各资产市场价格的变动，因而是一种静态的估价方法。由于账面价值取得成本低，不易引起争议，因此，在我国企业并购实践中，许多并购企业都以账面价值作为收购价格。这种方法的缺点是只考虑了资产入账的历史成本，多数情况下其账面价值与实际的市场价值相背离。

2. 市场价值

市场价值，即企业所有资产的市场价格。以市场价值为标准的估价方法能够真实反映企业的现时价值，但需要有对应的市场价格做参考，而市场价格的取得成本较高。

3. 清算价值

清算价值，即当企业因面临财务危机而破产或歇业清算时，将企业的各项实物资产逐一分离而单独出售的价值。清算价值是在企业作为一个整体已丧失增值能力时采用的估价方法，对于股东来说，清算价值是企业清算资产偿还债务以后的剩余价值。

(二) 收益法

收益法又称市盈率法，是指根据目标企业的收益及市盈率来确定其价值的方法。市盈率反映的是投资者愿意为企业的盈利能力所支付的价格。较高的市盈率，表明投资者愿意为企业的盈利能力付出较高的价格，反映了投资者对企业有良好预期。在 20 世纪 60—70 年代，市盈率被认为是衡量企业绩效的一个最重要的股票市场指标，对企业的并购有着重要的影响。

一般来说，运用收益法对目标企业进行评估时，步骤如下。

(1) 核对、调整目标企业近年的经营业绩

在核对目标企业会计政策连续性的基础上，调整目标企业已公布的盈余数据，使其与并购企业的会计政策相一致。

(2) 选择用于估计目标企业收益的计算期间

一般来说，最近一年的税后利润能较好反映目标企业当前的经营状况，可作为进行价值评估的年收益估计。但是，如果企业利润的波动性很大，就必须对收益的计算期间进行调整，一般情况下可以选择目标企业近三年税后利润的平均值作为年收益估计。

(3) 选择市盈率

可供选择的市盈率主要有并购时目标企业的市盈率、目标企业所在行业的平均市盈率及与目标企业具有可比性的企业的市盈率等，应根据目标企业的具体情况，选择能具备目标企业并购后的风险性和成长性等特征的市盈率，以便充分体现并购后目标企业的价值。

(4) 估算目标企业的价值

$$目标企业的价值 = 年收益估计 \times 标准市盈率 \tag{3-1}$$

目标企业的最低收购价应该是目标企业的当前市值。而目标企业的最高收购价，应该是目标企业并购后的年收益估计乘以目标企业并购后的市盈率估计，其计算方法为：

$$目标企业的最高收购价 = 目标企业并购后的年收益估计 \times 目标企业并购后的市盈率估计 \tag{3-2}$$

例 3-1：2024 年，甲公司拟横向并购同行业的乙公司，假设双方公司负债利息率均为 8%，所得税税率均为 25%。按甲公司现行会计政策对乙公司的财务数据进行了调整。双方的基本情况如表 3-1 和表 3-2 所示。

表 3-1 甲、乙两公司 2023 年资产负债表　　　　　　　　　　　　单位：万元

资产	甲公司	乙公司	负债及所有者权益	甲公司	乙公司
流动资产	15 000	8 000	流动负债	5 000	4 000
长期资产	20 000	10 000	长期负债	10 000	6 000
			股本	10 000	4 000
			留存收益	10 000	4 000
资产合计	35 000	18 000	负债及所有者权益	35 000	18 000

表 3-2 甲、乙两公司经营业绩汇总表　　　　　　　　　　　　单位：万元

经营指标（2023 年）	甲公司	乙公司
息税前利润	5 250	1 800
减：利息	1 250	800
税前利润	4 000	1 000
减：所得税	1 000	250
税后利润	3 000	750
其他指标		
资金利润率	15%	10%
利润增长率	20%	10%
近三年的平均利润		
平均税前利润	3 400	920
平均税后利润	2 550	690
市盈率	18	12

并购前乙公司的市值为：

并购前乙公司的市值=税后利润×市盈率=750×12=9 000（万元）

由于并购双方处于同一行业，因此甲公司可以选择自身的市盈率作为标准市盈率。在此基础上，选用不同的年收益估计，分别运用公式，计算并购后目标企业（乙公司）的价值，具体结果如下。

①若选用目标企业最近一年的税后利润作为年收益估计，由于乙公司最近一年的税后利润为 750 万元，同类公司（甲公司）的市盈率为 18，则

并购后乙公司的价值=750×18=13 500（万元）

②若选用目标企业近三年的平均税后利润作为年收益估计，则

并购后乙公司的价值=690×18=12 420（万元）

③假设目标企业被并购后，能够获得与并购企业同样的资金利润率，即可用计算出的目标企业并购后的税后利润作为年收益估计，则乙公司被并购后，

资本收益＝18 000×15%＝2 700（万元）

利息＝10 000×8%＝800（万元）

税前利润＝2 700－800＝1 900（万元）

所得税＝1 900×25%＝475（万元）

税后利润＝1 900－475＝1 425（万元）

同类公司（甲公司）的市盈率为18，则

并购后乙公司的价值＝1 425×18＝25 650（万元）

因此，收购价格应该在9 000万~25 650万元之间。

可见，年收益估计的选择不同，将大大影响目标企业的估价。并购企业应根据实际情况，尽可能选择合理的年收益估计，以降低并购风险，提高并购收益。

（三）贴现现金流量法

贴现现金流量法是指通过估算目标企业未来的现金流量，并使用某个选定的贴现率将预期的未来现金流量折算为现值，从而确定目标企业价值的一种方法。

根据贴现现金流量法，企业价值取决于企业资产未来创造的现金流量的大小，即当你购买了一家企业，你就获得了这家企业的资产的使用价值及其未来创造的现金流量。在贴现现金流量法下，影响估价的因素主要有企业存续期、未来现金流量和贴现率。

1. 预测企业存续期

存续期是指目标企业能产生现金净流量的时间间隔，即在计算并购现值时所采用的预测期。企业并购是一种特殊形式的资本投资，目标企业的价值等于预期的未来现金流量的现值之和。但由于企业是一个持续经营的实体，其寿命一般是不可预知的。因此，为了合理预测目标企业价值，一般会将其未来现金流量分为两部分：一是预测期内的现金流量；二是预测期后的现金流量。对于预测期内的现金流量需要逐期预测，以5~10年作为预测期最为普遍，因为预测期越长，不确定性因素就越多，预测的难度就越大，预测的可靠性就越低。

2. 预测未来现金流量

企业的现金流量是指企业在履行了其财务责任并满足了企业再投资需要之后的现金流量。因此，这种增量现金流量应是目标企业在被并购后对并购企业现金流量的贡献，又称自由现金流量、剩余现金流量。

目标企业未来现金流量常依据拉巴波特模型（Rappaport Model）来预测，其计算公式如下：

$$FCF_t = S_{t-1}(1+g_t)r_t(1-T_t) - (S_t - S_{t-1})(F_t - W_t)$$

式中，FCF_t 为第 t 年现金流量，S_t 为第 t 年销售额，g_t 为第 t 年销售额增长率，r_t 为第 t 年销售利润率，T_t 为第 t 年所得税税率，F_t 为第 t 年销售额每增加1元所需追加的固定资本投资（全部固定资本投资扣除折旧），W_t 为第 t 年销售额每增加1元所需追加的营运资本投资。

目标企业被并购后的现金流量不同于目标企业独立经营时所产生的现金流量，因为并

购会带来新的投资机会，使目标企业产生其独立经营时所不能实现的现金流量。

3. 预测贴现率

要预测贴现率，就需要对各种长期成本进行估计，包括普通股、优先股和债务等。其中，对于目标企业历史股本的资本成本的估计，常采用资本资产定价模型：

$$R = R_F + \beta(R_m - R_F)$$

式中，R 为股票的必要收益率，R_F 为无风险收益率，β 为股票的 β 系数，R_m 为市场组合的平均收益率，又称市场报酬率，$R_m - R_F$ 表示市场风险补偿率，又称市场风险收益率。

在通过资本资产定价模型等方法对目标企业各项资本成本进行估计后，即可根据预计的目标企业并购后的资本结构，计算加权平均资本成本。其计算公式为：

$$K_W = \sum_{i=1}^{n} K_i W_i$$

式中，K_W 为加权平均资本成本，K_i 为第 i 项资产的资本成本，W_i 为第 i 项资产所占的比重。

4. 确定目标企业价值

根据目标企业未来创造的现金流量和贴现率，即可估计目标企业价值。其计算公式为：

$$TV = \sum_{t=1}^{n} \frac{CF_t}{(1+K_W)^t} + \frac{V_n}{(1+K_W)^n}$$

式中，TV 代表目标企业价值，CF_t 代表第 t 期的现金流量，V_n 代表目标企业在第 n 期的价值，K_W 代表加权平均资本成本。

如果若干期（n 期）后，目标企业处于稳定增长状态，那么目标企业在第 n 期的价值就可按增长模型计算，即：

$$V_n = \frac{CF_{n+1}}{K_W - g}$$

式中，K_W 为加权平均资本成本，g 为固定增长率。

5. 计算并购企业并购目标企业所支付的价格

如果并购企业并购目标企业时，对其债务承担责任，则并购时所支付的价格为：

并购企业并购目标企业所支付的价格＝目标企业资产价值－目标企业负债价值

目标企业负债价值是指在并购时由并购企业所承担的各种债务的机会成本的现值，若企业以股权价值收购目标企业的资产，则必须承担其对外的各种债务。

例 3-2：某企业 2021 年准备收购目标企业 A。测算的相关数据如下。

①目标企业在被收购后，前四年销售收入增长率为 10%，之后各年的年增长率为零，2022 年目标企业的预计销售额为 2 000 万元。

②销售利润率为 15%，所得税税率为 25%，目标企业的加权平均资本成本为 10%。计算目标企业的并购价值。

③为简便起见，从 2026 年开始每年固定资产投资额与折旧额相同。

④并购时目标企业负债价值为 400 万元。

根据上述资料，并购后目标企业各年的现金净流量的计算如表 3-3 所示。

表 3-3　并购后目标企业各年的现金净流量　　　　　　　　　　　单位：万元

项目	2022 年	2023 年	2024 年	2025 年	2026 年
销售额	2 000	2 200	2 420	2 662	2 662
销售利润	300	330	363	399.3	399.3
所得税（所得税税率：25%）	75	82.5	90.75	99.825	99.825
税后利润	225	247.5	272.25	299.475	299.475
加：折旧费	30	30	25	20	15
减：固定资本增量投资	25	25	22	18	15
减：营运资本增量投资	20	20	15	10	0
现金净流量	210	232.5	260.25	291.475	299.475

$$TV = \frac{210}{1+10\%} + \frac{232.5}{(1+10\%)^2} + \frac{260.25}{(1+10\%)^3} + \frac{291.475}{(1+10\%)^4} + \frac{299.475}{10\%-0} \times \frac{1}{(1+10\%)^4}$$
$$= 2\ 823.12\ （万元）$$

并购企业并购目标企业所支付的价格 = 2 823.12 - 400 = 2 423.12（万元）

并购企业并购目标企业股权需支付的购买价格为 2 423.12 万元。也就是说，根据贴现现金流量法，该价格是并购企业并购时所能接受的最高愿意价格。

企业并购估价的方法有很多，并购价格在很大程度上取决于企业所处的客观经营环境和企业自身的经营管理方式。不同的购买者，由于并购的动机和目的不同，或采用的评估方法和评估标准不同，对同一目标企业得出的价格可能有很大的不同。若并购的目的是利用目标企业现有的资源持续经营，则采用贴现现金流量法较为合理；若并购的动机是将目标企业分拆出售，则采用清算价值作为标准评估目标企业价值较为合理；若目标企业为上市公司，则以股价来评估企业价值较为合适。

第三节　企业并购支付方式及筹资

一、企业并购支付方式

在企业并购活动中，支付方式是决定并购能否成功的重要因素之一。在实践中，企业并购的支付方式有现金支付、股票支付和综合证券支付三种。现金支付是最先被采纳的，也是应用最为广泛的一种方式。近几年股票支付在各种出资方式中所占的比重呈下降趋势，而综合证券支付则呈逐年递增的趋势。

（一）现金支付

现金支付是指并购企业完全以现金作为支付手段，而取得目标企业的部分或全部所有权。现金支付可分为现金购买资产式和现金购买股票式。现金购买资产式是指并购企业使用现金购买目标企业全部或绝大部分资产，以实现并购；现金购买股票式是指并购企业使用现金购买目标企业全部或部分股票，以实现控制目标企业资产的目的。

现金支付是并购交易中最便捷的支付方式，其结算速度快，股权转移彻底。就并购企业而言，如果并购交易能在很短的时间内完成，一方面可使一些有敌意的目标企业措手不及，难以在短期内采取反并购措施阻碍并购；另一方面可使其他正在酝酿并购同一家目标企业的竞争对手丧失竞争力，从而提高并购的成功率。但现金支付要求并购企业在短期内支付数额巨大的现金，因而往往伴随着对外筹资，并购企业选择的对外筹资方式不同，会对并购企业的财务状况产生不同的影响。

在现金支付方式下，如果并购引起的价值增值大于其并购成本，即并购后的净现值大于零，这种并购活动就是可行的。假设甲公司拟并购乙公司，二者的市场价值分别为 V_1、V_2，两家公司并购后价值为 V_{12}，并购后的公司净现值为：

$$NPV = V_{12} - (V_1 + V_2) - (C + P_2)$$

式中，$V_{12} - (V_1 + V_2)$ 代表并购协同效应；$C + P_2$ 代表并购直接成本，其中，C 代表并购交易成本，P_2 代表并购溢价，即并购企业付给目标企业的价格与 V_2 的差额部分。在市场双向选择的交易原则下，并购溢价 P_2 既代表目标企业的收益，又代表并购企业的成本。对并购企业来说，只有并购协同效应大于并购溢价和并购交易成本之和时，并购才是可行的。

1. 现金支付的特点

①计价简单，透明度高。用估价模型计算的目标企业价格，就是它的现实支付价格，不必再做进一步调整。以现金支付的并购是一种单纯的并购行为，并购双方在估价的基础上协商并购价格，然后由并购企业支付一定数量的现金，取得目标企业的控制权。

②产权明晰。并购企业支付了现金，就获得了目标企业的所有权和控制权，原有股权未被稀释或淡化。目标企业的股东得到了现金，就失去了企业的所有权和经营权。整个支付过程不仅简单、清楚，还不会改变目标企业的股权结构和资本结构。

③目标企业的股东可以立即收到现金，不必承担证券价格波动所带来的风险。现金支付方式易于接受，而且非常灵活，可一次支付，也可分期支付。若并购企业拥有大量的现金，则可采取一次支付，以减少筹资成本；若并购企业现金支付压力较大，筹资能力有限，则可采取分期支付，这样，以后各期的现金就可源于目标企业的盈利。对目标企业股东而言，分期支付虽然不能免除资本收益税，但可以减轻税收负担，即在支付期内可得到年度减让的好处，从而减轻税负。

④对并购企业而言，即时的现金支付在财务上的影响是非常大的。企业流动性资产会大幅度减少，从而影响企业的偿债能力，或者会产生大量负债，给企业带来较大的财务风险。

2. 现金支付的影响因素

并购企业应从并购企业资产的流动性和筹资能力、目标企业的股权结构、目标企业所在地的资本收益税水平及目标企业的平均股本成本等方面来考虑是否采用现金支付方式。

①并购企业资产的流动性和筹资能力。现金支付要求并购企业在确定的日期支付一定数量的现金，通常是大笔的现金，这就要求并购企业有足够的现金储备。另外，并购成功后，从长期发展的角度来看，还需要投入大量的资金进行整合，这就要求并购企业有较好的流动性和筹资能力。

②目标企业的股权结构。如果目标企业的股权较为分散，那么，采用股票支付，并购企业可能会丧失控制权，而采用现金支付可保持原有的股权结构，是较为理想的选择。

③目标企业所在地的资本收益税水平。资本收益税因地域不同而有所差别。比如，在荷属安的列斯群岛，目标企业的股东不会面临课征资本收益税的问题，而在英国伦敦，资本收益税税率高达30%。目标企业所在地的资本收益税水平将影响并购企业现金支付的出价。

④目标企业的平均股本成本。由于只有超出平均股本成本的部分才需支付资本收益税，如果目标企业股东得到的价格并不高于平均股本成本（每股净资产值），那么即使是现金支付，也不会产生任何税收负担。如果并购企业确认现金支付会导致目标企业股东承担资本收益税，那么它就必须考虑可以减轻这种税收负担的特殊安排。否则，目标企业股东只能以自己实际得到的净收益为标准，做出是否接受出价的决定，而不是以并购企业所支付的现金数额为依据。

（二）股票支付

股票支付是指并购企业通过增发本企业的股票，以新发行的股票替代目标企业的股票，从而实现对目标企业的并购的一种出资方式。

1. 股票支付的特点

①并购企业不需要支付大量现金，因而不会影响并购企业的资产流动性，避免了现金支付方式下的财务风险。

②并购完成后，目标企业原股东不会失去股权。在股票支付方式下，目标企业被纳入了并购企业，目标企业的股东虽然失去了原来的股份，却成了并购后的企业的新股东，因而并未失去股权。

③改变了并购企业的股权结构。并购企业发行新股换取目标企业的原有股票，从而改变了并购企业的股本结构，使并购企业原股东的权益被稀释。一般来说，并购企业的股东在经营控制权上占主导地位，因此，为保证对目标企业的控制权，并购企业应事先确定，在保证控制权的前提下，并购企业可以在多大程度上接受股权的稀释。

④股票支付手续复杂，耗时费力，不像现金支付那样简洁迅速。

2. 股票支付的影响因素

在决定是否采用股票支付方式时，一般要考虑以下因素。

①并购企业的股权结构。由于股票支付的一个突出特点是它会对并购企业的原有股权结构产生重大影响，因此，并购企业必须事先确认主要大股东能够在多大程度上接受股权的稀释，如果股权因并购出现较大分散，则须慎重。

②每股收益的变化。增发新股会对每股收益产生不利的影响，如果目标企业的盈利状况较差，或者是支付的价格较高，那么每股收益会因股本数增加而减少。尽管大多数情况下，每股收益的减少只是短期的，长期来看还是有利的，但每股收益的短期减少仍可能导致股价下跌。所以，并购企业在决定采用股票支付方式前，要先确认是否会产生这种不利情况，如果产生这种情况，那么可接受的程度有多大。

③每股净资产的变动。股东经常以每股所拥有的净资产数量来衡量股票的基本价值。在某些情况下，新股的发行可能会减少每股所拥有的真实资产数量，即降低了每股净资产，这会对股东产生不利影响。

④股价的高低。对多数并购企业来说，当前股价是决定采用股票支付方式还是现金支付方式的一个重要因素。若股价处于历史较高水平，则可以减少不利的影响，新股对接受者也有较大的吸引力。但是，若股价处于历史较低水平，目标企业原股东不愿持有，则立即变现会引起股价的进一步下跌。所以，并购企业应根据股价所处的水平，预测发行新股会给股价带来多大的波动。

⑤股利支付率。新股发行往往与并购企业原有股利政策有一定的联系。一般情况下，股东都希望得到较高的股利支付率，如果股利支付率较高，那么发行固定利率较低的债权证券可能更为有利；反之，如果股利支付率较低，那么增发新股就比各种形式的借款更为有利。所以，并购企业在决定采用股票支付还是通过负债筹集现金来支付时，要先比较股利支付率和负债利率的高低。

（三）综合证券支付

所谓综合证券支付，是指并购企业对目标企业提出并购要约时，采用现金、股票、债券、认股权证、可转换证券等多种形式的证券组合来支付。单一的支付方式总是存在一定的局限性，而把各种支付方式组合在一起，就能集中各种支付方式的长处而避免它们的短处。采用综合证券支付方式，既可以避免支付大量的现金，造成并购企业财务状况恶化，又可以防止股票支付会使股权稀释。因此，综合证券支付在各种出资方式中所占的比重呈逐年上升的趋势。

二、企业并购筹资

企业并购需要大量的资金支持，特别是采用现金支付进行企业并购时。企业通过何种筹资渠道，采用何种筹资方式筹集资金，直接关系到企业并购的成功与否。

（一）企业并购筹资原则

企业选择何种筹资方式，与其资本结构的选择紧密相关。一般情况下，企业应在综合考虑筹资成本、企业风险以及资本结构的基础上，以先内后外、先简后繁、先快后慢的原则进行筹资。

在选择筹资方式的时候，并购企业首先应考虑的是企业内部积累，因为内部筹资方式具有筹资阻力小、保密性好、风险小，不必支付发行费用，以及为企业保留更多筹资能力等优点。但是企业的内部积累资金通常都很有限，并购所需资金量往往又很大，所以就必须同时选择合适的外部筹资方式。银行等金融机构的贷款应该是首选，贷款筹资具有速度快、弹性大、成本低及保密性好等优点，因而是信用等级高的企业进行外部筹资的一个极好途径。

而利用证券市场，通过发行有价证券来筹资应放在最后考虑。这主要是由于这种方式保密性差、速度慢且成本高。这种方式虽然有诸多缺点，但在企业并购活动中，仍是一个非常有效的筹资途径，所筹集的资金数量也是非常可观的。在通过证券市场筹资时，企业一般倾向于先发行债券筹资，其次是发行股票。这是因为股票的发行成本高于债券的发行成本，有时发行股票会给企业在股市上带来不良影响，因而在选择顺序上次于债券。而债券筹资能使企业在自有资本有限的情况下，利用债务资本的杠杆作用进行并购活动，从而取得更高的收益。

(二) 企业并购筹资方式

企业并购筹资方式有很多种，企业在进行筹资规划时要先对可以利用的方式进行全面研究分析。并购筹资方式根据资金的来源可分为内部筹资和外部筹资。内部筹资是指从企业内部寻找资金来源筹措所需资金。但企业内部资金毕竟是有限的，在并购中运用较多的筹资方式还是外部筹资，下面将介绍几种主要的外部筹资方式。

1. 发行普通股

并购企业可以通过将以前的库藏股重新发售或者增发新股给目标企业的股东，换取目标企业的股权。普通股筹资有两种方式：一种方式是由并购企业出资收购目标企业的全部股权或部分股权，目标企业取得资金后认购并购企业的股票，并购双方不需再另筹资金即可完成并购交易；另一种方式是由并购企业收购目标企业的全部资产或部分资产，目标企业认购并购企业的增资股，这样也达到了股权置换的目的。新发行给目标企业股东的股票应该与并购企业原来的股票具有同等的权利。

2. 发行优先股

发行优先股是兼有股权筹资和债权筹资双重特性的筹资方式。并购企业通过发行优先股筹集并购所需资金，可增强企业的资金实力，改善资本结构，降低财务风险，而且优先股股东无经营决策权，不会稀释原股东的控制权。但在企业业绩不佳时，优先股股息支付的优先性和相对固定性会进一步降低普通股股东的收益。一般而言，在并购企业和目标企业负债比例较高而不宜再增加负债，或原控股股东不愿意其控制权被分散，或预期并购后的净资产收益率高于优先股股息率时，宜选择发行优先股筹资。

3. 向金融机构借款

无论是在国外还是在国内，向银行等金融机构借款都是企业普遍采用的筹资方式。与一般的负债融资相比，通过向金融机构借款筹集并购资金具有金额大、偿债期限长和风险较高的特点，其利息费用也高于一般负债。尽管如此，这种筹资方式的资金成本仍然低于普通股和优先股筹资，同时债务利息还可以获得免税利益，并且不会改变企业的股权结构，当企业并购后的预期业绩较好时，还可以使股东获得财务杠杆利益。但向金融机构借款会迅速提高企业的负债比例，使企业偿债压力增大，财务风险迅速增加，极易使企业出现支付困难，从而陷入财务危机。一般而言，在并购企业和目标企业原负债比例较低，或原控股股东不愿意其控制权被分散，或企业经营风险较低，预期并购后的资金收益率高于债务利息率时，宜选择向金融机构借款这种筹资方式。

4. 发行债券

并购企业在并购时可以向目标企业股东或第三方发行债券，筹集并购所需资金。向目标企业发行的债券的利息有时可能会高于普通股的股息，以增加对目标企业股东的吸引力。而对并购企业而言，收购了一部分资产，股本仍保持原来的水平，增加的只是负债，从长期来看，股东权益未被稀释。因此，发行债券对并购双方都是有利的。

近年来，高风险、高利率的垃圾债券成为美国企业并购中的重要筹资方式。1983年，美国一家银行首先提出把垃圾债券用于企业并购，即使用这种垃圾债券为并购提供资金。垃圾债券在企业并购筹资中的运用，在一定程度上扩大了并购的范围，增大了并购的规模。

5. 发行认股权证

认股权证通常与企业的长期债券一起发行，以吸引投资者来购买利率低于正常水平的长期债券。由于认股权证代表了长期选择权，因此，附有认股权证的债券或股票，往往对投资者有较大的吸引力。从并购实践来看，认股权证能在一定情况下推动企业有价证券的销售。当企业处于信用危机边缘时，利用认股权证，可吸引投资者购买企业债券，否则企业债券可能很难出售；在金融紧缩时，一些财务基础较好的企业也可利用认股权证使其企业债券更加吸引投资者。

6. 企业并购的特殊筹资方式——杠杆收购

杠杆收购又称融资收购，是指并购企业通过负债筹集现金以完成并购交易的一种特殊方式，也是并购中现金支付的一种特殊筹资方式。

杠杆收购通常有两种做法：一种是并购企业以目标企业的资产为抵押取得贷款，购买目标企业股权；另一种是并购企业先行从风险资本家或投资银行借一笔"过渡性贷款"，成立一家置于其完全控制之下的"空壳公司"，在空壳公司取得目标企业控制权以后，以目标企业的股权、资产及未来收益做抵押或担保，进行商业性借款，或发行债券，并用筹集到的资金偿还"过渡性贷款"。

杠杆收购的主要特征是并购企业利用目标企业资产的未来经营收入，来支付并购价款或作为此种支付的担保。并购企业不必拥有巨额资金，只需准备少量的现金（通常为10%～20%），加上以目标企业的资产及未来收益作为融资担保所获得的资金，即可实现并购。在西方国家，发达的资本市场为债务融资提供了极为便利的条件，从而使得杠杆收购在操作上具有切实的可行性。杠杆收购在为企业取得高效益的同时，也带来了很大的财务风险。这种收购的大部分资金依赖于债务，沉重的利息负担可能令并购企业不堪重负，进而被压垮。杠杆收购作为一种高度负债的收购方式，其目的不在于获得目标企业的经营控制权，而在于通过收购，将目标企业的资产进行重新包装或剥离后，再将目标企业卖出。

人们常常将杠杆收购与垃圾债券联系在一起，甚至将两者画上等号。尽管垃圾债券是杠杆收购中的一种主要融资工具，但杠杆收购并非一定与垃圾债券相联系。财务杠杆的意义是在资本结构中，以低比例的自有资金支持高比例的负债资金。负债资金可以是银行贷款，也可以是企业其他形式的债务。杠杆收购的融资结构往往是混合融资，许多杠杆收购是以债券为主要融资工具的。并购企业以目标企业的资产作为担保或抵押，发行回报率高的次级债券，吸引投资者。但是，在一揽子融资工具中，也并非都是垃圾债券占主导地位。在一些杠杆收购中，一级和次级银行贷款所占的融资比重也可能很高。杠杆收购的融资工具多种多样，并购企业可以充分利用银行信贷额度、抵押贷款、长期贷款、商业票据、高级债券、次级债券、可转换债券、认股权证、优先股、普通股等多种融资工具。与杠杆收购多样化融资工具相对应的是参与融资的机构的广泛性，通常有商业银行、保险公司、投资基金及其他非银行金融机构，资信评级高的金融机构参与其中，可以提高并购的可信度，吸引投资者，促进交易的顺利进行。

企业在并购过程中，往往同时采用上述几种不同的筹资方式，以拓宽筹资渠道，综合利用各筹资方式的优点。目前，我国企业并购筹资主要还是以银行贷款为主，少数采取了发行普通股和可转换债券的方式，其他筹资方式则较少运用。筹资方式单一会导致并购企业资金压力大，如何使并购资金来源多元化是我国企业在以后的并购中应重点考虑的问题。

第四章　企业集团财务管理

思维导图

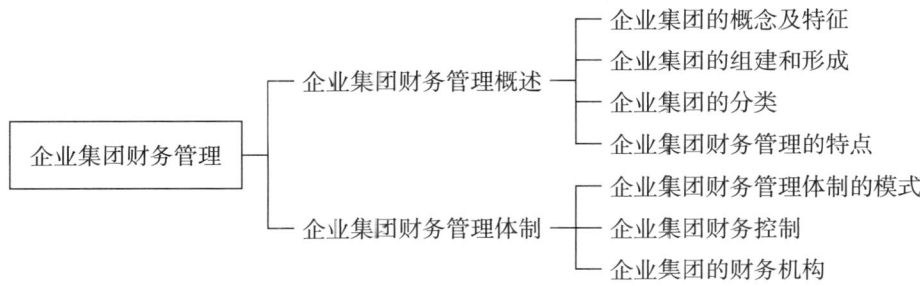

引 例

海尔集团的管理会计着眼于谋取企业整体的竞争优势，通过对企业内部研发、采购、生产、销售和售后等全价值链各个环节的分析，对企业上下游产业链的分析，以及对竞争对手与行业信息的分析研判，以财务和非财务信息，为企业战略制定、业务经营、决策分析和投资并购等提供全方位的服务。海尔集团的管理会计实践从划小核算单元的组织变革入手，通过业务流程再造促使财务人员高效聚焦业务进程；通过将传统的财务报表转化为每个自主经营体的战略损益表、日清表和人单酬表，使包括财务在内的各级组织与市场需求精准对接；通过建立零库存和零应收的营运资金管理制度，实现与供应商和经销商的共赢。

思考：海尔集团的财务管理有什么特征？企业集团的财务管理目标应如何确定？

第一节　企业集团财务管理概述

一、企业集团的概念及特征

企业集团是指由控股企业及其附属企业所组成的多层次的、稳定的经济组织。也就是说，企业集团是以一个或多个实力强大、具有投资中心功能的大型企业为核心，以若干在资本、技术上有密切联系的企业或单位作为其外围层，由各成员企业按照自愿互利原则组成的具有多层次组织结构的大型经济联合体。企业集团是经济组织，而不是行政机构；是经济联合组织，而不是单体企业。

企业集团的具体特征与其所在国家、所在产业的特性、所有制结构、内部组织结构等密切相关。如果仅从与单体企业的差别这一最基本的层面来看，企业集团有以下特征。

1. 多纽带联结

企业集团母公司和子公司主要以股权、产权等为纽带，它们形成了一个有机的整体。一般来说，强化企业间协作关系的纽带有三种，即资本及其体现的产权关系、资产专用化所带来的生产经营协作关系及人力资本关系。促进企业集团形成与发展的主要是资本及其体现的产权关系。从内部组织关系来看，一方面母公司、子公司或关联企业均为独立的法人；另一方面，母公司以资本投入的方式对子公司、参股企业或其他关联企业进行控制和影响，从而形成了一个垂直式的控制链条和组织系统。可以说，企业集团是在市场经济高度发达、股份制经济日益成熟的条件下产生和发展起来的。资本及其体现的产权关系这一纽带的基础是股份制，只有股份制才能把各成员单位的资本联结起来，没有股份制就没有资本联结，也就没有真正意义上的企业集团。企业集团实行的是"母公司—子公司—工厂"三级组织形式。在这一组织形式下，企业集团内部建立起集权与分权结合、统一协调的生产经营决策体系，其中，母公司作为控股企业，具有对企业集团发展的决策规划权，是战略管理的指挥中心。企业集团的本质特征是以母公司和子公司关系为代表的控股制，子公司由母公司控股，子公司还控股形成自己的子公司，即从母公司的角度形成了孙公司。

2. 多法人组成

企业集团作为一个企业联合体，其本身不是法人实体，而是由许多法人组成的经济联合体。企业集团的成员单位，可以是多种多样的，工商企业可以是成员，大专院校、科研院所、金融组织等也可以是成员，这些成员单位都是具有法人地位、在财务上独立核算的单位，但作为整体的企业集团却不具有法人地位。具有共同利益的各个法人企业以各种关系为纽带联合组成企业集团，这就决定了在企业集团内部随时存在着成员企业之间及成员企业与企业集团之间的矛盾与协调问题，如何协调各成员企业之间的经济利益关系，使之作为一个整体共同发展，是企业集团面临的重要问题。

3. 多层次并存

企业集团具有金字塔式的控制分层的组织结构，按照企业集团中资本的相互持有关系和协作关系的稳定、紧密程度，可以将企业集团成员分为不同的层次。

①第一层次是处于集团核心地位的核心层企业。核心层企业有两种形式：第一种是单纯的控股企业；第二种既是法人企业，又是控股企业。在我国存在较多的是第二种形式。我们通常所说的集团总部或母公司，就是核心层企业。

②第二层次是控股层企业。控股层企业是由被核心层企业直接或间接控股的企业构成的，属于紧密层，包括全资子公司、控股子公司、孙公司等。

③第三层次是参股层企业。参股层企业是由母公司持有股份但未达到控股界限的关联企业组成的，属于半紧密层。

④第四层次是协作型企业。协作型企业由与核心层、紧密层、半紧密层企业具有固定协作关系的企业所组成，属于松散层，如签订长期生产经营合同、托管、签订承包协议的成员企业等。

4. 经营的多元化和连锁性

经营的多元化是指经营业务的多元化，企业集团往往是通过纵向、横向和混合联合兼并而形成的，其众多成员企业往往高度专业化，从事各种专门产品的生产和经营，从而使整个集团呈现多元化经营格局。这种既"多"又"专"的好处是既能保证降低整个集团的经营风险，又能保证专业化生产和经营的效率。

经营的连锁性是指企业集团内部的生产经营的纵向联合或横向联合。企业集团可能是由多家生产同类产品的企业组成的，也可能是由材料供应、生产加工、市场销售等具有高度连锁性的企业组成的，还可能是由处于一家企业控股之下，业务间几乎没有联系的多家企业组成的。许多企业集团可能同时具备多种连锁性。

5. 集团规模巨大

企业集团是若干企业的联合体，为了使企业集团具有生产经营的稳定性并增强抗风险的能力，以便更好地参与激烈的市场竞争，许多企业集团都在做大做强。无论在国外还是在国内，企业集团的平均规模要比单个企业的规模大得多，特别是一些具有垄断性质的企业。当然，在不同的国家和不同的行业中，企业集团的规模大小具有很大的相对性。

二、企业集团的组建和形成

企业集团的组建是指一家单体企业通过各种方式，最终发展为拥有若干子公司、孙公司和联营企业的集团群体。企业集团的组建须经过一定的阶段和基本程序，主要包括：①酝酿成立；②确定原则和目标；③选择组建模式；④进行可行性研究；⑤正式成立。企业集团的组建，可以按两个标准进行分类：一是按照产权制度，可以分为以股份制为基础的企业集团的组建和以非股份制为基础的企业集团的组建；二是按照组建集团的推动力量，可以分为市场力量推动的企业集团的组建、行政力量推动的企业集团的组建，以及二者的结合。

企业集团的形成与企业集团的组建密切相关。企业集团组建是企业集团形成的过程。企业集团通常是由多个企业通过合并、收购或战略联盟等方式形成的。这些企业可能在不同的行业或领域中活动，它们选择组建成集团是为了实现资源整合和风险分散，获得更强大的市场地位和经济效益。因此，企业集团的组建是实现企业集团形成的关键步骤之一。

按企业集团内各成员企业的产业关系，企业集团的形成可分为以下三种模式。

1. 纵向并购形成企业集团

通过直接投资或并购形成的企业集团，其内部各企业具有上下游关系，或者是与企业集团相关的服务、运输等行业的企业，企业集团以此为战略方针不断地对外扩张，组建成更大规模的企业集团。这类企业集团主要是核心企业采用相关多元化战略的结果，如韩国的 LG 集团就是采用这种方式不断扩张形成企业集团的。

2. 横向并购形成企业集团

它是指通过直接投资或并购那些生产、销售同类产品的其他企业而形成集团。这类企业集团主要是企业采用专业化扩张战略的结果。比如，我国啤酒业中的青岛啤酒、彩电业中的海信等，都是依靠横向并购大批同行业企业而形成企业集团的。

3. 多元化战略扩张形成企业集团

有些规模较大的企业希望进军其他行业或领域，它们通过并购的方法向无关的行业扩张，形成企业集团，如云南的红塔集团等。

对于以什么样的模式形成企业集团，核心企业主要是根据社会经济的发展方向、产业发展的趋势、企业的经营特点、市场的需求以及竞争者状况等相关因素做出选择的。实际上，大多数企业集团的形成并不是某种单一模式的结果，而是企业根据实际情况，采用多种模式的结果。

三、企业集团的分类

（一）按控制关系与形成途径分类

按控制关系与形成途径，可将企业集团分为控股式企业集团和契约式企业集团。

①控股式企业集团是指按照企业之间的控股关系组建的企业集团。这是企业集团的主要形式，母公司通过持有被控股公司多数股权，对其生产经营活动施加决定性影响，从而建立控制与被控制的关系。

②契约式企业集团是指各成员企业通过订立合同，自愿结成战略同盟而形成的企业集团。根据合同，成员企业将经营决策权授予控制企业，由此产生经营上的控制与被控制关系。

(二) 按企业集团各成员企业之间的法律关系分类

按企业集团各成员企业之间的法律关系,可将企业集团分为隶属型企业集团和平等型企业集团。

①隶属型企业集团各成员企业在法律上是独立的,但被控制企业必须受控制企业的支配,集团内的经营决策权由控制企业统一行使,控制企业与被控制企业一般表现为母子关系的控股形式,在现代企业集团中,这是最普遍的法律形式。

②平等型企业集团各成员企业在法律上不但具有独立性,而且地位平等,不存在控制与被控制的关系。企业集团的内部生产经营是各成员企业在平等互利、协商的基础上形成的统一经营,也可以通过成立一个统一的领导机构或缔结利益共同体,实行统一经营。

隶属型企业集团与平等型企业集团相比,具有相对稳定性与长期性的特点,这是因为核心企业在法律上享有特殊领导权,并承担特殊义务和责任,有利于企业集团的统一经营管理。

四、企业集团财务管理的特点

企业财务管理的目标是企业价值最大化,长远来看,企业集团的财务管理目标应该是和单体企业一致的。但是,从企业集团的基本特征来看,由于企业集团是企业组织的高级形式,因此,其财务管理具有与单体企业不同的特征,具体如下。

(一) 财务管理的主体更加多元化

单体企业的财务管理的主体是单一的,而企业集团的财务管理既包括企业集团成员企业内部的管理,也包括企业集团的核心企业或总部针对不同类型的成员企业所进行的不同形式的管理。一方面,由于企业集团组建的模式和组织形式不同,企业集团财务管理的主体可以是企业集团、控股母公司、事业部、超事业部、子公司等,主体增多了,也更加复杂化了;另一方面,企业集团各成员企业的产权形式、所有制形式可能各不相同,它们所处的行业的性质、规模也都不一样,这些差别使得企业集团财务管理的对象具有多层次性,企业集团财务管理的主体也更加多元化。

(二) 财务管理的内容更加复杂化

单体企业的财务管理的内容主要是具体生产经营过程中的各种不同形式的资金运动,而企业集团的财务管理既包括各成员企业经营过程中的管理活动,也包括企业集团母公司和子公司之间的资金运动过程。企业集团的财务管理还包括筹资管理、投资管理、资本运营和收益分配等,与单体企业相比,企业集团财务管理内容的复杂程度大大增加了。

(三) 财务管理的基础是控制

企业集团的财务控制是企业集团实施控制的基本手段,企业集团财务控制的核心是企业集团得以形成的联结纽带,即资本控制。企业集团财务管理的一个重要特点是以控制为基础,由于企业集团内部的主要联结纽带是资本,各成员企业独立的法人地位决定了只有从财务角度实施一体化的管理与控制,才能使企业集团真正成为一个经济利益上的整体。

企业集团的控制主要是对集团中成员企业的经济控制与对经营业务的实际控制，对成员企业的经济控制涉及组织架构和权利分配问题，对经营业务的实际控制涉及确定标准、衡量业绩、纠正偏差等过程，二者都反映在目标控制、过程控制与结果控制之中。

（四）财务管理更加突出战略性和宏观性

财务战略是为了谋求企业集团资金均衡有效的流动和企业集团整体战略的实现，在分析企业内外环境因素对资金流动的影响的基础上，对企业集团资金流动进行全局性、长期性和创造性的谋划并确保其执行的过程。财务管理的实际效果是在企业的生产和经营中实现的，故财务战略不但是企业集团战略的主体之一，而且渗透到了企业集团战略的其他部分（如营销战略、人力资源战略）之中。所以，企业集团财务管理的一个重要特点是更加突出战略性和宏观性。

第二节　企业集团财务管理体制

财务管理体制是规范企业集团财务权限分割、财务责任划分和利益分配的基本制度，是正确处理企业集团各种财务关系的基本规定。它包括企业集团产权管理制度、企业集团财务组织制度、企业集团财务决策制度等内容。企业集团财务管理体制决定于企业集团管理体制，合理制定财务管理体制是进行企业集团财务管理工作的前提。

一、企业集团财务管理体制的模式

企业集团财务管理体制从总体上要解决的是集权与分权的关系问题。由于企业集团与成员企业联合的紧密程度不同，成员企业之间的利益关系也不一致，因此，企业集团的财务管理体制也有多种不同的模式。从财权的集中程度来看，企业集团财务管理体制有以下三种基本模式。

（一）集权制

集权制是指财权的绝大部分，特别是决策权集中于集团总部（或母公司），集团总部对子公司采取严格控制和统一管理的财务管理体制。子公司只有日常业务决策权和具体的执行权。集团总部领导层控制得非常严格，子公司主要是执行母公司领导层的决策，并按照母公司制定的方针政策从事生产经营活动。

集权制下，财务管理决策权高度集中于集团总部（或母公司），子公司只享有很小部分的财务管理决策权，其人、财、物和供、产、销统一由集团总部控制。子公司的资本筹集与投放、工资制度、费用开支、利润分配、资产重组、财务人员人事任免等重大财务事项，都由集团总部统一管理。集团总部通常是通过下达生产经营任务，以直接管理的方式控制子公司的生产经营活动，投资功能完全集中于集团总部。

集权制的优点在于：①便于制定和安排统一的财务管理政策，有利于企业集团发挥整体资源的整合优势，降低管理成本，提高整体资源的利用效率；②有利于集团总部发挥财务调控功能，实现企业集团财务管理战略目标；③有利于统一运筹和调剂企业集团的资金，降低企业集团的资金成本和财务风险；④有利于集团总部的决策得到迅速贯彻和执行，集团总部与子公司之间的纵向沟通快捷且充分。

集权制的缺点在于：①财务管理权限高度集中于集团总部，容易挫伤子公司经营的积极性，抑制子公司的灵活性和创造力，企业集团财务管理缺乏合理的横向分工与协作；②财务管理权限集中在最高层，而最高层管理者距离生产和经营的最前沿较远，不熟悉情况，容易做出武断的决策；③高度集权对集团总部最高层管理者的能力要求很高，决策压力全部集中在集团总部，一旦决策失误，将产生全局性风险。

集权制作为一种极端的财务管理体制，主要适用于以下几种情况：①企业集团规模不大，且处于组建初期，需要通过集权来规范子公司的财务行为；②子公司在企业集团中的重要性使得集团总部不能对其进行分权，如子公司是集团总部的原料供应公司或采购公司，或是集团总部的产品销售公司；③子公司的管理效能较差，需要集团总部加大管理力度，以提高管理效率。

（二）分权制

分权制就是把经营管理权和决策权分配给子公司，集团高层只集中少数关系全局利益和发展的重大问题决策权和审批权。分权制下集团总部对子公司实行以间接管理方式为主的财务体制，子公司拥有充分的财务管理决策权。

分权制的特点包括：①集团总部设立独立的财务部门负责集团整体的财务战略与预算管理，负责对各子公司的业绩评价与考核，子公司独立设置财务机构，该机构在管理上不接受集团总部的领导，而只是接受集团总部财务部门的业务指导；②在财权的划分上，子公司在资本运筹、财务收支、财务人员的人事安排、职工工资福利及奖金等方面均有充分的决策权，可根据市场环境和公司自身情况做出重大的财务决策；③在管理上，集团总部一般不采用行政手段干预子公司生产经营活动，而是以间接管理的方式为主；④在业务上，鼓励子公司积极参与竞争，抢占市场份额；⑤在利益关系上，集团总部往往把利益向子公司倾斜，目的是增强子公司的竞争实力。

分权制的优点在于：①充分的财务管理决策权使子公司具有积极性，由于决策快捷，子公司更易于抓住市场机会；②子公司在授权范围内可以直接做出决策，节约纵向信息传递的时间，从而有利于信息的沟通；③子公司站在生产经营的最前沿，决策针对性强，这也减轻了集团总部的决策压力。

分权制的缺点在于：①弱化了集团总部的财务控制权，有的子公司可能会因追求自身利益而缺乏整体考虑，各子公司容易各自为政，忽视整体利益；②虽然一般事项的决策速度较快，但重大事项的决策速度减缓了，这使得集团总部难以及时发现子公司面临的重大问题和风险；③上下级沟通慢，信息分散化和不对称的现象较常见。

（三）混合制

过分的集权将导致集团财务机制僵化，子公司失去积极性；过分的分权将导致子公司及其经营者陷入失控状态，过度追求局部经济利益，侵蚀企业集团整体利益。从国内外企业集团财务管理体制的发展趋势来看，集权与分权相结合既能发挥集团总部的财务调控职能，激发子公司的积极性和创造性，又能有效控制子公司的风险。所以，适当的集权或分权,即集权与分权相结合,有利于克服过分集权或过分分权的弊端,有利于综合集权与分权的优势。在实践中,大多数企业集团采取的是集权与分权相结合的混合模式,即混合制,这种模式强调在分权基础上的集权,是一种自下而上的多层次决策的模式。

混合制下,企业集团具有相当程度的集权。在重大问题的决策与处理上,集团总部起着决策中心的作用,集团总部从各方面对事业部进行严格控制,其手段因企业集团组织模式不同而不同,但主要调控手段是资金控制、预算控制、人事控制等。一般情况下,企业集团财务管理的职能主要定位于:①负责战略预算的编制、实施与监控;②确定最佳的企业集团资本结构,以保证实现战略预算所需的资本,并规划资本来源渠道;③协调与外界的财务关系,包括与股东、银行、审计师、资本市场等的财务关系;④制定与实施企业集团的财务政策;⑤负责经营性财务计划的落实,包括资本预算、现金流转计划等;⑥进行风险管理,包括确定债务总量、债务结构和控制财务杠杆;⑦建立业绩衡量标准,并通过预算考评等方式实施业绩评价;⑧负责企业集团内部财务报告政策的制定与报告制度的建立等。

采用事业部制组织结构的企业集团,在混合制财务管理体制下,其财务机构是强化事业部管理的核心部门,具有双重身份:一方面它作为集团总部的一个派出机构,执行管理集团总部的各项方针政策,规划资本需要量,组织资本的调度,进行事业部的投资决策等;另一方面它又是事业部下属子公司或各企业的财务管理机构,与下属子公司的财务组织机构有领导与被领导、控制与被控制的关系。因此,事业部财务机构的组织职能主要定位于:①负责事业部战略预算的编制、上报与组织实施;②执行集团统一财务政策与财务战略;③实施对事业部下属子公司的财务运作过程的控制;④强化子公司的业绩考核;⑤规划事业部内各子公司之间的资金平衡与调度。事业部自身的财务机构在业务上受集团总部的直接领导,其财务经理由集团总部直接指派,在管理体制上,其一方面受事业部负责人的行政控制,另一方面受集团总部的财务经理的业务指导。事业部下属子公司的财务部门则可相对独立,采用分权制,其子公司的财务部门设计与财务经理的任免等可由子公司自行安排,但必须接受事业部财务主管的考核,报集团总部财务部门备案。

集权是为了形成规模效益和整体效益,避免资源重复配置和浪费,以取得市场优势;分权是为了贴近市场,降低沟通成本,提高反应速度,提高专业化水平,以促使企业集团内部产生新的事业发展的动力。但是,企业集团的本质决定了其既是一个协调、互动、高效的组织,又是一个遵循法律上的相对独立性,直接面对竞争和市场,具有宽松氛围,以利于创新的组织。所以,企业集团的集权和分权不是绝对的,在不同的企业集团组织结构、不同时期、不同领域和不同的人力资源条件下,企业集团财务管理体制应对集权和分权有不同的选择,其设置要与企业集团的组织结构相适应,充分考虑企业集团的实际情况。

二、企业集团财务控制

(一)企业集团财务监控方式

1. 人员监控

企业集团可通过对子公司财务人员的管理来影响子公司的财务活动,具体做法有以下两种。

（1）集中管理

集中管理是指子公司的财务负责人由企业集团统一委派，其人事关系和工资关系集中在集团财务部门。财务负责人的职责是：负责子公司的会计核算和财务管理；参与子公司经营决策；执行总部的资金管理制度。企业集团会建立财务负责人的例会制度，以沟通情况，落实任务，同时会加强对财务负责人的指导与监督，制止违章行为。企业集团审计部门会加强对子公司的财务审计、年度审计和离任审计，形成自上而下的审计监督机制。集中管理的优点是：①实现了集中统一的垂直领导，财务管理指令畅通，财务人员能够正常行使职权，具有相当程度的权威性，从而能够快速地解决工作过程中的实际问题；②加强了专业化管理，有利于统一核算口径与方法，提高财务信息质量。集中管理的缺点主要是横向联系不够紧密，容易造成财务部门与其他部门工作脱节。

（2）双重管理

双重管理是指子公司的财务负责人由企业集团统一任免，但其人事关系和工资关系不集中在集团财务部门。双重管理能够加强横向联系，避免工作脱节，并在一定程度上体现出垂直管理。但出于人事关系和工资关系的原因，垂直管理的力度比较有限。

2. 制度监控

由于企业集团组织形式的特殊性，现行财务与会计制度尚不能对企业集团的财务工作进行全面规范，因此，企业集团还应结合集团经营管理和自主理财的需要，补充制订集团内部财务与会计管理制度，以规范企业集团内部各层次企业的财务管理工作。

企业集团应根据内部核算的需要，补充部分会计科目及核算内容，并统一设计规范的内部报表格式和封面，以便统一执行。对于合并财务报表，要做出具体规定，企业集团内部各层次企业都必须严格执行，以便全面反映企业集团的整体财务状况，满足信息使用者的需要。

3. 审计监督

由于企业集团内部财务管理层次多，财务关系复杂，因此，需要运用内部审计手段，强化企业集团内部的财务监督。企业集团外部的财务监督工作由国家授权的专门部门和机构进行，企业集团内部的财务监督工作主要由企业集团的审计机构统一组织。

企业集团应当做好以下审计监督工作。

（1）健全审计机构

一是内部审计机构由董事会或总经理直接领导，以保证审计监督的力度；二是配备足够的符合条件的审计人员，以保证按质按量完成审计任务；三是制定内部审计工作制度，把审计工作引入规范化的轨道。

（2）明确审计重点

检查各项管理制度的执行情况，如内部牵制制度、内部财务会计制度等；验证收入的真实性、成本费用的合规合理性，实施针对性的专项审计，对经营管理中的重大弱点问题提出改进意见，为领导提供决策依据。

（3）改进审计方法

根据企业集团规模大、业务多的特点，将以详细审计为主改为以抽样审计为主，提高审计工作效率；将以一次性审计为主改为以经常性审计为主，保证审计的及时性；将以送达审计为主改为以就地审计为主,体现内部审计的务实性;将财务收支审计、经济责任审计和经济效益审计结合起来,保证各成员企业在受控状态下开展工作,并以审计结果为依据,对各成员企业的财务活动进行规范、考核和评价。

(二)企业集团财务控制的主要环节

企业集团的财务控制事实上属于所有者财务的内容。产生所有者财务部门的直接原因有两个。第一,现代企业所有权与经营权分离的相对性。在现代企业制度下,所有权与经营权相分离,所有者拥有企业的财产终极所有权,企业则作为独立的法人依法拥有法人财产权,并由所有者雇佣的经营者负责日常经营管理。但是,这种两权分离并不能否定所有者对企业财务的最终控制。第二,"委托—代理"关系的存在。两权分离客观上形成了所有者与经营者之间的"委托—代理"关系。作为委托方,所有者将企业日常财务管理活动委托给经营者具体组织实施,但保留了最终控制权和奖惩权。作为代理方,经营者负责组织日常财务活动,并依其行为及结果获取报酬。"道德风险"与"逆向选择"的存在,决定了所有者的确有必要对经营者的财务行为实施监控。集团总部作为子公司的"所有者",即使在采取高度集权制财务管理模式的情况下,也并不直接管理子公司的日常财务活动,其实现财务控制主要是通过两个环节:一是建立和完善子公司的财务决策机制;二是建立和完善子公司的评价机制。

对于子公司的财务决策,集团总部须通过一定的方式予以干预,通常情况下,有必要加以干预的财务决策事项主要有以下四个方面。

(1)重大筹资事项

不同的筹资方式与不同的筹资数额对企业集团的影响不尽相同,资本性筹资可能会改变企业集团的权益结构,负债性筹资可能会使企业集团丧失权益,过度的负债性筹资甚至会威胁企业集团的生存。集团总部应当依据子公司目前的负债水平,结合其盈利水平和资金周转效率,进行筹资决策。集团总部还要考虑资本性筹资有无必要,筹资计划是否可行,是否会导致筹资失败或资本过剩,资本性筹资会在多大程度上影响企业的权益结构,是否会影响集团总部的控股权等。

(2)重大投资事项

重大投资事项应从投资规模和投资期限两方面加以界定。比如,经常会出现子公司对外投资规模过大,投资损失惊人的状况,因此,企业集团应特别注意约束子公司的对外投资规模。原则上,任何资本性支出的最终决策权都应保留在集团总部。

(3)日常财务活动中的特殊问题

一般情况下,集团总部无须直接干预子公司的日常财务活动。但是,当遇到某些特殊财务事项,涉及数额过大,会对企业集团财务后果有重大影响时,集团总部可以考虑保留对这些事项的决策权。

(4)企业并购、清算及破产等

这些事项都会对企业集团财务产生直接且重大的影响,集团总部必须从整体战略的角度考虑问题,而子公司显然很难做到这一点。

企业集团进行财务控制的主要目的,就是要通过财务控制掌握整个集团的经营发展方向,为此,必须设法引导子公司的行为与集团总部的战略目标要求相吻合。要做到这一点，集团总部就必须有一套有效的衡量和评价子公司业绩的制度与方法。一般情况下，集团总部可以选择的考评指标有很多，最常见的是利润额、销售利润率、投资利润率等指标。当然，仅仅根据当年的财务指标对子公司经营业绩进行考核是有一定局限性的，集团总部在考核当期财务成果的同时，有必要充分考虑子公司做出的可取得未来收益的经营成绩。另外，考评办法还应视子公司具体情况而定。总之，建立完善的考评指标体系，是财务控制的一个重要环节。

三、企业集团的财务机构

（一）一般财务机构

企业集团的财务机构是指直接从事财务工作的职能部门，它是企业集团组织形式在财务上的体现。财务机构是财务控制的载体，完善的财务机构是做好财务工作，充分发挥企业集团财务职能的重要基础。因此，财务机构的科学设置、职能的合理划分是企业集团财务管理的内容之一。一般而言，企业集团内部的财务机构主要包括以下两类。

1. 母公司的财务机构

母公司是企业集团的核心部分，在财务上，统领整个企业集团的筹资、投资、资本运营与收益分配。较为完善的母公司的财务机构一般应设置融资部、投资部、资本运营部与审计部等部门。其中，融资部与投资部负责的是整个企业集团的资金筹集和投向。

具体来说，融资部负责在企业集团融资时合理安排融资主体、融资方式、融资渠道等；投资部负责企业集团的投资战略，如产业投资方向、具体投资项目和投资业绩评价等；资本运营部负责企业集团实体业务的日常资金流动安排，统筹子公司的收入、成本、费用和利益分配；审计部负责监督母公司和子公司对集团财会制度的遵循情况和会计资料的真实有效性。当然，在这些部门之上还要设置一个财务副总经理（或称财务副总裁、财务执行官等），由其全权负责企业集团的财务事宜。

2. 子公司的财务机构

在企业集团的财务控制体系中，子公司是被控制的一方，应该服从整个企业集团的财务战略安排。但是，企业集团的子公司在法律上是独立经营、自负盈亏的法人实体。因此，子公司的财务机构设置既要保证独立性，又要符合上一级财务部门有效控制的要求。由于集权与分权形式的不同，不同子公司的财务机构可能有很大差别。一般来说，如果子公司与母公司设有同样的财务部门，那么子公司的财务部门应归属母公司的相应部门进行对口管理。子公司的财务部门在行使财务职能时，其决策权限由上级部门授予，并要向上级部门汇报子公司的预算及提交财务报告。

总之，企业集团财务机构的设置比组织机构的设置灵活性更强，关键是要把握好财权集中度、管理有效度与机构精简度之间的关系。

（二）财务中心

由于企业集团是不同于一般企业的组织形式，其财务控制的重要性和难度同时增强。这客观上要求在集团整体和成员企业之间有一个可以统筹全局、协调各种关系的财务机构，因此，财务中心、财务公司等企业集团特有的财务机构形式应运而生。这些机构是企业集团特有的财务机构形式,是随着企业集团的发展,为适应企业集团财务控制的需要而产生和逐渐完善的,它们在企业集团中发挥着重要的财务职能。下面将以财务中心为例进行详细介绍。

企业集团的财务中心是在集团内部设置的,由母公司负责运作,是管理和协调集团内部各成员企业资金业务的职能部门。财务中心是企业集团财务控制的重要部门,由于其业务的特殊性,财务中心在集团内部必须相对独立,因为只有这样,才能保证其中立性和权威性。

财务中心的设置与企业集团的集权与分权安排密切相关。根据各企业集团对财权的分配与实施财务管理的条件的不同,财务中心可以分为财务结算中心和财务控制中心两类。

1. 财务结算中心

企业集团的财务结算中心是在集团内部设立的,主要负责集团内成员企业之间和对外的现金收付及往来结算的专门机构,通常设置在财务部门内部。其主要职能是:①集中管理集团各成员企业的现金收入,并核定日常留用现金余额,各成员企业收到现金时,必须转账存入财务结算中心在银行开立的账户,不得任意取用;②统一拨付成员企业因业务所需要的货币资金,监控货币资金的使用;③统一对外筹资,降低集团整体筹资成本,确保资金需求能够被满足;④负责办理各成员企业之间的往来结算;⑤有时还负责办理统一纳税业务。

财务结算中心的建立帮助企业集团解决了大量资金沉淀的问题,对于加快集团整体的资金周转、降低资金占用量、提高资金运行效率、发挥集团资金联合的优势,起到了关键作用。

2. 财务控制中心

企业集团的财务控制中心是比财务结算中心更高级的财务机构形式,它是一种借助集成化、网络化管理软件的支持,与企业其他资源的整合相结合的财务管理机构。财务控制中心的产生源自现代企业集团财务中心发展的需要,它的出现有两大促进因素。第一,随着企业集团事业部制、矩阵制的形成和发展,集团组织结构扁平化成为一种趋势,由此,企业集团财务方面的集权和分权都有不同程度的发展。集权要求集团总部或母公司更多、更快捷、更真实地掌握成员企业的财务信息,并及时给予财务决策和管理上的支持,尤其是在组织结构层次减少使得每个层次的成员企业数量相对增加的情况下更是如此;分权要求集团组织结构适应市场日益灵活多变的需求,给予成员企业更多的财务权利,以使财务决策更有针对性和适用性。第二,信息技术的发展为企业集团在分权基础上的"财务信息的集权化"提供了条件。特别是随着信息处理技术的发展,各种管理信息系统中辅助项目核算模块的功能日益完善和强大,这使得集团财务专门化的趋势更加明显。例如,制定责任会计制度时涉及的主要问题是单轨制与双轨制的选择。单轨制就是将内部责任会计核算与对外财务会计核算融合在一起的会计核算制度,即将按国家统一的会计准则或会计制度要求设置的会计科目与按企业内部责任会计要求设置的核算科目有机地结合在一起,根据会计准则和会计制度编制对外报告的财务报表,根据内部责任会计要求编制对内报告的业绩报告。双轨制就是将内部责任会计核算与对外财务会计核算区分开来,分别进行,根据它们的不同的管理要求和不同的方法来进行会计资料的归集和数据计算。这就需要设置两套凭证、账簿、报表及核算程序,而企业集团的财务软件使得双轨制转为单轨制成为可能。

因此，企业集团的财务控制中心除执行财务结算中心的全部职能外，其职能还表现在以下几个方面：①及时掌握企业集团、事业部及子公司的资金预算和运作，并根据企业集团整体情况进行快速协调；②掌握企业集团子公司的采购费用、生产成本和销售费用情况，实行即时决策和监控；③对企业集团内部物流和人力资源与财务资源的不协调之处进行协调，以达到统一管理的要求。

第五章　企业集团资本运筹

思维导图

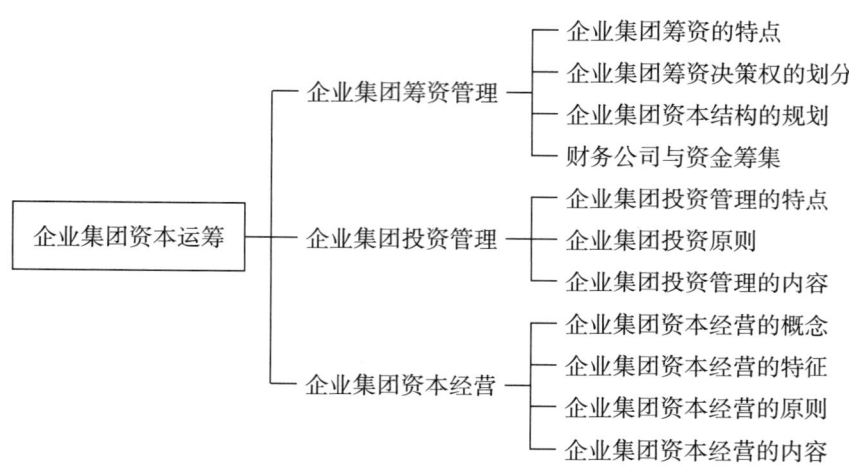

引例

A 公司是一家农业企业，季节性特征明显，有清晰的产季和非产季。A 公司的原材料主要来自农户，由于存在政策性保护措施，收购资金结算必须及时。A 公司的资金管理采用的是收支两条线模式，收购前的大额资金由本部结合年度收购计划统一筹划。

B 公司是能源企业，以大宗贸易为主，该公司的新项目前期投入巨大，但开始产出后资金流就会比较稳健。B 公司采取的是内部银行模式，在其组织架构中，销售公司、生产工厂、总部职能部门、结算中心各自独立。其中，结算中心相当于内部银行，承担所有资金业务的内部结算职能，结算中心为其他部门开设内部账户，并使用独立的财务系统进行处理。

C 公司是一家连锁超市，每日流水很大，但供应商的结算周期是固定的，所以账面总有足够盈余。C 公司资金管理的重点在于新门店的前期投入和各门店之间的流水对比分析。C 公司采取的也是收支两条线模式，总部资金部门同时承担了资金和预算管理的职能，以及大量的数据分析工作。

思考： 企业集团资本运筹的重要性是什么？

第一节 企业集团筹资管理

筹资是资金需求者通过各种途径和相应手段取得资金的过程，是企业集团生存与发展的前提，是资金需求者以取得货币使用权或占有权为目的和特征的活动。

企业集团的资金筹集不仅有与单体企业相似的筹资事务，还有许多有战略意义的筹资管理活动。企业集团筹资管理的首要任务，是合理安排企业集团的资本结构，因为不同的筹资渠道、筹资方式及筹资总额会对企业集团的财务管理活动产生不同影响。从资本结构的角度来看，权益性筹资会改变整个企业集团的资本结构及投资者的权益结构；负债性筹资会使企业集团的控股比例降低，从而失去对其成员企业的控制权，过度的负债甚至会威胁企业集团的生存。企业集团财务活动的正常运行，除受其长期获利能力的影响外，还在很大程度上取决于其资本结构的合理性，因此，资本结构在企业集团的筹资决策过程中具有十分重要的作用，它关系到企业集团的长远发展，甚至关系到企业集团的生死存亡。企业集团在筹资决策过程中，应根据自身的实际情况，分析自身的盈利水平和资金运营效率，并以此作为合理确定资本结构和进行筹资决策的重要依据。另外，在筹资决策过程中，企业集团还应考虑筹资计划的可行性、筹集资本总额的充足性、资本性筹资的必要性，以及各种因素对企业集团资本结构的影响程度等。

一、企业集团筹资的特点

企业集团除了与单体企业那样从集团外部筹集生产经营活动所必需的资金，还有一个重要的资金来源，就是在集团总部的统一运筹和各成员企业的协同配合下，通过资金的运作与筹划，各成员企业取长补短，使集团内部资金在整体统一的基础上相互调剂，从而提高内部资金的利用效率，在融资形式和手段上开拓更为广阔的空间，实现集团内部的财务协同。因此，企业集团的筹资，在一定程度上应着眼于对集团资金进行合理规划并创造出更多可以运用的资金，而不仅仅依靠从企业集团外部进行筹资，在这一点上，企业集团筹资呈现出与单体企业筹资不同的特点。

企业集团筹资的特点如下。

（一）提高内部资金的使用效率，实现集团利益最大化

企业集团内的成员企业往往从事着不同的经济活动，在这些经济活动及资金运转的过程中，资金余缺现象时有发生，如在某一时刻有些成员企业资金充足，而其他成员企业则资金短缺。企业集团通过一定的方式，合理调配资金，在集团内部调剂资金的余缺，最大限度地发挥资金的使用效果。

企业集团集中使用资金可实现以下两个目的。第一，提高资金的使用效率，降低企业筹资成本。企业集团通过设立内部财务结算中心等部门，对各成员企业内部资金收付款项进行统一结算，同时将相向流动的资金款项予以抵消，加速了资金周转，提高了资金的使用效率，降低了资金转移和使用成本。另外，财务结算中心还对集团内各成员企业之间的资金进行余缺调整，使集团有限的资金发挥出更大的经济效益，确保集团整体利益的最大化。第二，通过资金纽带协调企业集团各子公司的资金运作，确保集团战略目标的实现。企业集团充分考虑到每项投资对于集团整体的收益性和风险性，并以此作为投资项目排队和取舍的依据。企业集团通过集中使用资金，一方面可控制各成员企业实施对集团整体不利的投资项目，另一方面又可以充足的资金保证有利的投资项目的顺利实施。另外，集中使用资金还有助于确保集团整体利益最大化目标的实现。

（二）合理调整内部现金流量，实现整体现金净流量的最大化

集团整体的现金净流量并不等于各企业现金净流量之和，由于外部环境和各子公司的内部条件不同，在总现金净流量相等的情况下，调整各子公司的现金流量，可以使集团整体的现金净流量产生相当大的差异。企业集团为了整体利益必须人为地控制各子公司的现金流入量和流出量。这种控制除了通过资金的集中筹集和使用来实现，还可以通过制定对整个集团最有利的内部转移价格来实现。从整体利益出发，集团总部对各子公司之间的劳务和产品交易制定"合理"的转移价格，可以使各成员企业现金净流量发生很大变化，从而确保集团整体现金净流量的最大化。例如，实施跨国经营的企业集团可通过转移价格的制定，将高税区的收入向低税区转移，从而达到避税的目的；企业集团也可通过转移价格，把高风险地区的收入转移到低风险地区，以回避经营风险；企业集团还可把外汇管制严格地区的收入转移到外汇管制宽松的地区，以达到回避外汇管制的目的。

（三）适当降低财务风险，合理有效筹集外部资金

企业集团总部筹资的目标之一就是将财务风险控制在一个适当的范围内，使企业整体加权平均资本成本降至最低。在企业集团内部，各成员企业本身的财务风险水平并不一

致，有些成员企业股权资金比重大，财务风险较低；而有些成员企业可能股权资金比重小，财务风险较高。由于面对不同的风险，各成员企业如果分散筹资，就会按各自最优的筹资方式筹集资金，确定的资本结构也各不相同。但从整体的利益出发，各成员企业的最优资本结构未必就是企业集团的最优资本结构，企业集团有其综合的风险考虑，企业集团必须从全局的角度出发来分析整个集团的风险，以实现企业集团筹资过程中整体资本结构的最优化。因此，就要求企业集团控制各成员企业在筹资过程中的本位主义，从全局的利益出发，考虑整体最优化的筹资行为，用集中化的筹资方式取代各自为政的分散筹资方式。另外，由于企业集团规模较大、资本雄厚，且投资分散，因此，其偿债能力及承受风险的能力大于每个成员企业，资本结构中负债的比重就可以更高一些。所以，由企业集团集中筹集资金可以降低企业集团的财务风险，保障债权人的利益，并降低筹资成本。

二、企业集团筹资决策权的划分

集团总部和成员企业之间筹资决策权的划分是筹资管理中最为核心的问题。二者之间的权力划分有多种模式，但在大多数情况下企业集团采取的是以下两种模式之一。

1. 集团总部具有筹资决策权

①企业集团筹资政策的制定、调整及解释权。

②对企业集团整体战略发展以及投资政策的贯彻实施具有重大影响的筹资事项的审批与决策权。

③会造成企业集团股权结构发生重大变动，或者对企业集团财务活动产生重大影响的筹资事项，以及涉及资本重组与债务重组的审批与决策权。

④一些例外筹资事项的决策与处置权。

2. 成员企业具有筹资决策权

对于重大的筹资事项，各成员企业均不具有直接决策权。只有当重大筹资事项涉及成员企业的切身经济利益时，该成员企业作为独立的法人实体，可以提出自己的设想，并对筹资事项的可行性与必要性提出自己的建议或与集团总部不同的方案，及时与集团总部进行沟通。集团总部必须进行审慎的研究与考察，除非该筹资事项不符合企业集团整体的战略发展和投资政策，或者成员企业的筹资不是进一步强化其核心产业或主导业务，而主要出于一种短期化的目的，否则，集团总部就应当尊重成员企业的意愿，给予成员企业一定的决策权。

对于既不影响集团整体的战略发展，也不违背投资政策，更不会导致成员企业股权结构发生改变，或增大企业集团整体财务风险的一般性筹资事项，企业集团可依据筹资项目年度内累计金额的大小，视具体情况给予成员企业决策权，成员企业决策后可报总部备案，有些事项也可完全由成员企业自主决策而无须上报总部。

要实现集团总部与成员企业之间权力的合理划分，就必须遵从筹资管理的基本指导原则，即企业集团的资金筹集以满足投资需要为限。以投资为导向进行筹资，提高资金使用效果及资金利用效率，是企业集团筹资决策的出发点。企业集团在进行筹资规划时，必须以推动投资政策的贯彻实施为着眼点，即应当在集团战略发展的总体框架内，根据与集团核心能力、主导产业或业务相关的投资领域、投资方式的基本规范，以及相关质量标准与财务标准，通过计划的形式，对集团整体及成员企业的筹资规模、配置结构、筹资方式及时间进度等事先做出统筹规划与协调安排，从而在政策上保障筹资与投资的协调匹配。此外，筹资是一个相对独立的企业经济活动，除满足投资需要外，企业集团还可能基于资本结构调整的需要而进行各种必要的筹资活动，如资本重组、债务重组及债务与资本的转换等，这些方面也应纳入集团整体的筹资规划。

三、企业集团资本结构的规划

企业集团应以其战略发展规划为基础，根据投资计划制订筹资方案，做出正确合理的筹资决策。企业集团应该从整体利益的角度来考虑资本结构问题，对各种可能的筹资方式及各种筹资方案进行分析，对可能产生的财务风险进行估量，并通过对成员企业资产的控制权来对其筹资决策活动加以引导，使之与企业集团整体的长远发展协调一致。

企业集团的资本结构将影响集团的财务风险及筹资能力，而不同的筹资组合会直接影响筹资成本，进而影响集团的生产经营成本乃至竞争地位。因此，在确定企业集团的资本结构时，应充分考虑其抵御和防范风险的能力，适度利用债务性资本的杠杆效应，提高自有资本的使用效率及收益水平。企业集团的决策者对资本结构的正确抉择主要是基于其对企业集团自身能力、市场环境、政策环境、国内外经济环境的正确预测，在适当的时候采用积极的资本筹资策略，虽然会面临一定风险，但有可能取得较好的市场与利润回报；在经济状况不利的情况下，采用相对保守的资金筹集策略，以防范可能出现的各种风险，特别是财务风险，使企业集团在激烈的市场竞争中立于不败之地。

一家单体企业的负债水平可依据其自有资本的多少、偿债能力的高低及提供的担保而定，但企业集团与单体企业有很大不同，由于控股的作用，企业集团在负债能力上具有财务杠杆效应。企业集团之所以具有财务杠杆效应，是因为控股使企业集团的规模日益庞大，并形成了金字塔式的控制体系，这种多层连锁的控股使企业集团可以重复运用同样的权益资本、同样的不动产，取得不同的借款，从而导致企业集团负债增加。

假如一个企业集团由母公司、子公司和孙公司三个层次构成，处于底层的孙公司拥有20 000万元资产，其中负债和股东权益各占50%，均为10 000万元，子公司可以把孙公司的股票作为其公司资产，有5 000万元股本和5 000万元负债，而拥有子公司5 000万元股票的母公司有2 500万元股本和2 500万元负债，这样母公司以2 500万元股本就控制了20 000万元的资产。只要孙公司取得一定的收益，并向子公司支付一定的股利，那么所有子公司、母公司就都会有利可图，不过对于企业集团来说，其负债比率很高，达到87.5%，而其中的每家单体公司只为50%，可见，企业集团使财务风险大大增加了。控股早在20世纪20年代就被用作资金杠杆，它使控股企业得以以少量的资本控制着大量的资产。随着被控股企业层次的不断增加，企业集团的负债比率会越来越高，其综合的负债比率将远远高于单体企业。

由于这种较高的综合负债比率的存在，被控股企业利润即使发生微小变化，都会对企业集团的盈利状况产生很大的影响，并产生一系列的连锁反应。因此，企业集团财务管理在资本结构方面的首要任务就是对这种资金杠杆进行有效利用，并对由此产生的财务风险加以防范。这就要求企业集团的财务管理必须正确处理好各种风险的关系，特别是它们与财务风险的关系，做好事前规划与控制，及时掌握资本市场信息，充分利用现代企业的财务手段，抓住时机，适时调整和控制资本结构，防范和降低财务风险，确保企业集团财务管理目标的实现。

四、财务公司与资金筹集

随着企业集团的不断发展，其原有的资金渠道和方式已经不能满足生产经营活动的需要，企业集团内部便产生了专门从事资金筹集和经营的组织机构，财务公司就是其中最重要的一种形式。

企业集团的财务公司从性质上看，属于典型的信贷类机构。根据依附机构或投资主体的不同，财务公司可分为集团附属型财务公司和银行附属型财务公司，前者主要由大型制造业公司拥有，如通用电气、通用汽车、大众汽车等大公司设立的财务公司；后者多是商业银行的全资子公司，除提供消费信贷外，其设立的目的更多的是逃避金融监管当局对银行的限制。根据是否吸收存款，财务公司又可分为吸收存款类公司和非存款类公司，前者主要表现为欧亚模式，后者主要表现为北美模式。我国的财务公司属于典型的集团附属型财务公司和吸收存款类公司，由于都是依托大型企业集团组建的，因此又被称为企业集团财务公司。

（一）财务公司的性质与特点

我国的财务公司是经中国人民银行批准设立的，为企业集团内部成员提供金融服务的非银行金融机构。财务公司作为企业集团的成员，在行政上受企业集团的直接领导；作为非银行金融机构，在金融业务上接受国家金融监督管理总局的监督管理，是我国金融体系的重要组成部分。财务公司是股份有限公司，具有法人资格。财务公司不同于一般的成员企业，为母公司及其他成员企业提供金融服务是其最为核心的业务职责。集团整体的战略发展结构要求财务公司的各项业务活动，必须严格遵循集团整体的融资政策，必须有助于集团整体的融资效率的不断提高。通过提供金融服务，推动投资政策及整体战略的贯彻与落实，是财务公司业务运作过程中必须严格遵循的基本方针与行为规范。

（二）财务公司的业务范围与功能

1. 财务公司的业务范围

我国财务公司的业务范围主要包括：①吸收成员单位存款；②办理成员单位贷款；③办理成员单位票据贴现；④办理成员单位资金结算与收付；⑤提供成员单位委托贷款、债券承销、非融资性保函、财务顾问、信用鉴证及咨询代理业务；⑥从事同业拆借；⑦办理成员单位票据承兑；⑧办理成员单位产品买方信贷和消费信贷；⑨从事固定收益类有价证券投资；⑩从事套期保值类衍生产品交易；⑪国家金融监督管理总局批准的其他业务。

2. 财务公司的功能

财务公司的功能主要有以下几个。

（1）服务功能

财务公司在企业集团内部通过票据承兑、贴现、转账结算，减少资金占用，加速资金周转，提高资金使用效率；通过开展融资租赁和买方信贷，解决企业集团中间产品的购销问题；通过为企业集团成员企业办理信用证、提供担保，以及提供资信调查、信息服务、投资咨询等中介业务，为企业集团及其成员企业的发展提供全方位的服务。

（2）融资功能

财务公司运用同业拆借、发行债券、发行新股、进行配股、从事外汇及有价证券的交易等手段，为企业集团开辟广阔的融资渠道，成为企业集团的融资中心。

（3）信贷功能

财务公司将其筹集的资金，以贷款的方式发放给集团内部需要资金的成员企业，做到财尽其用。在信贷管理方面，财务公司可以发挥其熟悉集团内部财务管理、生产管理、销售管理、资金管理的特长，深入企业供、产、销各环节进行调查研究，把握好资金的投向，在贷款发放和回收管理上发挥商业银行难以发挥的作用。

（4）投资功能

财务公司可以将集团内部的闲散资金投向效益高、风险小的产业，也可以将资金投向那些能够发挥集团优势、促进集团发展的重要项目，从而提高资金利用效率。

另外，财务公司还可作为中介组织，当好企业集团的投资参谋。

（三）财务公司的运作

1. 严格遵守法律法规

财务公司在经营管理上，要认真执行国家有关的金融法规，执行获得批准的信贷计划及存贷款利率。财务公司要严格按照我国《企业集团财务公司管理办法》规定的业务范围经营，绝不能超越业务范围。

2. 控制公司金融风险

财务公司应当建立和健全公司内部的业务管理和财务管理制度，制定存款、贷款、投资等管理办法，对经办的存贷款项目要进行严格的资信调查和可行性研究。在投资执行过程中，要进行检查监督，以维护公司的利益。对于受托的信托投资、贷款项目，财务公司必须单独核算。同时，财务公司应当建立呆账准备金制度。

3. 正确处理各种关系

（1）正确处理与其他金融机构的关系

根据相关法律规定，财务公司的经济活动受国家金融监督管理总局的监督管理。另外，财务公司经营范围较广，与银行和其他非银行金融机构在业务上有重叠和交叉，这就要求财务公司正确处理好与上述两者之间的关系。

（2）正确处理与企业集团的关系

虽然财务公司在行政上隶属于企业集团，但它是独立法人。因此，一方面，集团总部不能对财务公司的正常业务进行行政干预；另一方面，财务公司要定期向集团总部汇报业务经营情况，在日常业务经营中也要接受集团总部的领导和监督。

（3）正确处理与企业集团财务部门的关系

财务公司是企业集团所属的具有法人资格的非银行金融机构，而企业集团财务部门则是企业集团内从事财会工作的专职部门，本身不是独立的法人，两者在企业集团资金的筹措和运用方面有一定的业务联系，应该相互协调，但又各自独立地开展业务活动，不存在领导与被领导的关系。

（4）正确处理与企业集团各成员企业的关系

财务公司与企业集团各成员企业的关系是一种平等自愿、互惠互利的关系。成员企业既是财务公司的股东，又是财务公司服务的对象。各成员企业在财务公司开立存款账户和贷款账户，由财务公司负责资金的统一管理，并由其在银行开户，办理信贷和结算，统一上缴流转税。这样，财务公司对外与银行及财税部门等发生联系，对内与企业集团各成员企业发生联系。

第二节　企业集团投资管理

企业集团投资是指以母公司为投资决策主体，为获取利益而进行的企业中长期投资。企业集团投资管理是企业集团财务管理的又一重要课题，它关系到企业集团的经营方向和经营发展战略，特别是许多投资问题关系到企业集团成员企业发展规模、数量及企业集团发展方向等重大战略决策问题，因此，做好企业集团的投资管理工作，对于企业集团的发展具有十分重要的意义。

一、企业集团投资管理的特点

与单体企业相比，企业集团的投资管理有很大的不同，呈现出以下特点。

1. 以战略性投资带动企业集团的发展

企业集团的投资可分为集团内的生产性投资和集团发展的战略性投资两种，前者是单体企业或中小型投资项目考虑的重点，而后者在企业集团投资中占有十分重要的地位。在生产性投资中，企业集团投资方向的选择关系到能否开辟新经营领域或扩大现有的生产能力，与单体企业相比，在开拓新经营领域时，由于企业集团资金、技术实力雄厚，因此可以考虑的投资范围更为广阔。在战略性投资中，企业集团核心企业对内投资，即向其他企业成员投资，是增强企业集团凝聚力的有力手段；核心企业对外投资，即进行企业兼并和收购，是企业集团发展、扩张的重要手段。可以说，企业集团，尤其是大型企业集团，主要是通过联合与兼并形成的，很少是由自我积累发展形成的，所以投资在企业集团中的战略地位更多地体现在对集团成长的作用上。

2. 从企业集团母、子公司角度分别评价投资项目

在大型企业集团，尤其是跨国企业集团中，投资决策首先面临的一个问题是评价主体问题。是以企业集团内部的子公司或投资项目本身作为投资评价的主体，还是以企业集团整体作为投资评价的主体，在许多情况下具有本质区别，评价的主体不同，评价的结果就可能完全不同。这是因为：①进行投资的子公司与母公司考虑的范围不一样，母公司要从企业集团全局出发对投资项目进行评价；②母、子公司之间存在许可证费、专利权使用费等，这对母公司来说是收益，但对投资项目的子公司来说是费用；③母、子公司所在地的税率可能不一样；④如果是跨国投资，则要考虑到外汇价值在不断变化，各国的通货膨胀率也不一样，投资项目所在地的政府往往会对子公司税后利润汇回母公司进行限制，并且各国税率也存在差异。

关于如何确定投资项目的评价主体，理论界和实务界存在不同观点。从理论上来看，主要有以下三种观点。

（1）以母公司作为投资主体进行评价

这种观点认为，对投资的报酬和风险的考虑，归根到底是为了母公司股东的利益。这

符合企业价值最大化的财务管理目标，因为企业的现金流量最终是为了支付股利，以及为实现企业集团目标提供基础。

(2) 以子公司或者投资项目本身作为投资主体进行评价

许多国际性的企业集团都制定了长期的，而不是短期的投资目标，子公司创造的利润趋向于用于当地投资，而不是汇回母公司。基于这种考虑，从子公司或投资项目本身的角度来进行评价也是适当的。强调当地投资项目的报酬也符合使整个集团合并收益最高的目标。

(3) 以子公司和母公司分别作为投资主体进行评价

这种观点认为，企业集团财务管理的目标是多元的、复杂的，为了保证企业集团的整体利益和子公司的利益，应从两个方面分别进行评价，一是以子公司为投资主体进行评价，二是以母公司为投资主体进行评价。

3. 结合具体情况选择投资评价标准

由于企业集团是多元法人结构，并且具有多层次的组织结构，具有法人资格的各成员企业在集团中的地位和作用各不相同，集团内部的利益矛盾比单体企业内部的利益矛盾要复杂得多。这些矛盾反映到集团的投资上，使得无论是子公司自身采用的投资评价标准，还是母公司用于评价子公司投资业绩的标准，都不可能完全统一。在某些领域，为了保证企业集团的总体利益，母公司要确定统一的投资评价标准，而在另一些领域，母公司可根据子公司所处的行业性质等来确定投资评价标准。

一个典型的例子是，当使用一个固定的投资报酬率作为企业集团子公司的投资报酬率标准时，如果某个投资项目的投资报酬率高于这个子公司内设的投资报酬率，但低于整个企业集团的投资报酬率，或某个投资项目的投资报酬率低于这个子公司内设的投资报酬率，但高于整个企业集团的投资报酬率，就容易出现子公司只顾自身利益而忽视企业集团整体利益的情况。在前一种条件下，该子公司可能会投资该项目，从而提高了自己的投资报酬率，但降低了整个企业集团的投资报酬率；在后一种条件下，子公司可能放弃这个可以使企业集团整体投资报酬率提高的项目。这时，只有引入剩余收益等其他投资指标进行评价，才能保证企业集团整体的利益。

4. 从企业集团全局的角度出发对投资项目进行功能定位

与单体企业相比，企业集团为投资的配套条件和实施的可能性拓宽了空间。同一个项目，在企业集团这个群体中可能会有不同的功能定位。而在不同的功能要求下，同一项目的建设内容和要求是不一样的。比如投资建造一个工厂，该工厂生产的产品是对外销售还是对集团内部销售，对投资方式、选址、设备选择等都会有不同的影响。子公司投资时确立的功能定位，可能与母公司的规划不一致，这是企业集团子公司在投资时比单体企业要更深入考虑的问题，也就是说，在发生矛盾时，子公司必须从企业集团全局的角度出发对投资项目进行功能定位。

二、企业集团投资原则

企业集团投资原则是对企业集团投资活动规律的概括，也是企业集团进行投资管理时必须遵循的行为准则。它是企业集团投资研究框架中不可缺少的部分，是连接企业集团投资目标和投资方法的桥梁。

(一) 规模经济原则

企业集团实现规模经济有两种途径：一种是集团内部扩张，主要是凭借企业集团多年来形成的技术、资金和管理等方面的优势，依靠企业集团多年的资本积累及采用各种方式筹集的资金，利用企业集团投资手段，扩大企业集团生产经营规模，实现规模经济；另一种是集团外部扩张，主要是采用联合、兼并、收购等手段，扩大生产和经营规模，实现规模经济。

企业集团无论是通过集团内部扩张，还是通过集团外部扩张，都要注意遵循规模经济的客观原则，避免出现盲目追求"大""快"的现象，根据集团的具体情况，找寻集团内部直接投资的"适度点"，并与集团外部扩张相结合，真正实现规模经济，产生良好的规模效应，从而增强企业集团实力，形成创新优势，提高企业集团的核心竞争力。

(二) 主业突出与多元有限相结合原则

多元化经营是企业集团规避风险的一种方式，但企业集团发展多元化经营是有条件的。企业集团在选择多元化经营战略的同时，要做到主业突出与多元有限相结合。主业突出是指企业集团要集中力量突出主业，发展其独具的专业优势，形成相应的自主知识产权和核心竞争力，并在此基础上实施经营多元化，在主业以外的产业适量投入资金，但不能超过主业，影响主业的发展。多元有限是指企业集团选择主业以外的产业进行多元化经营时，要控制多元经营的项目数量。企业集团进行多元化经营时，其对项目的选择不仅要以投资报酬率为判断标准，还要判断项目是否对主业有利。企业集团进行投资时，一定要遵循主业突出与多元有限相结合的原则，既要采取多元化经营战略，以便企业集团实现规模经济，也要集中力量投资企业集团主业，以增强企业集团的核心竞争力。

(三) 产业结构优化原则

企业集团经营的范围可能涉及许多不同的产业，从而在企业集团内部形成了自己的产业结构。产业结构优化是一个动态发展过程，是指根据消费需求和资源条件，在一定的经济发展基础上，对产业结构中的有关变量进行调整，使资源在各产业间合理配置并得到有效利用，使不合理的产业结构向合理的产业结构方向发展。

企业集团投资对产业结构优化有着直接的且至关重要的影响。这是因为企业集团各项投资之间的相互关系及数量比例形成了投资结构，投资结构代表着资源配置的格局。而投资结构与产业结构之间存在着相互影响、相互制约的关系，这种关系表现为现有的产业结构是基于过去的投资结构形成的，是已实现的投资结构。因此，投资结构决定着产业结构的形成和发展。而产业结构的发展演变，又要求有与之相适应的投资结构的支持。市场竞争的加剧，以及科学技术的进步和经济的迅速发展，要求企业集团要不失时机地进行产业结构调整，只有产业结构优化了，企业集团才能立于不败之地。所以，产业结构优化原则也是企业集团投资中应该遵循的原则。

(四) 风险分散原则

企业集团投资中的风险分散原则是指通过科学分析投资中的风险类型、风险发生的概率以及风险损失，比较风险收益和风险成本，最大限度地预防和化解风险。风险分散的目的是最大限度地保证投资的安全性，提高投资收益，从而增强企业集团的核心竞争力，取得竞争优势。企业集团在投资中要遵循风险分散原则：一是采取合理的投资项目评价方法，提高评价结果的准确性，对不符合评价原则的项目坚决放弃，从根本上回避投资风险；二是借助风险预测方法，主动采取措施消除投资风险发生的条件和环境，降低投资风险发生的概率，降低风险损失的程度，这是对已通过投资评价的项目所进行的风险防范；三是对于不可回避的投资风险，为减少可能发生的关联性投资损失，从时间、空间和环境上将其与集团内其他事项分离，建立风险隔离带，以尽可能减少投资损失；四是通过风险组合，达到风险相互抵消的效果。

（五）可持续发展原则

1987年，世界环境与发展委员会发表《我们共同的未来》，该报告提出，可持续发展是既满足当代人的需要，又不对后代人满足其需要的能力构成危害的发展。企业集团在进行投资时，要使集团的经济发展与生态环境和自然资源的承受能力保持平衡。企业集团投资的可持续发展原则可表现为企业集团发展与生态环境建设的和谐统一。可持续发展原则决定着企业集团对投资方向、投资领域等的选择，也影响着企业集团对投资项目的评价。基于可持续发展原则，集团对投资项目进行评估时，要将投资项目所形成的环境损失与效益纳入经济评价，而且要适当调低评价中所采用的贴现率，以增加资源的未来利用价值，保持资源的可持续利用。

三、企业集团投资管理的内容

投资管理是企业管理中的一个核心问题，投资管理的有效性决定着企业的生存与发展。企业集团投资管理也是如此。一般来说，企业投资管理的重心在于对投资项目的财务评价，企业在财务评价过程中，依据对相关指标的计算，做出是否投资的决策，因此，企业投资管理的研究对象主要集中于投资决策方法。对于企业集团来说，投资管理是以投资决策为核心，通过预测、决策、计划、实施、控制、评价等职能手段，有效配置集团各种资源，以实现预期投资目标的活动过程。企业集团投资管理的内容，即投资管理的对象，包括投资项目的界定、投资决策，以及投资的计划、实施、控制与评价。其中，核心内容应是投资决策，它包括决策权的划分、决策程序的确定和决策方法的选择。

为了有效地管理投资，企业集团作为投资的核心主体，要进行投资环境分析和企业集团投资特征研究，以确定投资目标，为正确做出投资决策提供战略导向；要建立创新性的投资管理体制，建立适合进行投资管理的组织结构和完善的制度规范，以及合理的公司治理结构，为企业集团投资的决策和实施提供基础保障。另外，资本预算是企业集团编制投资计划、组织投资计划实施、控制投资过程、评价投资效益的有效管理方法。因此，从整个投资管理来看，一切投资管理活动都是围绕着投资管理内容进行的。

（一）企业集团投资项目的界定

企业集团投资项目的界定与一般的单体企业有所不同。一般的单体企业是根据企业的发展战略要求、投资目标和投资原则，提出投资项目建议，主要是在项目可行性研究的基础上进行投资项目评估。而对于企业集团而言,其投资项目的界定主要是确定列入企业集团投资决策过程的项目的范围。一般而言,企业集团的投资项目要满足以下几个方面的要求。

①所有上报到企业集团的投资项目必须符合企业集团的整体发展战略、投资规划、投资领域、投资方向和投资管理的要求。

②进入企业集团投资决策过程的投资项目均已通过项目的可行性分析和项目评估。

③以企业集团所属子公司或事业部为单位上报投资项目。

(二) 企业集团投资决策

1. 企业集团投资决策权

投资决策权是指投资主体合理配置各种经济资源,以及对投资形成的收益进行支配的权力。由于母公司更具承担投资风险的能力,因此,相比于子公司,母公司更适合作为投资主体,更适合拥有投资决策权。母公司应该是整个企业集团强有力的投资中心,它能实现投资决策的集中统一,始终把握企业集团的发展方向,能够将企业集团的发展战略具体落实到投资运作之中。

母公司对其投入子公司的资产拥有收益权和处分权,并依据其股权比例行使所有权职能,子公司是股东投入资产的实际占有者,具有资产占有权和使用权,并以其全部资产对债务承担有限责任。在资产管理关系上,虽然母公司对资产具有约束力,但它不能直接实施控制;子公司在占有资产、独立经营的基础上,也不能脱离母公司的产权约束,实现绝对的独立。所以,母公司与子公司之间资产关系的协调是实现双方利益的前提。在保证子公司自主经营的基础上,母公司通过选派股权代表进入子公司决策管理机构,将其经营战略意图贯彻到子公司的具体经营活动中,同时通过建立严密的资产经营考核体系,促使子公司自觉实现母公司制定的资产经营目标。

母公司作为投资主体,毫无疑问,应有重大投资决策权。但对于子公司的投资决策权问题,则有许多不同的观点和做法。母公司给予子公司多大的投资自主权,子公司的投资范围如何界定,母子公司之间的关系如何协调等,对于企业集团的生产经营与发展十分重要。如果母公司不给予子公司任何投资决策权,那么,虽然母公司有很强的控制力,但也不利于子公司的自我发展;如果母公司给予子公司的投资决策权过大,母子公司的投资管理就会出现各自为战,单打独斗的局面,企业集团的总体战略目标也难以实现。

母子公司之间的权限具体应如何划分,主要看是否有利于企业集团总体战略目标的实现,是否有利于企业集团的财务管理目标——企业价值最大化的实现。现阶段,企业集团对于子公司的投资决策权,主要有以下几种做法:①子公司基本上没有投资决策权,只有在简单再生产范围内进行技术改造的权利;②子公司具有有限的投资决策权,对于一定业务范围内的投资项目可以进行投资决策;③按子公司所有者权益的一定比例确定投资决策权,即在一定时期内,只要子公司的投资总额不超过所有者权益的一定比例,子公司就可以进行投资决策,超过一定比例,则无论项目大小都不能再进行投资决策。

2. 企业集团投资决策程序

投资决策程序是有效管理整个企业集团投资的基础。尽管不同企业集团的投资决策程序并不完全一致,但一般都应该包括以下五个环节。

(1) 确定投资目标，制定投资原则

企业集团董事会下设受其直接领导的投资发展委员会，对包括全球政治、经济、市场以及技术在内的投资环境和发展变化趋势进行深入分析，同时结合企业集团的中长期发展战略、发展目标及核心优势，确定企业集团未来的投资目标，并制定投资原则。

(2) 制订投资规划

企业集团所属投资规划部门，依据企业集团董事会及投资发展委员会所确定的投资目标，按照一定的投资决策方法进行企业集团的资金配置，根据企业集团投资的一般性原则，结合企业集团的具体情况，制订整个集团的投资规划。

(3) 编制年度投资计划

企业集团母公司及各子公司或事业部，根据确定的企业集团投资目标，以及在投资规划范围内的已通过可行性分析和评估的投资项目，编制各自的年度投资计划和资金预算方案，并上报企业集团的投资中心。

(4) 投资组合与优化

企业集团的投资中心对母公司、各子公司或事业部上报的投资计划，进行筛选和组合，形成企业集团年度投资方案，上报企业集团董事会审批。

(5) 董事会审批

董事会和投资发展委员会及有关专家，对企业集团投资中心上报的年度投资方案进行商议，考察其是否与企业集团的长远规划相匹配，与企业集团内部环境、外部环境相协调，并权衡各项年度投资方案的风险和收益，以决定对年度投资方案的取舍。年度投资方案被批准后，就形成正式的企业集团年度投资计划，下达各公司执行。

3. 企业集团投资决策方法

企业集团投资管理内容的核心是投资决策中所采用的方法。企业集团投资决策方法的运用依赖于一系列的投资决策程序。企业集团投资决策方法是通过投资决策的基本程序和整个投资决策过程中各种不同的评价方法综合反映的，企业集团投资决策方法的核心是投资项目的组合方法。企业集团运用投资组合或者项目群的决策方法，把各种投资组合方案的可能结果简单明了地表示出来，帮助决策分析者和企业集团最高决策层认识到各种方案的本质，并权衡利弊得失，做出合理的选择。

(三) 企业集团投资的计划、实施、控制与评价

企业集团最高决策层做出投资决策后，企业集团就要先根据投资方案编制企业集团投资计划，实施投资方案，并对执行过程进行管理与控制，然后对投资方案实施的效果进行评价。其中，对于投资方案的实施，企业集团应根据相应的投资管理体制的要求，确定投资项目责任人，由其具体组织实施，企业集团只在资金和业绩考核上进行控制和管理。对于企业集团投资的计划、实施、控制与评价，最为有效的手段应该是资本预算管理方法。

资本预算是从西方引入我国的，它与业务预算、财务预算一起构成全面预算体系。资本预算与资本预算管理并不完全相同。资本预算管理是指将预算方法融入资本管理，从价值管理、行为控制和业绩考核方面对资本支出在不同项目间进行分配、规划、控制与考核的一种管理行为。资本预算管理是企业管理的核心内容，它将企业的决策目标及资源配置方式以预算的形式加以量化，并使之得以实现。资本预算管理具体包括资本预算的内容、

资本预算的编制方法、资本预算的执行规定和资本预算的考核方法等。它具有资源配置、管理协调、战略支持及业绩评价等多种功能。

总之,企业集团投资的计划、实施、控制与评价,必须与具体的投资项目的实施与管理相结合,这是有效实施企业集团投资规划的保障。首先,企业集团采取一定的投资决策方法制订出企业集团的投资规划;然后,由各个所属单位按照投资规划的要求申报投资项目;最后,企业集团对所申报的投资项目进行审查和调整,以确保企业集团投资目标的实现。

第三节　企业集团资本经营

一、企业集团资本经营的概念

企业集团资本经营,是指以资本的直接运作为先导,对企业集团可以支配的资源和生产要素进行运筹、谋划和优化配置,以提高其运行效率,实现资本最大限度增值的管理活动。也就是说,企业集团把所拥有的一切有形的和无形的社会资源和生产要素都视为可以经营的价值资本,通过流通、收购、兼并、重组等各种调整和优化配置手段,对企业集团的资本进行有效运作,实现资本增值。

二、企业集团资本经营的特征

（一）是以资本导向为中心的运作机制

资本经营以存量资产形式表现的产权为经营对象,它通常会导致所有权或产权发生转移,也会使原有股权结构发生变化。资本经营是以资本导向为中心的运作机制,要求企业集团在经济活动中始终以资本保值、增值为核心,注重资本的投入产出率,保证资本形态的连续性和继承性,资本经营的主要目标是实现最大限度的价值增值。

（二）是以价值形态为主的管理

资本经营要求企业集团将所有可以利用和支配的资源、生产要素都看作是可以经营的价值资本,用最少的资源、要素投入获得最大的收益,不但考虑有形资本的投入产出,而且注意专利、技术、商标、商誉等无形资本的投入产出,全面考虑企业集团所有投入要素的价值,充分利用、挖掘各种要素的潜能。资本经营不仅重视生产经营过程中的实物供应、实物消耗、实物生产,还关心价值变动、价值平衡、价值形态的变换。

（三）是一种开发式经营

资本经营要求企业集团最大限度地支配和使用资本,以较少的资本调动、支配更多的社会资本。企业集团不仅要关注企业集团内部的资源,通过企业集团内部资源的优化组合来达到资本增值的目的,还要利用一切融资手段、信用手段扩大可利用的资本份额,重视通过兼并、收购、参股、控股等途径,实现资本扩张,将企业集团内部资源与外部资源结合起来进行优化配置,以获得更大的资本增值。资本经营的开放式经营,使企业集团面对的经营空间更为广阔。资本经营要求打破地域概念、行业概念、部门概念、产品概念，将企业集团不仅看作是某一行业、某一部门中的企业，也不仅是某一地域的企业和生产某类产品的企业，还看作是资本增值的载体。只要资本可以产生足够大的增值，企业集团面对的就是所有的行业、所有的产品，面对的就是整个世界的市场。

（四）注重资本的流动性

资本经营理念认为，企业集团的资本只有流动才能增值，闲置是资本最大的流失。因此，资本经营一方面要求企业集团通过兼并、收购、租赁等形式的产权重组，盘活沉淀、闲置、利用率低的资本，使资本不断流动到报酬率高的产业和产品上，通过流动获得增值的契机；另一方面要求企业集团缩短资本的流通过程。

（五）通过资本组合规避经营风险

资本经营理念认为，由于外部环境具有不确定性，因此，企业集团的经营活动充满风险，资本经营必须注意规避风险。为了保障投入资本的安全性，企业集团必须进行"资本组合"，避免把鸡蛋放在同一个篮子里，要依靠产品组合，依靠多个产业或多元化经营来支撑企业集团，以降低或分散资本经营的风险。

（六）是一种结构优化式经营

资本经营通过结构优化，对资源进行合理配置。结构优化包括：对企业集团内部资源结构，如产品结构、组织结构、技术结构、人才结构等的优化；对实业资本、金融资本和产权资本等形态结构的优化；对存量资本和增量资本结构的优化；对资本经营过程的优化；等等。资本经营是以人为本的经营，资本经营将人力资本看作是企业资本的重要组成部分，将对人力资本的管理作为资本增值的首要目标，确立"人本思想"，不断挖掘人的创造力，通过人创造效益，获得资本增值。

三、企业集团资本经营的原则

为了保证资本经营活动取得预期目标，实现资本增值，企业集团资本经营一般应遵循以下基本原则。

（一）资本最优结构原则

企业集团的各种资本要素、各个运转环节共同构成了一个完整的资本运行系统，资本经营的思想应贯穿于该系统的各个部分，使其整体功能发挥到最大，这就要求企业集团具有一个良好的资本结构，以保证各种资本要素产生最大的经济效益。

（二）资本经营的开放原则

资本经营是开放性的，它不应只着眼于企业集团自有的各种资本，还要充分运用宏观资源配置的一切机制和条件，调动企业集团所能够掌握的各种社会资本，并将其融入企业的经营系统，以最小的资本投入控制和支配更多的资本，形成最优的经济规模，实现收益最大化。

（三）缩短资本周转时间原则

资本周转的快慢决定了资本增值的快慢，资本经营应尽可能缩短资本周转时间，提高资本流动速度，使一定时间内的投入资本能够形成最大的资本规模，从而提高企业集团的投资报酬率。

（四）资本规模适度原则

尽管一定的资本规模可以取得一定的效益，但企业集团的资本规模并不是越大越好。在控制资本规模时，应按照成本和效益相结合的原则，既要获得规模效益，又不会因管理层次的增加而带来信息成本、管理成本的增加，以致最终抵消了增加的边际效益。

（五）风险结构最优原则

投资风险的大小与收益的高低一般是成正比的，风险越大，收益越大；风险越小，收益越小。风险与收益应综合考虑，既要有风险大、收益高的项目，又要有风险小、收益低的项目；既要保证资本的安全性，又要保证资本的增值速度。

四、企业集团资本经营的内容

（一）企业集团资本经营主体

企业集团应根据其发展战略的需要，灵活地运用兼并、收购、分立、出售、托管、改组、上市、清算等形式，通过"以大吃小""以多控少"或"以小吃大""以少控多"的方法快速实现资本的集中、集聚、扩张或收缩和撤退。这种资本经营权只能由企业集团母公司而不能由其子公司行使，因此，企业集团的母公司应该是资本经营的主体。

（二）企业集团资本经营方式

资本经营的方式和途径有很多，不同的方式和途径有不同的要求。根据资本经营的形态和内容不同，可将资本经营分为实业资本经营、金融资本经营、产权资本经营及无形资本经营四种形式。

1. 实业资本经营

实业资本经营是指产品形态的资本经营，即企业产品的生产经营，包括产品的生产、销售、技术开发、市场营销等最基本的活动。实业资本经营实质上是将资本直接投放到生产经营活动所需要的固定资本和流动资本之中，从而形成从事产品生产或服务提供的经济活动的能力的运作过程。因此，实业资本经营的主要方式有固定资产投资经营和流动资产投资经营两种。

2. 金融资本经营

企业集团在从事金融资本经营活动时，本身并没有直接参加生产经营活动，而是以金融资本为对象进行一系列的资本经营活动。金融资本经营的主要目的不是控制所投资企业的生产经营权，而是以对股票、债券、期货、期权等金融资本的买卖为途径和手段，来取得有价证券因价格波动而带来的收益或股息红利等形式的收益。同时，企业集团通过对期货、期权等的操作，不仅可以投机获利，还可以进行套期保值，降低价格风险。金融资本经营中最主要也是最常见的方式有三种：股票交易、债券交易和期货、期权交易。

3. 产权资本经营

产权资本经营的对象是产权，通过产权交易，企业集团的资本得到集中或分散，从而使企业集团的资本结构得到优化，为企业获取未来收益创造机会。产权资本经营是企业集团资本经营的重点，它通过企业与企业间的合作与合资、兼并与收购、参股与控股、股权转让与合并等，以合同为依据，在产权市场上实现资本流动及重组。具体来说，产权资本经营主要有以下十种方式。

（1）上市经营

上市经营是指将资产进行整合重组，对外公开招募，在证券市场上市交易，它是资产经营的重要方式。企业集团可以通过公开发行股票直接上市，也可以通过"买壳""借壳"等形式间接上市。通过上市，企业集团就可以在证券市场上建立募集源源不断的股本、打开资本经营和资本市场的通道。

（2）并购

并购是指一家企业集团部分地甚至全部地获得另一家企业的资产。这是企业集团实现外部扩张的主要手段。并购内容非常丰富，具体可以分为兼并和收购，通过兼并和收购可以获得股权或资产。并购对象可以是上市公司，也可以是非上市公司；可以兼并经营领域相同的企业，也可以兼并跨行业的企业。并购可以是整体性收购，也可以是部分控股。并购涉及大量交易，可以通过多种方式来实现：一是以现金购买资产；二是以现金购买股票；三是以股票交换资产；四是以股票交换股票。

（3）股权重组

企业集团可以通过股权重组，建成投资主体多元化的上市或者不上市的股份有限公司，吸纳大量的社会、境外、内部职工的资金，并实现债权向股权的转化。同时，股份制改造可以促使企业集团产权结构和内部治理结构发生积极改变，加快企业机制转换，使企业集团不断壮大。

（4）剥离与分立

剥离是指企业集团将现有的某些子公司、产品生产线、固定资产等出售给其他企业，并取得现金或有价证券。分立是指一家企业集团通过将母公司在子公司中所拥有的股份，按比例分配给现有母公司的股东，形成一个与母公司有相同股东的新公司，从而在法律上和组织上将子公司的经营从母公司的经营中分立出去。

（5）产权转让

产权转让涉及产权交易和资产重组，主要包括股权转让和股权转换两种形式。股权转让是指企业集团将母公司或子公司的部分股权资产转让，其中以转让子公司的部分股权为多。对于转让部分股权后的子公司，企业集团一般仍应掌握其控制权，或者仍是其第一大股东。股权转换是指企业集团将母公司或子公司的部分股权与其他企业的股权进行交换，从而获得对其他企业的控制权。

（6）合资合作

合资合作的方式有许多种。其中，以企业集团现有的一个或多个子公司与其他企业进行合资合作是一种行之有效的方式；以企业集团的产品品牌、技术等无形资产作价入股，或接受其他企业（特别是跨国公司）以产品品牌、技术作价入股也是合资合作的有效方式。

（7）参股与控股

参股是企业集团以部分资本作为股本向另一家具有成长潜力、经营良好、效益高的企业进行投资的行为，企业集团通过对股权的持有而取得报酬。控股是指企业集团收购另一家企业的大部分股权，控制该企业或使之成为企业集团名下的子公司，从而达到以较少资本投入取得最大资本使用权和处置权的目的，并实现资本扩张的资本经营方式。

（8）承包经营

企业既可以作为承包者，对其他企业实行承包，也可以作为被承包者，将企业的部分项目或其下属企业整体视具体情况承包给个人、集体或其他企业。

（9）租赁经营

企业集团既可作为租赁的主动者，也可作为租赁的被动者；租赁的对象既可以是企业，也可以是单一的生产要素，如土地、厂房及机器设备等。

（10）企业托管经营

企业托管经营是指在不改变企业产权归属的前提下，由委托方（企业产权所有者或其代表者）将企业经营管理权以合同形式，转让给受托方（有经营管理能力并能承担相应风险的法人和自然人）有偿经营，在一定条件和期限内由受托方承担资产保值、增值责任。

4. 无形资本经营

无形资本是企业集团的一种重要资源，主要包括专利、商标、著作权、土地使用权、非专利技术、供销网络、商誉等。无形资本经营是指企业集团通过对所拥有的各类无形资产进行运筹和谋划，取得最大收益的活动。无形资本经营主要包括以下三个方面的内容。

（1）进行无形资本的交易

专有技术、专利和商标的使用权及经营某项业务的特许权都是可以交易的无形资本，企业集团可以利用无形资本的可交易性进行资本经营。企业集团可以从外部购入无形资本，也可以以其拥有的无形资本进行投资，还可以适时有偿转让或有条件转让现有的无形资本。

（2）利用无形资本筹集资金

企业集团可以利用良好的信誉、信用及品牌等无形资本，大大拓宽融资渠道。对无形资本的合理运用，可以使企业集团取得银行贷款、股票、债券上市的优先权等，使企业集团更容易取得合作伙伴的优惠待遇，也可以对内资企业、外资企业产生强大的吸引力，激发其合作欲望。

（3）利用无形资本，实现资本扩张

企业集团可以对无形资本，如管理优势、销售网络、信息优势、品牌效应，进行有效经营，并通过联合、并购、参控股、承包、租赁、托管等形式，盘活有形存量资本，实现资本的良性循环和迅速扩张。

（三）企业集团资本经营策略

从内容来看，现代企业集团经营应该是商品经营、货币经营和资本经营三个方面的统一。商品经营是关于商品、服务等生产经营过程的运作；货币经营主要涉及企业集团在资本市场、货币市场上进行证券、外汇等的经营的问题；资本经营是资本所有者或其代表机构让资本进行有目的的流动，如并购、转让、合资、托管、上市交易、分立等，使资本通过不同的物质形态或价值形态转换而增值，以促进资本的快速集聚与集中。资本经营是加速资本集中、拓展商品经营领域的快捷、有效的方式，同时，资本经营也最为复杂，风险最大。

企业集团经营的重点是商品经营和资本经营，而货币经营主要由财务经理完成。企业集团必须把握好资本经营与货币经营、商品经营的关系。三者应该和谐一致、相得益彰。

①商品经营始终是企业集团经营的基本形式，也是企业货币经营、资本经营的基础。商品经营支撑资本经营。没有高效率的商品经营，资本经营就没有生命力。资本经营是企业集团的一种生产要素，也是企业集团财务管理的一部分。把商品经营视为低级形式，把资本经营视为高级形式，显然是一种不正确的看法。企业集团不能一味地追求资本经营，而忽视商品经营。企业集团必须以商品经营为主业，资本经营只有在特定情况下才会发生。

②货币经营既是商品经营的重要补充，也是商品经营和资本经营的尺度。即企业的资金投于某个商品经营、资本经营项目所得到的收益应该比用于货币经营（如国债）能得到的收益多，否则这些项目就是不可取的。货币经营的收益率是财务决策的基础，而在商品经营过程中，如果货币资金有一定结余，那么进行短期证券投资是十分必要的，但是放弃或放松商品经营，而主攻货币经营则是不可取的。

③资本经营需要一定的条件，存在极大的风险，必须严加防范。进行资本经营的企业，必须具备以下几个基本条件：可以向相关领域转移的强有力的组织能力；相对充裕的现金流量；统一有效的管理机制；出色的经营者队伍。现实中，能成功驾驭资本经营这门高超艺术的经营者队伍还较少，绝大部分经营者是在资本经营的外延做文章。由此可见，有效的企业管理是成功的资本经营的基础和前提。

④资本经营的根本目的是推进企业经营战略目标的实现。每家企业都有自己的经营战略和不同于其他企业的特点。对于不同的企业，应该根据其不同的经营战略和经营管理的需要，选择不同的资本经营形式。这些形式包括收购、合并、股权置换、资产重组、托管、租赁、分立、技术入股、品牌输出等。灵活、快捷、高效是资本经营形式的选择原则。

第六章　企业集团纳税计划与股利政策

思维导图

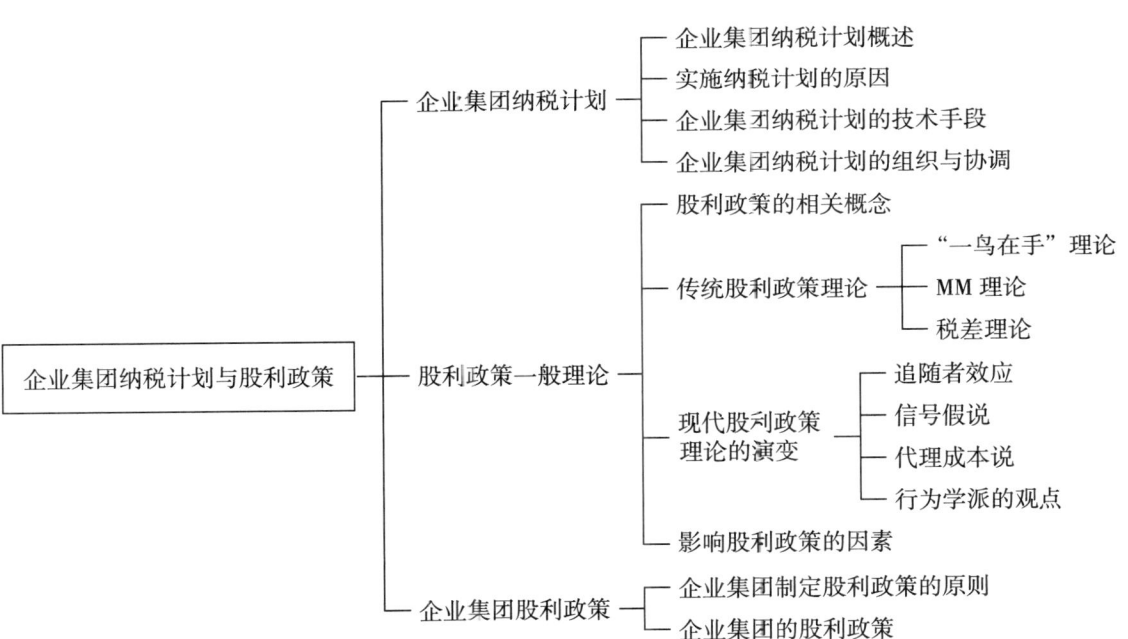

引 例

珠海格力电器股份有限公司（以下简称格力电器），成立于1991年，是一家集研发、生产、销售、服务于一体的国际化家电企业，拥有格力、TOSOT、晶弘三大品牌，主营空调、空气能热水器、冰箱等产品。

格力电器的股利政策具有连续性、稳定性的特点，这使得投资者对于长期持有该公司的股票有较大信心。2016年，格力电器的股利分配方案是每10股派发现金红利18元。2017年，格力电器的股利分配方案是"发现金红利，不送红股，不以公积金转增股本"。2022年2月13日，格力电器发布公告称，以2022年2月11日享有利润分配权的股份总额5亿股为基数，向全体股东每10股派发现金股利10元（不含税），不送红股，不以公积金转增股本，共计派发现金股利55.37亿元。据披露，格力电器2021年上半年实现净利润78.88亿元（未经审计），截至2021年6月30日，可供股东分配的利润为596.71亿元（未经审计）。

思考：格力电器采用的股利政策有何利弊？

第一节 企业集团纳税计划

一、企业集团纳税计划概述

（一）纳税计划的相关概念

纳税计划又称纳税筹划，具有双重性，即它既可以提高企业的经济效益，也有很高的风险，如果控制不好，计划不周，就会大大增加成本。

1. 节税计划

节税计划是指企业集团在不违背税法立法精神的前提下，充分利用税法中固有的起征点、减免税等一系列优惠政策，通过对集团内企业的筹资活动、投资活动以及经营活动进行整体安排，达到少缴税或不缴税的目的。节税计划与避税计划的最大区别在于避税是违背税法立法精神的，而节税是顺应税法立法精神的，即节税活动及其后果与税法的本意相符，节税不但不影响税法的地位，反而会加强税法的地位，使国家利用税收杠杆进行宏观调控的意图得以实现。节税从形式上看会导致国家税收收入减少，但实质上节税之所以能实现是因为国家未对某些经济行为收税，或者可以说是让利于民。

2. 避税计划

避税计划是企业集团在充分了解现行税法的基础上，根据掌握的相关会计知识，在不触犯税法的前提下对集团内企业的筹资活动、投资活动以及经营活动进行的整体安排。这种安排处于合法与非法之间的灰色地带，其目的是规避或减轻税负。节税是合法的，逃税是非法的，而避税则处于逃税与节税之间，具有非违法性。避税会导致国家税收收入减少，本质上是企业和国家在经济利益上的博弈。企业集团在进行避税计划时，不仅要非常熟悉税收法律法规，还要保证履行应尽的法律义务。

3. 税负转嫁计划

税负转嫁计划是指企业集团为了达到减轻税负的目的，在经济活动中，通过价格调整等手段，将税负转移给其他企业和个人的安排。税负转嫁不会影响国家税收收入，只会导致税收归宿不同。税负转嫁与税负归宿是一个问题的两个说法。税负转嫁的结果是有人承担税收，最终承担人被称为负税人。税负落在负税人身上的过程被称为税负归宿。在税负转嫁条件下，纳税人和负税人是可以分离的，纳税人只是法律意义上的纳税主体，负税人则是经济意义上的承担主体。税负转嫁的方式有很多种，典型的税负转嫁方式就是在商品流通过程中，纳税人提高销售价格或压低购进价格，将税负转移给购买者或供应者。

税法特别是增值税法为企业会计核算提供了具体规范，规范的会计核算是纳税计划的基础，它有利于实现涉税零风险。涉税零风险是指纳税人账目清楚，纳税申报正确，税款缴纳及时、足额，不会出现任何关于税收方面的处罚，即在税收方面没有任何风险，或风险极小可以忽略不计的一种状态。为此，企业集团需要对会计核算按照会计法和税法的要求，结合财务管理目标进行整合，杜绝因会计核算不规范、纳税申报不正确和税款缴纳不及时与不足额等"小问题"造成的纳税风险。

（二）纳税计划的性质

1. 政策依赖性

纳税计划可以看作是企业集团和政府在税收法律政策上的一种博弈行为。具体来说，这有两层含义：一是税收的征缴要以国家制定的相关法律政策为依据，因此，纳税计划也要以这些法律政策为对象，研究如何利用它们提供的优惠措施和本身的不完善处来减少税负；二是纳税计划行为必须限定在法律政策的框架之内，如果超出，那就是偷税、漏税，是违法行为。

2. 事前筹划性

纳税计划是一种指导性、科学性、预见性极强的管理活动，其目的是降低税负，取得税收利益。纳税义务履行的滞后性决定了企业可以对自身应纳税经济行为进行事先的预见性安排，即利用税收优惠的规定、纳税时点的掌握、申报方式的配合及收入和支出控制等途径，比较不同经济行为下的税负轻重，做出相应选择。

3. 被动判定性

税收征缴的权力掌握在税务机关手中。即使纳税计划做得比较完善，但最后纳税计划方案是否符合法律规定，能否成功，能否给企业集团带来税收上的利益，很大程度上取决于税务机关对纳税人税收计划方案的判定。如果纳税人所选择的方案并不符合税法立法精神，如有一些"打擦边球"的做法，税务机关可能会视其为避税，甚至偷税、漏税，那么纳税人将遭受重大损失。

（三）企业集团纳税计划的基本理念

1. 纳税计划的宗旨是取得最大的税后利益

纳税计划的宗旨不是追求纳税数额的减少，而是取得最大的税后利益。片面地追求纳税数额的减少，必然给企业集团带来极大的负面效应：①纳税计划的直接效益抵减不了相关的直接费用，导致收不抵支，得不偿失；②尽管纳税计划本身取得了一定的财务利益，但利益低于与之相关的计划成本；③即使纳税计划取得了暂时的财务利益，但如果因此扰乱了企业集团内在的经营秩序，就会给未来财务效益的增长带来巨大的潜在风险。

2. 纳税计划不能以利用法律的纰漏为着眼点

税法同其他法律一样，也存在不完善的地方，党的二十大报告也指出要优化税制结构。企业集团的纳税计划不能以利用法律的纰漏为着眼点，更不能以偷逃税款为目的，企业集团应当树立守法意识，将税收的杠杆作用引入经营管理，以实现集团组织结构的优化调整、筹资与投资活动的合理规划及收益、成本、风险的最佳匹配。

3. 维护税法的权威性

对于企业发生的生产经营等应税行为，当税法和会计法规的要求不同时，应以税法为准。如果企业集团不按税法规定缴税，那么无论是少缴税还是多缴税，都不利于维护税法的公正性与严肃性。

4. 纳税数额与企业集团价值存在联动关系

企业集团纳税数额越多意味着其对社会的贡献越大，自身存在的社会价值越高，也意味着其经营成功，在既定的税率下取得的税后利益也就越多。对于已实现的应税收益，企业集团应首先考虑如何保障税款的缴纳。一个企业集团如果连税款的缴纳都存在问题，那么它是很难发展壮大的。

5. 纳税计划与生产经营管理活动的协同性

纳税计划是企业集团计划管理的重要部分，企业集团的生产、经营、投资等计划为纳税计划提供了内容。纳税计划应与生产经营管理活动一同进行，甚至应早于生产经营管理活动。企业集团应根据政府的税收政策导向，利用税法赋予的税收优惠或选择机会，通过对生产经营、投资理财活动进行事先安排，尽可能地降低税负。

6. 纳税计划作用于应税行为或收益实现的过程

应税行为一旦完成，或收益一旦确定，纳税计划便不再具有指导作用，企业集团必须严格按实际发生的应税行为或收益，依据税法履行纳税义务。

二、实施纳税计划的原因

(一) 纳税人定义上的可变通性

对于每个税种，税法都对该税种的纳税人进行了界定。这种界定在理论上包括的对象和在实际上包括的对象存在一定的差别，产生这种差别的原因在于纳税人定义上的可变通性。正是这种可变通性诱发了纳税人的纳税计划行为。特定的纳税人要缴纳特定的税，如果某个纳税人能够说明自己不属于该税种的纳税人，并且理由合理、充分，那么他自然就不用承担这种税负。这种可变通性一般有三种情况：一是纳税人确实转变了经营内容，过去是某税种的纳税人，现在成了另一税种的纳税人；二是内容与形式脱离，纳税人通过某种非法手段使自己在形式上不属于某税种的纳税人，而实际上并非如此；三是纳税人通过合法手段转变了内容和形式，从而使自己无须承担该种税负。

（二）计税依据的可调整性

税额计算的关键在于两个因素：一是计税依据；二是适用税率。由于在既定税率前提下，计税依据金额越小，税额就越小，纳税人税负就越轻。为此，纳税人可尽量调整计税依据，使税基变小。例如，增值税一般纳税人采取折扣方式销售，若销售额和折扣额是在同一张销售发票上分别注明的，则计算增值税时可按折扣后的余额作为销售额计税；若销售额和折扣额分开在两张不同的销售发票上，则折扣额就不能从销售额中扣减。

（三）税率上的差别

不同税种有不同的税率，同一税种中不同税目也可能有不同的税率，这种广泛存在的差别性，为纳税人进行纳税计划提供了良好的客观条件。增值税一般纳税人适用的税率因生产货物的种类不同而不同，如纳税人销售交通运输、邮政、基础电信、建筑、不动产租赁服务的为11%，纳税人销售服务和无形资产的为6%。

（四）起征点的诱惑力

起征点是指对征税对象开始征税的数额，征税对象数额低于起征点可以免征税，而当征税对象数额超过起征点时，应全额征收。因此，纳税人在可能的条件下，总想将自己的计税依据控制在起征点以下。

（五）各种减免规定

税法一般会有例外的减免规定，以便在一定的时期内扶持特殊的纳税人。这些规定会吸引纳税人努力创造条件使自己符合减免规定。比如，高科技创新产品可以享受税收减免的规定，这就会促使纳税人想办法证明自己的产品具有某种高科技创新产品的特点，以便享受优惠。

（六）避免国际双重征税方法上的差别

所谓国际双重征税，是指两个或两个以上的国家，在同一时期内，对参与经济活动的同一纳税人或不同纳税人的同一征税对象或税源，征收相同或类似的税收，它一般可分为法律意义上的国际双重征税和经济意义上的国际双重征税。各国使用的避免国际双重征税的方法不同，较为普遍的是抵免法和豁免法，而使用豁免法时，就可能产生国际纳税计划的问题。

三、企业集团纳税计划的技术手段

由于企业集团下属企业较多且常跨地区运营，经营范围广，涉及的税种较多，很难有一个固定的纳税计划模式可循。一般来说，企业集团可综合运用以下技术手段来进行纳税计划。

（一）免税技术手段

免税技术手段是指在合法和合理的情况下，使纳税人成为免税人，或使纳税人从事免税活动，或使征税对象成为免征对象的纳税计划技术手段。我国企业所得税法规定，企业和其他取得收入的组织为企业所得税的纳税人，国家需要重点扶持的高新技术企业，减按15%的税率征收企业所得税。因此，企业集团将其所辖的高新技术企业在高新技术产业开发区进行企业注册登记，就可获得免税待遇。

（二）减税技术手段

减税是指国家对特定的地区、行业、企业、项目或情况（纳税人或纳税人的特定应税项目，或由于纳税人的特殊情况）给予纳税人减征部分税收的照顾或奖励措施。减税技术手段是指在合法和合理的情况下，使纳税人减少应纳税额而直接节税的纳税计划技术手段。与全额缴税相比，减税越多，节税的效果就越好。

（三）税率差异技术手段

税率差异是指性质相同或相似的税种适用税率的不同。比如，对于某个税种，国家对不同组织形式的纳税人，可能规定不同的税率。

税率差异技术手段是指在合法和合理的情况下，利用税率差异直接节税的纳税计划技术手段。与按高税率缴纳税金相比，按低税率少缴纳的税金就是节税成果。因为税率差异是普遍存在的情况，只要不是出于恶意避税的目的，而是出于真正的商业理由，在市场经济条件下，企业集团完全可以根据国家有关法律和政策决定自己的组织形式、投资规模和投资方向等，利用税率差异少缴纳税金。

（四）分割技术手段

分割是指把一个自然人（法人）的应税所得或应税财产分成多个自然人（法人）的应税所得或应税财产。

分割技术手段是指在合法和合理的情况下，使应税所得、应税财产在两个或更多个纳税人之间进行分割，以减小计税基数、降低适用税率的纳税计划技术手段。企业集团可通过集团的整体调控、战略发展和投资延伸，以及主营业务的分割和转移，实现税负在集团内各纳税企业之间的平衡和协调，进而降低企业集团的整体税负。

（五）扣除技术手段

扣除原意是从原数额中减去一部分。税收中，狭义的扣除是指从计税金额中减去一部分以求出应税金额；广义的扣除还包括从应纳税额中减去一部分，即"税额扣除""税额抵扣""税收抵免"。扣除技术手段中的扣除是狭义的扣除，即从计税金额中减去各种扣除项目金额以求出应税金额，扣除项目包括各种扣除额、宽免额、冲抵额等。扣除与特定适用范围的免税、减税不同，扣除规定适用于所有纳税人。

（六）抵免技术手段

抵免技术手段是指在合法和合理的情况下，使税收抵免额增加，从而实现绝对节税的纳税计划技术手段。税收抵免的原意是纳税人在汇算清缴时可以用其贷方已纳税额冲减借方应纳税额。同时采用源泉征收法和申报查定法两种税收征收方法的国家，在汇算清缴时都有税收抵免规定，以避免双重征税。目前，世界各国的税收抵免规定不仅可以防止双重征税，还可作为税收筹划或激励的手段，也可作为个人所得税基本扣除的方式。

（七）延期纳税技术手段

延期纳税技术手段是指在合法和合理的情况下，使纳税人延期缴纳税金，从而实现相对节税的纳税计划技术手段。纳税人延期缴纳本期税收，并不能减少纳税人纳税的绝对总额，但能使纳税人在本期有更多的资金扩大流动资本，增加纳税人本期的现金流量。狭义的延期纳税专门指纳税人按照国家有关延期纳税规定进行延期纳税；广义的延期纳税还包括纳税人按照国家其他规定达到延期纳税目的的纳税安排，如按照折旧制度、商品存货制度等规定来达到延期纳税目的的纳税安排。各国制定延期纳税规定主要有以下原因：一是避免先征后退税，节约征税成本；二是防止纳税人税负畸轻畸重；三是鼓励和促进投资。

（八）退税技术手段

退税是指税务机关按规定对纳税人已纳税款进行退还。税务机关对纳税人的退税主要包括：税务机关误征或多征的税款，如税务机关不应征收或多征收的税款；纳税人多缴纳的税款，如纳税人扣缴的预提税或分期预缴的税款超过纳税人应纳税额的税款；零税率商品的已纳国内流转税款；符合国家退税奖励条件的已纳税款。退税技术手段涉及的退税主要是让税务机关退还纳税人符合国家退税奖励条件的已纳税款。

四、企业集团纳税计划的组织与协调

纳税计划工作是财务管理的重要内容，它既从属于企业集团财务管理的整体目标，又受制于税收和生产经营计划的要求；既要体现企业集团控股股东的财务意愿，又要考虑中小股东财务要求；既要符合企业集团股东的财务意志，又依赖于企业集团及其所属企业的管理当局。由于企业集团管理的多层性、生产经营的多元性和地域的广泛性，企业集团应建立高效的纳税计划管理机制。

1. 建立纳税计划管理机构

在企业集团财务部内设置税收协调管理部门（处或科），专司纳税计划工作，在所属企业财务机构内指定专职或兼职税务工作人员。

2. 健全纳税计划工作机制

企业集团税收协调管理部门负责整个企业集团的纳税计划管理工作，负责制定纳税管理制度和流程，编制纳税预算，办理纳税事务，组织税收法规的学习，做好与税务机关的协调工作，负责集团内的纳税鉴定。

3. 协调纳税计划管理与其他管理的关系

在企业集团内各项生产、经营预算（计划）和财务预算（计划）获正式批准前，企业集团税收协调管理部门必须先提出相应的纳税预算（计划）方案，供决策部门参考。

4. 建立并严格实施纳税奖惩制度

建立企业集团的纳税奖惩制度。因企业集团税收协调管理部门工作失误造成的纳税损失，由税收协调管理部门工作人员承担相应惩罚；因企业各级管理当局的决策失误或执行失误造成的纳税损失，由相应管理当局承担相应惩罚。

第二节　股利政策一般理论

一、股利政策的相关概念

(一) 股利

股利是指企业的股东依据所持股份从企业所取得的利润。股利按不同的标准，可以分为不同的类型。

1. 股息和红利

根据股东身份不同及其获得股利的依据、标准和数额大小不同，股利可以分为股息和红利。股息是指优先股股东依照事先约定的比率和股份数定期从企业获得的固定收益；红利则是指普通股股东在分派股息和计提任意盈余公积金之后还有剩余的情况下，从企业获得的不定期、不定数额的收益。股息和红利都是股东投资的收益，统称股利。

2. 实际收益式股利、股权式股利和负债式股利

按分配方式，可以分为实际收益式股利、股权式股利和负债式股利。

(1) 实际收益式股利

实际收益式股利是指将企业的资产分配给股东，作为股东的投资回报。它又有两种主要形式：①现金股利，即以现金形式发放的股利，通常称为"红利"，发放现金股利称为派现或分红；②财产股利，即将现金以外的其他资产，如企业的产品、有价证券等发放给股东作为其股利收入。

(2) 股权式股利

股权式股利是指以企业的股权份额作为股利。股权式股利的基本形式是股票股利（我国通常称其为"红股"，发放股票股利称为送股或送红股），即将本企业的股票分配给股东作为股利。股票股利虽然增加了股东持有的股票数量，但送股后企业股票的每股权益也相应下降，因而它实际上并不影响企业的股东权益总额，只是股东权益结构发生了变化，即未分配利润或盈余公积金转成了股本，股东也并未取得任何资产，只是在原有的权益份额上增加了几张证明其权利的凭证而已。

(3) 负债式股利

负债式股利是指企业以负债形式发放的股利，企业通常是将企业的应付票据支付给股东，特殊情况下也有通过发行债券抵付股利的。

有学者将股票回购也作为股利的一种。股票回购是指企业直接从股东手中赎回自己已经发行的股票。

另外，需要注意的是股票拆细与股票股利极为相似，股票拆细是指将一张面值较大的股票换成几张面值较小的股票。股票拆细纯粹是提高股票市场性的一种技术性处理方法，它既不能增加股东权益总额，也不能改变股东权益结构。

(二) 股利政策

企业的税后利润主要有两个用途，一是作为股利发放给股东，二是留在企业进行再投

资。股利政策是以企业发展为目标，以股价稳定为核心，在平衡企业内外部相关集团利益的基础上，对于净利润在提取了各种公积金后如何进行分配而采取的基本态度和方针政策。股利政策的内容主要包括五个方面：①股利支付率的高低政策；②股利支付形式的选择；③股利支付率增长政策；④股利发放策略的选择；⑤股利发放程序的策划。

(三) 与股利政策有关的几个指标

1. 股利支付率

股利支付率是普通股每股股利与每股净利润之比，股利支付率反映了企业现金股利占其净利润总额的百分比，即企业将从净利润中拿出多少来作为股利分配给投资者，也可以反映出企业将多少净利润留在企业进行再投资。

2. 每股股利

每股股利是当年发放的股利总额与年末普通股股份总数之比，反映了平均每股普通股发放多少股利。

3. 股利收益率

股利收益率是每股股利与每股市价之比，股利收益率反映了股东以现金股利形式得到的投资回报的高低，提供了一种衡量股票全部收益中股利和股价增值构成比例的方法，可作为衡量风险，进行股票投资的一个指标。

二、传统股利政策理论

传统股利政策理论，主要是从股利与股价的关系的角度进行研究，比较有代表性的观点有以下几个。

(一) "一鸟在手"理论

"一鸟在手"理论可以说是流行最广泛、最持久的股利政策理论之一。其初期表现为股利重要论，后经发展成为"一鸟在手"理论。

"一鸟在手"理论认为，由于股价波动较大，在投资者眼里股利收益要比由留存收益再投资带来的资本利得更为可靠，且投资者一般为风险厌恶型，即宁可现在收到较少的股利，也不愿承担较大的风险等到将来收到金额较多的资本利得，因此，投资者将偏好股利而非资本利得。在这种理论思想影响下，如果企业提高其股利支付率，就会减少投资者的风险，投资者可以要求较低的必要报酬率，公司股价上升；如果企业降低其股利支付率或延期支付股利，就会增加投资者的风险，投资者必然要求较高的必要报酬率，以作为负担额外风险的补偿，从而导致企业股价下降。

"一鸟在手"理论得出股价与股利支付率成正比，权益资本成本与股利支付率成反比两个结论。根据"一鸟在手"理论，企业在制定股利政策时只有采取高股利支付率政策，才能使企业价值最大化。"一鸟在手"理论虽然流行时间最长，也广泛地被实际工作者所采纳，但它很难解释投资者在收到现金股利后又购买企业新发行的普通股的现象，它实际上混淆了投资决策和股利决策对股价的影响。

股东（投资者）的总财富包括其获得的股利和股价增值，如果一家企业增加股利的发放，而投资决策仍保持不变，那么在股利上获益的投资者就会发现，其在股价增值上损失了以现值表示的与增发的股利相同的数量。从长远来看，企业带给投资者的现金流的风险最终是由企业的经营现金流量风险所决定的，而不是股利政策。

（二）MM 理论

MM 理论又称股利无关论，它是由米勒和莫迪利亚尼两位教授于 1958 年提出的。该理论认为，在严格的假设条件下，股利政策不会对企业的价值或股价产生任何影响。因此，单就股利政策而言，既无所谓最佳，也无所谓最差，它与企业价值不相关。一家企业的股价完全由其投资决策所决定的获利能力影响，而非决定于企业的股利政策。

1. MM 理论的假设条件

（1）完全资本市场假设

在资本市场上任何投资者都无法强大到足以通过其自身交易影响、操纵证券价格；投资者可以平等地免费获取影响股价的任何信息；证券的发行、买卖不存在发行成本、经纪人佣金及其他交易费用；资本利得和股利收入之间不存在税率差异。

（2）理性行为假设

每个投资者都是个人财富最大化的追求者，对投资者来说，增加的财富是现金形式还是表现为所持股票资本的增值并不重要，即实质重于形式。

（3）充分肯定假设

投资者对未来投资机会和利润完全有把握，对企业的未来发展充满了信心。

在这样一组假设条件下，MM 理论认为通过套利行为可以使"在整个资本市场的任何一个时段，任何一种股票的投资报酬率都相同"。

2. MM 理论的结论

MM 理论有以下两个结论。

①企业的股价与其股利政策无关，即股利政策不影响股价。

②企业的权益资本成本与股利政策无关。

3. MM 理论对股利政策的影响

根据 MM 理论，股利支付是可有可无的，对企业及股东没有实质性影响。因此，企业无须花费大量的时间去思考对股东无所谓的问题——股利政策。

4. MM 理论存在的问题

MM 理论成功地利用数学模型，揭示了股利政策与股票价值的关系。但其理论的前提条件过于脱离现实，以致其结论与现实情况不相符。MM 理论主要存在以下问题。

（1）不确定性

MM 理论是建立在未来具有确定性的前提下的，它认为即使出现不确定性，只要在推定理性和对称市场理性情况下，股利政策就与股票的市场价格无关。但 MM 理论又对不确定性的存在颇感担心，只是含糊地说不确定性主要是因为投资大众的对称不理性行为。

（2）无发行成本和交易成本

MM 理论假设新增投资所需资金可以无代价地从外部取得，资本利得可以转化为等额的现金股利。如果股利水平低于投资者所期望的水平，投资者可以出售部分股票以获取期望的现金收入；如果股利水平高于投资者所期望的水平，投资者可以用股利收入购买一些该企业的股票。但这只有在无发行成本和交易成本的情况下才可能发生，因为在现实世界中，市场交易是相当昂贵的。

(3) 税收差异

MM理论是建立在股利收入和资本利得适用的税率无差异的前提下的，而事实上资本利得适用的税率远低于股利收入，因此投资者更喜欢资本利得。

(4) 投资决策的相关性

MM理论假设投资决策独立于融资决策，只要投资项目的内含报酬率大于资本成本，理性的企业就会进行投资。然而实际上，企业的投资决策往往会受到许多制约，这就使得投资决策与股利决策相关。例如，如果某企业面临着许多有高回报的投资机会却无法从外部融通资金，那么减少股利分配是使股东权益最大化的好方法。

(5) 信息对称性

MM理论假设企业管理层与投资者之间的信息是对称的，但实际上二者之间不可避免地存在着信息不对称。

(三) 税差理论

在很多国家，股东以股票所有权获得的股利收入与将股票出售获得的资本利得适用的税率是不一样的，通常股利收入适用的个人所得税税率要高于资本利得税的税率。企业将税后利润以股利的形式发给股东或留存下来增加股票的价值（股东通过出售可获取资本利得），对股东而言，其实际价值是不一样的。例如，如果资本利得税税率为20%，某投资者个人所得税税率为30%，企业每股留存1元利润产生资本利得，投资者在出售股票并缴纳资本利得税后，每股实际收到现金0.8元（1-1×20%）；如果企业决定支付现金股利，则投资者每股收到现金0.7元[1×(1-30%)]。这说明，在税率存在差异的情况下，1元资本利得比1元现金股利具有更高价值，过高的股利将导致股价下跌，而低股利反而造成股价上涨。在企业存在税后利润的情况下，企业可通过减少股利来增加股票价值，当股利为零时，股票价值最大。

税差理论的前提条件是资本利得的税率低于股利收入的税率，投资者可以通过延迟实现资本利得而延迟缴纳资本利得税。税差理论得出两个结论：一是股价与股利支付率成反比；二是权益资本成本与股利支付率成正比。

根据税差理论，企业在制定股利政策时只有采取低股利支付率政策，才能使企业价值最大化。税差理论成立的前提是存在税率差异。对于个人投资者来说，税率差异是存在的，但有些国家给予某些机构投资者（如退休和养老基金）不用对股利也不用对资本利得纳税的优惠，所以这些机构投资者更希望获得现金股利。

三、现代股利政策理论的演变

就在人们多从股利与股价的关系的角度研究股利政策时，也有人另辟路径，从股利为什么会引起股价变动的角度，继续研究股利政策。这些研究，虽起步于20世纪60—70年代，但系统化是在20世纪80年代之后，故被称为现代股利政策理论，代表性的观点主要有以下几个。

（一）追随者效应

追随者效应（顾客效应）应该说是对税差理论的进一步发展，也可以说是广义的税差理论。该理论从股东的边际所得税率出发，认为每个投资者所处的税率等级不同，有的边际税率等级高，如富有的投资者，而有的边际税率等级低，如养老基金，这会导致他们对待股利的态度不一样，前者偏好低股利支付率或不支付股利的股票，后者则喜欢高股利支付率的股票。据此，企业会相应调整其股利政策，使股利政策符合股东的愿望。当市场达到均衡时，高股利支付率的股票将吸引一类追随者，由处于低边际税率等级的投资者持有；低股利支付率的股票将吸引另一类追随者，由处于高边际税率等级的投资者持有。这种投资者追随满足各自偏好的股利政策的企业的现象，就是"追随者效应"。根据该理论的观点，企业的股利政策不可能满足所有股东对股利的要求，企业股利政策发生变化时，只能吸引喜爱这一股利政策变化的投资者前来购买企业的股票，而另一些不喜爱新的股利政策的投资者则会卖出股票。因此，当市场上喜爱高股利支付率的投资者的比例高于发放高股利的企业的比例时，则发放高股利的企业的股票处于短缺状况，按照供求理论，该类企业的股价会上涨，直到二者的比例相等，市场会达到一个动态平衡。一旦市场处于平衡状态，则没有一家企业能够通过改变股利政策来影响股价。这实际上是从另一个角度证明了 MM 理论。

首先提出追随者效应概念的是米勒和莫迪利亚尼。1974 年，布莱克和斯科尔斯指出，投资者根据某种潜在标准权衡收到股利的成本效益后，一些投资者会偏好高股利，而另一些则希望获得低股利。两位学者据此将投资者归纳为三种类型的追随者群体：①股利偏好型；②股利厌恶型；③股利中性型。每种股票都会吸引一批偏好其股利政策的投资者。1977 年，佩蒂特对 914 位投资者的资产组合进行分析后，测试了 1964—1970 年的股利政策的追随者效应，实证结果表明股利追随者效应确实存在。

（二）信号假说

信号假说又称股利信息内涵假说，它几乎是与追随者效应同时发展起来的。该假说从放松企业外部投资者和企业管理当局拥有系统信息的假定出发，认为企业管理当局与企业外部投资者之间存在着信息不对称，企业管理当局拥有更多的有关企业前景方面的内部信息，股利是企业管理当局向外界传递其掌握的内部信息的一种手段。

有学者指出，信息不对称会衍生出两类代理人问题：逆向选择和道德风险。逆向选择是指交易双方签约时，代理人利用签约之前的信息不对称，选择不利于委托人的利己行为；道德风险是指签约后，代理人可能会采取不利于委托人的利己行为。西方学者的研究大多集中于解决或缓解这两类代理人问题，如信号假说学派就主要研究如何解决逆向选择问题。

信号假说理论认为企业管理当局与企业外部投资者之间存在着信息不对称，企业管理当局拥有更多有关企业未来现金流量、投资机会和盈利前景等的私有信息。企业管理当局通常会通过适当的方法向市场传递有关信号，向外部投资者表明企业的真实价值，以此来影响他们的决策。例如，当企业管理当局预计到企业的发展前景良好，未来业绩将有大幅增长时，就会通过增加股利的方式将这一信息及时告诉股东和潜在的投资者；相反，如果预计到企业的发展前景不太好，未来盈利将持续不理想时，那么他们往往会维持甚至降低现有股利水平，这等于向股东和潜在投资者发出了利淡信号。因此，股利能够传递有关企业未来盈利能力的信息，从而对股价产生一定影响。当企业支付的股利水平上升时，企业的股价会上升；当企业支付的股利水平下降时，企业的股价也会下降。外部投资者理性地接受和分析企业管理当局的这种行为，在对企业发行的证券进行估价时，他们往往通过企业采取的融资政策、股利政策和投资政策所传递出的信号进行猜测，然后根据他们的猜测按照市场完全竞争的思维估计和支付合理的价格。如果存在信号均衡，外部投资者就能在资本市场依据内幕人发出的信号进行竞争并支付合理价格，外部投资者也就可以通过对内幕人发出的信号的观察来消除信息不对称现象。与之相适应，企业管理当局根据由此产生的市场价格变化来选择新的财务政策以达到个人收益最大化。

股利政策作为一种信息传递机制，其功能的实现须以会计信息尤其是股利分派信息的真实为前提。为此，①企业要发送真实的信息，即使其对企业的形象可能是不利的；②成功企业的信号不能被欠成功的企业轻而易举地模仿；③企业发送的信号必须与可观察事件具有相关性（如较高的股利支付率伴随着未来更多的现金净流入量）；④不存在传递同样信号但成本更低的方法。根据西方学者的研究，在信息不对称条件下，企业管理当局用于向外界传递其掌握的内幕信息的常见信号发射模式有三种：一是利润宣告；二是股利宣告；三是融资宣告。企业利润可以通过会计处理来操纵，故利润宣告较为不可信，而股利宣告是较其他形式宣告更好的一种信号发射模式。

信号假说研究虽取得了突破性进展，但也并非完美，其与实证的结果也不一致。总的来说，它存在以下几个缺陷。

①市场对股利增加做正面反应，对股利减少做负面反应，对于这种现象不仅信号假说可以解释，其他理论，如代理成本理论，也可以解释。

②信号假说很难对不同行业、不同国家的企业的股利的判别进行有效的解释和预测。比如，为什么美国、英国、加拿大的企业发放的股利比日本、德国的企业高，却并没有表现出更强的盈利能力呢？

③信号假说解释不了为什么企业不采用其他效果相当但成本更低的手段传递信息。

④在市场变得越来越有效，信息手段大大增加的同时，支付股利为什么被作为恒定的信号手段？

⑤在高速成长的行业，企业的股利支付率一般都很低，这些企业业绩和成长性是有目共睹的，而信号假说却会做出相反的解释和预测。

（三）代理成本说

MM 理论中有一个重要假设：企业经营者的利益与股东的利益完全一致，经营者致力于股东财富最大化。这就意味着经营者视企业为己有，由内部人控制的企业与股权分散型企业的价值是一样的。这一假设成立的先决条件是：①低市场价值容易导致企业被兼并或收购；②完全竞争的经理市场使投资者比较容易换下不称职的经营者。也就是说，如果经营者不努力使股东财富最大化，新的投资者就会通过购买企业股票而控制企业，然后更换经营者；或者现在的股东寻找能更好地为股东利益服务的经营者来替换原有的经营者。如果这两种市场机制都能完美运作并且没有任何费用，经营者与股东之间就不会存在利益冲突。然而，实际上这是不可能的。代理成本说就是在放松MM理论这一假设的基础上发展起来的。

现代企业的一个重要特征是两权分离。所有者（委托人）将其财产委托给经营者（代理人）经营，于是产生了委托-代理关系，进而产生了代理成本。代理成本是所有者自己经营企业所能达到的收益和所有者雇用经营者经营自己的企业所能达到的收益之间的差额。代理成本是委托人的监督成本、代理人的约束成本和剩余损失之和。代理成本说认为，股利的支付能够有效地降低代理成本。一方面，股利的支付减少了经营者对自由现金流量的支配权，使其失去可用于谋取自身利益的资金来源，促进了资金的最佳配置；另一方面，大额股利的发放，使得企业内部所需资金由留存收益供给的可能性降低，为了满足新投资的资金需求，企业必须向外部寻求负债融资或权益融资。而进入资本市场进行融资意味着企业将接受更多的、更严格的监督和检查。

首先将代理成本说应用于股利政策研究的是约瑟夫。他认为，股利的支付一方面能降低代理成本，另一方面会增加交易成本。企业股利支付率的确定方法是在这两种成本之间进行权衡，使总成本（股利支付的成本）最小，如图6-1所示。

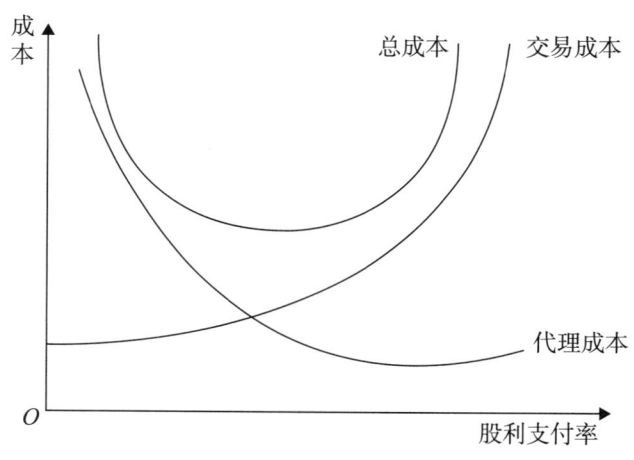

图6-1 股利支付的成本

此外，约瑟夫认为经营杠杆和财务杠杆也是决定股利政策的重要因素。在其他条件相同的情况下，如果企业经营杠杆和财务杠杆相对较高，企业对外部资金的依赖性就较强。例如，甲公司和乙公司支付股利前用于再投资的总资金在三年内都相等，但它们的杠杆不同。其中甲公司杠杆较低，每年产生的现金流量均为50万元；乙公司杠杆较高，第一、二、三年产生的现金流量分别是-30万元、130万元和50万元。于是，乙公司在第一年不得不向外融资，从而发生融资成本。无论甲公司的股利支付率如何，乙公司都会采取低股利支付率政策，以减少对外部资金的依赖。

（四）行为学派的观点

股利政策理论中的行为学派严格来说不是一个学派，只是汇集了一些学者从行为学角度对股利政策的观点和看法。行为学派的代表性观点有理性预期理论、自我控制说和后悔厌恶理论等。

理性预期理论认为，市场对管理层行为做出何种反应，不仅取决于行为本身，还取决于投资者对管理层决策的未来绩效的预期。在临近管理层宣布下期股利之时，投资者通常会根据对企业内部若干因素（如以前的股利、当前及预期利润），以及外界宏观经济环境、行业景气程度、政府政策可能的变化等其他因素的分析，对股利支付水平和支付方式做出种种预测。当股利政策真正宣布时，投资者会将其与自己的预期进行比较。如果两者相同，即使宣布的股利比前些年增加了，股价也不会变化；如果宣布的股利高于或低于预期水平，投资者就会重新估计企业及其股票价值，审查预料之外的股利政策的含义，他们可能会把预料之外的股利政策作为预测企业未来收益变动的线索。也就是说，预料之外的股利政策包含企业盈利和其他方面的信息。总之，如果企业宣布的股利政策与投资者预期的股利政策存在差异，股价很可能会发生变化。

自我控制说和后悔厌恶理论都是以行为理论为前提，从行为学角度来解释人们为什么偏好现金股利的。自我控制说认为，人类的行为不可能是完全理性的，有些事情即使明知道会带来不利后果，人们还是不能控制自我，如吸烟、酒后驾车等。大多数人一方面对未来有长期规划目标，另一方面又有着实现当前需要的渴求。这种内在冲突要求他们通过自我控制对当前的短期行为进行自我否定，以符合长期发展的需要。实现自我控制的一种方法是运用自身坚强的意志力，修正当前行为动机，达到自我否定，但是人们在现实生活中似乎缺乏这种必要的意志力，于是往往求助于一种外在的规则来避免因被某种短期行为诱惑而屈服。对投资者来说，将预备用于未来之需的资金拿来购买股票，如果规定只能用收到的股利而非动用资本来提供当前消费支出所需货币量，对于缺乏自我否定能力的人来说，这种规则就大大降低了对应有意志力程度的要求，从而减少了因意志薄弱而带来的损失。经常出售小额股票的不便利和相对较高的交易费用，在一定程度上能阻止原始资本的变现，限制投资者当前消费所能动用的资金，股利政策实际上为他们提供了一种外在的约束机制。

后悔厌恶理论的中心内容是，在不确定条件下，投资者在做出决策时会把现时情形和他们过去遇到过的曾做出不同选择的情形进行对比，如果他们认识到不同的选择会使他们处于更好的境地，他们就会感到后悔；相反，如果他们从现时选择中得到了最好的结果，他们就会有一种欣喜的感觉。后悔厌恶理论的核心是以下三个定理。

定理1：胁迫情形下采取行动所引起的后悔比非胁迫情形下引起的后悔要轻微。

定理2：没有采取行动引起的后悔比采取了错误的行动引起的后悔要轻微。

定理3：个体需对行动的最终结果承担责任情形下引起的后悔比无须承担责任情形下引起的后悔要强烈。有利的结果会使责任者感到骄傲，不利的结果会使责任者感到后悔。如果后悔比骄傲多，责任者会尽量避免采取这一行动。

追随者效应、信号假说、代理成本说和行为学派的观点，一方面从放松MM理论的假设条件着手，另一方面引进了相关学科的研究成果，改变了传统理论的思维方式和分析方法，极大地拓展了财务管理专家的研究视野，使有关股利政策理论的研究在"量"和"质"上均产生了飞跃。

四、影响股利政策的因素

公司在进行股利政策决策时，需要考虑并权衡以下因素的影响。

（一）法律规定

各国法律一般并不要求公司一定要分派股利，只是对某些情况下公司不能发放股利做了限制。影响股利政策的法律主要是公司法和证券法。

1. 防止资本侵蚀的规定

防止资本侵蚀的规定，要求公司股利的发放不能侵蚀资本，即不能因支付股利而引起公司资本减少。至于"资本"，是指公司普通股的面值还是指公司普通股面值与超面值缴入资本之和，应视具体法律而定。这一规定的理性目的，在于保证公司有完整的产权基础，由此保护债权人的利益。任何导致资本减少（侵蚀）的股利发放都是非法的，董事会应对此负责。

2. 留存盈利的规定

留存盈利的规定与防止资本侵蚀的规定类似。它规定公司股利只能从当期利润和过去累积的留存盈利中支付。也就是说，公司股利的支付不能超过当期利润与过去的留存盈利之和。但它并不限制公司当期股利支付额大于当期利润的情况。例如，某公司当期归属于普通股股东的利润为 80 000 元，过去累积下来的留存盈利为 200 000 元，则该公司股利的支付额最多可为 280 000 元。这一规定要求公司确有盈利时才能支付股利，绝不允许投入资本以股利的形式发还给股东，以免损害债权人的权益。

3. 无力偿付债务的规定

无力偿付债务有两层含义：第一层是公司由于经营管理不善，出现大量亏损，致使负债超过资产，即资不抵债；第二层是尽管公司没有形成大量亏损，没有资不抵债，但由于公司资产的流动性差，公司已陷入财务困境，无力偿付到期债务。无力偿付债务的规定要求，如果公司已经无力偿付到期债务或因支付股利而使其失去偿还能力，则公司不能支付现金股利，此种情况下支付股利属于违法行为。

4. 现金积累的限制

有些国家的法律禁止公司过度地保留利润，若一家公司保留的利润大大超过了公司目前及未来投资的需要，则可看作是过度保留，要受到法律的限制。这一规定的目的是避免公司为了逃税而过度保留利润。由于资本利得与股利收入适用的税率不一致，公司通过保留利润来提高股价，可使股东避税。

我国目前有关的法律法规中没有关于现金积累的限制，主要体现的是前三条规定。

（二）契约性限制

一般来说，提高股利发放水平，会使公司的破产风险加大，这样就会损害到债权人的利益。因此，为了使债权人的利益不受损害，债权人通常会在公司借款合同、债券契约、优先股协议，以及租赁合约中加入关于股利政策的条款，以限制公司股利的发放。这些限制条款主要表现为：规定除非公司的盈利达到某一水平，否则公司不得发放现金股利；或将股利发放额限制在某一盈利额或盈利百分比以内；或规定如果营运资本低于一定的数额，不得发放股利。确立这些契约性限制条款，限制公司发放股利的目的在于促使公司将利润的一部分按有关条款要求的某种形式（如偿债基金准备）进行再投资，以便增强公司的经济实力，从而保障债务本息的如期偿还，维护债权人的利益。当存在契约性限制时，公司的股利政策必然会受其影响。有时，公司管理当局也愿意采取这种限制，因为这样可以不向股东详细解释保留利润的利弊，只需指出有关合同条款中有此限制即可。

（三）公司内部的有关限制

公司资金的灵活周转，是公司生产经营得以正常进行的必要条件。因此，公司正常的经营活动对现金的需求便成为影响股利政策最重要的因素之一。这一因素对股利政策的影响程度取决于公司的变现能力、筹资需求、筹资能力、盈利的稳定性、股权控制要求，以及公司股本规模、所处行业等因素。

1. 变现能力

公司资金的灵活周转是公司生产经营得以正常进行的必要条件，公司现金股利的分配自然也应以不损害公司经营上的流动性为前提。如果一家公司的资产有较强的变现能力，现金较充裕，那么它的股利支付能力就比较强。但在现实经济生活中，有些公司尽管账面上有较多的当期利润或以前积累的利润，却因理财不善，导致资产的变现能力较差，在这种情况下，公司如果还要强行支付现金股利，显然是不明智的。由此可见，公司的现金股利的支付能力，在很大程度上受其资产变现能力的限制。

2. 筹资需求

公司的筹资需求往往与其投资需求直接相关。公司的股利政策应在其未来的投资需求基础上加以确定。如果一家公司有较多的投资机会，那么，它往往乐于采用低股利支付率、高盈利再投资比率的政策。尤其对发展中公司而言，它们往往处于资金紧缺状态，资金需要量大且紧迫，将较大比例的盈利留存下来用于公司再投资，不但可以满足公司资金的需求，而且其成本远低于发行新股票筹资的成本。另外，这样有助于将来扩大公司的权益基础，有助于改善公司的资本结构，进一步提高公司的潜在筹资能力。相反，如果一家公司的投资机会较少，那么它就可能倾向于采用较低的盈利再投资比率和较高的股利支付率。这是因为，在这种情况下，一方面股东单独将收到的现金股利进行再投资可以获得比公司再投资更高的报酬率；另一方面，公司并不急需资金。由此可见，公司对资金的需求程度是决定公司盈利是用于股利发放还是留存的重要因素之一。但对一些发展中公司而言，其在确定公司股利政策时往往会遇到这样一个矛盾：一方面，公司正在发展，有许多有利可图的投资机会需要资金投入，公司希望在未来的较长时期内获得更多的利润，以实现股东财富最大化；另一方面，公司股东可能因害怕承担风险而希望现时多发放现金股利，少留存盈利。这就要求公司在二者之间进行权衡，以便做出正确的选择。只有当公司确信并能够使股东明白，公司确有盈利高的投资项目，将更多的盈利留存下来用于这些项目的投资，能比股东单独将其现金股利投资于其他机会带来更高的报酬，公司股价在未来的大幅度增长足以抵偿并超过现时因少分派股利而受到的损失时，采用低股利支付率政策才有充分的经济依据。

3. 筹资能力

公司股利政策也受其筹资能力的限制。如果公司具有较强的筹资能力，随时能筹到所需资金，那么它也具有较强的股利发放能力。一般而言，规模大的成熟型公司比那些正在快速发展的公司具有更多的外部筹资渠道。因此，它们都比较倾向于多发放现金股利，较少地留存盈利。而新设立的正在快速发展的公司，由于其具有较大的经营风险和财务风险，因此总要经历一段困难的时期，才能较顺畅地从外部取得长期资金。在此之前，这类公司所举借的长期债务不仅代价高昂，往往还附有较多的限制性条款，它们新发行的证券有时甚至很难销售出去。因此，规模小、新设立的快速发展的公司，往往把限制股利支付、多留存盈利作为其切实可行的筹资办法。

另外，股利发放与公司的未来筹资之间也存在着矛盾，具体表现为：公司较多地发放现金股利，有利于公司未来以较有利的条件发行新证券筹集资金，但它又使得公司需要付出远高于留存盈利这种内部筹资的代价；而如果公司目前较少发放现金股利，尽管其可以将更多的盈利留存下来，可暂时节约外部筹资的高昂成本，但又不可避免地会对今后较长时期营造有利的筹资环境造成不良影响。这就要求公司管理当局对股利发放与未来筹资进行合理权衡，以制定出符合公司实际需要的股利政策。

4. 盈利的稳定性

公司的股利政策在很大程度上会受其盈利的稳定性的影响。一般而言，一家公司的盈利越稳定，其股利支付率就越高。这是因为，从稳定股价、维持较好市场形象的目的出发，公司总是力图维持较为稳定的股利政策。公司股利政策的制定从一开始就要考虑到此项政策长期维持下去的可能性。盈利稳定的公司对保持较高的股利支付率更具信心。此外，盈利稳定的公司由于其经营风险和财务风险较小，因而比其他盈利不稳定的公司，更能以较低的代价筹集到负债资金。

5. 股权控制要求

股利政策也会受到现有股东对股权控制要求的影响。以现有股东为基础组成的董事会，在公司长期的经营中可能形成了一定的控制格局，他们往往会将股利政策作为维持其控制地位的工具。尤其当公司为有利可图的投资机会筹集所需资金，而外部又无适当的筹资渠道可利用时，为避免增发新股票，让许多新的股东加入公司，从而打破现有股东已经形成的控制格局，董事会就会倾向于采取较低的股利支付率，以便公司从内部的高留存盈利中取得所需资金。

6. 公司股本规模、所处行业

公司股本规模对股利政策有较大影响。当公司股本规模达到一定程度时，若想保持每股净利润的同步增长，公司就要有很高的成长性。因此，相对来说，小盘股股本规模扩张潜力较大。

公司所处行业也会影响股利政策。朝阳行业能以数倍于经济发展速度的水平成长，因此能进行大比例的送股，而夕阳行业则会随着经济的高速增长而萎缩，难以进行大比例分红。比如，公用事业往往现金充裕，而且投资机会较少，所以发放现金股利的可能性较大。

（四）股东的意愿

股东在税负、风险、股权稀释等方面的意愿也会对公司的股利政策产生影响。毫无疑问，公司不可能形成一种使每位股东的财富都最大化的股利政策，公司制定股利政策的目的在于使绝大多数股东的财富有所增加。

1. 税负

税负对股利政策的影响表现在两个方面：一是现金股利和资本利得适用的税率有差别；二是现金股利对于不同股东来说，适用的税率有差别。多数国家现金股利适用的个人所得税税率高于资本利得税税率。比如，就股票而言，如果只对现金股利征税，资本利得是免税的，那么税负的这种差异就直接影响了股东的税后收益。即使在税率相同的情况下，资本利得与现金股利相比也有递延收益，递延收益就是推迟纳税所节约的资金的时间价值。因此，单纯从税负角度讲，资本利得要优于现金股利。此外，公司的股利政策也许会受其股东所得税状况所左右。如果一家公司绝大部分股东是因达到个人所得税的某种界限而按高税率课税的富有股东，则其股利政策将倾向于多留盈利而少派股利，这种多留少派的股利政策可以给这些富有股东带来更多的资本利得收入，从而达到少纳所得税的目的。相反，如果一家公司绝大部分股东是低收入阶层，其所适用的个人所得税税率比较低，这些股东就会更重视当期的股利收入，税负状况并不是他们关心的内容，他们更喜欢较高的现金股利支付率。

2. 风险

现金股利和资本利得支付时点的差别，意味着两种收益所包含的风险是不同的。相对来说，现金股利代表的是现时的收益，而资本利得是一种未来收益，需要一定的预期和假设做条件。资本利得的顺利实现，必须以公司股价上涨为前提。因此，一切影响股价的因素都会影响股东的资本利得收益。当公司股价下跌时，不但没有资本利得，而且会发生投资损失。另外，资本利得依托于公司未来的经营状况，控股股东可以引导公司顺着自己意图发展的能力表现在重大经营决策上，因此对他们来说，公司经营状况的可控性和可预测性强；而众多的中小投资者在公司经营中却处于一种劣势地位，他们很难通过影响或操纵公司经营来维护自身利益。即使是同一家公司，股东地位不一样，投资风险也会有很大的差别。所以，惧怕风险的投资者更愿意选择现金股利，而喜好风险的投资者却对资本利得寄予厚望。

3. 股权稀释

通常，高股利支付率会导致现有股东股权和盈利的稀释。也就是说，如果公司支付大量现金股利，再发行新的普通股以融通所需资金，现有股东的股权和盈利就有可能被稀释。同时，随着新的普通股的发行，流通在外的普通股股数必将增加，最终将导致普通股的每股盈利和每股市价下降，从而对现有股东产生不利影响。

由此可见，正确制定公司的股利政策，必须考虑股东的要求。尽管最终的股利政策取决于多种因素，但避免股东的不满是很重要的。如果股东对现有股利政策不满意，他就会出售其所持股份，外部集团掌握公司控制权的可能性就会增大，公司被外部集团接管的可能性就越大。因此，公司管理当局有责任了解股东对股利政策的一般态度。

综上所述，确定股利政策需要考虑的因素很多，这些因素之间往往是相互联系和相互制约的关系，它们的影响也不可能完全用定量分析方法来分析，所以股利政策的制定很大程度上是依靠对具体公司及其具体环境进行定性分析，以实现各种利益关系的平衡。每家公司的情况都不同，很难找到各家公司都适用的股利政策。"公司永远需要股利政策，但没有永远的股利政策。"

第三节　企业集团股利政策

一、企业集团制定股利政策的原则

（一）要最大限度地保证各类股东财富最大化

企业集团制定的股利政策必须与企业集团的财务目标相一致，即最大限度地保证企业集团股东财富最大化。这里的股东既有母公司的股东，又有子公司的股东；既有控股股东，又有少数股股东。同时满足各类股东财务要求的股利政策是很难制定的，但尽量满足则是企业集团制定股利政策的前提条件和根本出发点，无论采取何种股利政策、方案，决策者都要预见到其对各类股东财富的影响。虽然股利政策一定要满足大股东的财务要求，但长期以损害小股东的利益来满足大股东利益的股利政策势必会遭到小股东的不满。特别是当子公司是上市公司时，小股东可以通过出售股票的方式来表达不满，进而影响公司形象，使大股东的利益受损。

（二）要平衡考虑各子公司的财务利益

企业集团内各子公司的经营效益可能不同。而各子公司在发展过程中，通常要受到企业集团财务上的统筹安排，如企业集团内资金的统一调度。也就是说，某家子公司的发展并非单靠自己的努力实现的。因此，当一家子公司的税后利润较高时，其股利政策的安排，要兼顾其他子公司的实际情况。当企业集团内的子公司有盈利较高、较低或亏损等不同情况时，企业集团应考虑适当平衡股利，即将盈利较高的子公司的留存盈利的比例定得高一点，而将盈利较低的子公司的股利发放的比例定得高一点。当某家子公司有很好的投资项目，但又出现筹资困难时，企业集团可考虑在整个集团内采取低股利政策，形成集团内的资金支持。

（三）既要考虑股东的当前利益，又要保障企业集团的长远发展

股利政策的制定实际上是企业利润中股利和留存盈利的比例分配问题。从企业集团发展的角度来看，提高留存盈利比率有利于企业集团当前的财务运作，有利于减少外部融资，降低融资成本。但是，提高留存盈利比率意味着降低股利支付率，减少股东的现时收益，这会影响企业集团的形象和投资者信心，增大企业集团未来的融资成本和融资难度。因此，股利政策的基本任务之一是通过股利分配，平衡企业集团和股东面临的当前利益与未来利益、短期利益与长远利益、分配与增长之间的矛盾，有效地增强企业集团的发展后劲，促进企业集团的长期稳定发展。

（四）要有利于企业集团资本结构的调整

股利政策对企业集团资本结构有直接影响。良好的股利政策有助于改善资本结构，使其趋于合理。

企业集团内各公司由于产业、规模等情况不同，资本结构也不同。如果母公司或子公

司的资产负债率过高，则应考虑将股利留下或配股增资，以改善资本结构，增强财务力量，降低财务风险；反之，如果资产负债率过低，则应派发现金股利，同时考虑增加负债或回购一部分公司股票，以提高财务杠杆利益。

如果母公司或子公司有良好的投资方案，那么企业集团就应在确定投资方案所需资金的基础上，按照最佳资本结构，确定应留存的盈利及相应的负债规模。

（五）要有利于股价的合理定位

若企业集团控股的子公司为上市公司，子公司股票在市场上价格过高或过低都不利于子公司的正常经营和稳定发展，并会影响企业集团的财务利益。子公司股价过高会影响股票的流动性，并埋下股价急剧下跌的隐患；股价过低必将影响子公司声誉，不利于今后增资扩股或进行债务融资，还可能导致子公司被收购或兼并；股价时高时低，波动频繁且剧烈，将动摇投资者信心。所以，稳定股价对于子公司的正常经营具有重要意义。而股利政策对股价有着直接影响，维持股价的合理定位就必然成为制定股利政策的一个原则。若企业集团认为子公司目前的股价定位合适，能够很好地满足流通性的要求，则无须转增股本，因为转增股本反而给人造成股价下跌，每股收益下降的错觉，对子公司影响更加不利。若股价明显过高，影响了流通性，则可考虑转增股本或发放股票股利，以扩张股本，使价格稀释，从而将价格降到一个更为合理的水平上。这样可以在增加流通性的同时，使子公司股票被更多的公众持有，防止股票被恶意收购，从而有助于大股东控股。

（六）要保持股利政策的连续性和稳定性

一般来说，股利政策的重大调整会给投资者带来两方面的影响：一方面，股利政策的波动或不稳定，会给投资者带来企业集团经营不稳定的印象，从而导致股价下跌；另一方面，股利收入是一部分投资者生产和消费的资金来源，如果股利突然减少，就会给他们的生活带来较大影响。因此，他们一般不愿意持有这种股票，这最终会导致该股票需求减少，股价下跌。所以，上市子公司为尽量避免未来出现削减股利的情况，只有在确定未来能够维持新的股利水平时才会考虑提高股利。

二、企业集团的股利政策

企业集团的股利政策主要有三部分内容：母公司和子公司的股利协调政策、股利支付方式和股利发放政策。

（一）母公司和子公司的股利协调政策

企业集团中的母公司，有些本身从事经营，有自己的经营利润；有些不直接从事经营，没有收入，需要从各子公司以管理费的形式获得收入。所以，母公司和子公司的股利协调政策可根据以下两种情况来考虑。

1. 母公司和子公司均属经营型

当母公司和子公司从法律角度来看，都从事经营，都有经营利润时，由于母公司和子公司都是独立的企业法人，因此都能够独立制定股利政策。例如，当母公司的效益高于子公司时，子公司的其他股东会认为母公司的效益是由母公司的优势地位和子公司的牺牲带来的，因而子公司的其他股东可能会要求获得与母公司股东一样的现金股利；当母公司的效益低于子公司时，子公司的其他股东会认为子公司的效益是由子公司自身努力带来的，与母公司关系不大，因而要求获得高于母公司股东的现金股利。当母公司或子公司中的某一方有较好的投资项目时，则它们对股利的形式就会有不同的要求。例如，母公司有好的项目时，就希望子公司少发现金股利，而母公司凭借控股地位可将资金从子公司借调（甚至是无偿使用）；而子公司有好的项目时，母公司则可凭借控股地位而不顾子公司的情况，要求多发现金股利。母公司对子公司的产权控制地位，决定了子公司的股利政策必须依母公司的意思而定。母公司和子公司均属经营型的企业集团的股利政策，除了考虑企业集团的组织形式、股东地位的差异、企业集团整体发展要求，还要考虑母公司和子公司之间的经营效益的差异。

2. 母公司属管理型

当母公司只从事对子公司的管理，其日常开支源于从各子公司获得的管理费时，由于各子公司的经营业绩更多的是靠母公司的管理实现的，因此，企业集团的股利政策，除了考虑企业的组织形式、股东地位的差异、企业集团整体发展要求，还要考虑各子公司之间的经营效益的差异。

（二）股利支付方式

股利支付方式是指企业集团的股利以何种面目出现，即股利的具体形态。不同的股利支付方式反映了企业集团不同的经营方略，对投资者、市场会产生不同的影响。一般而言，股利支付方式有现金股利、股票股利和股票回购等方式，其中最常用的是现金股利和股票股利。

1. 现金股利

现金股利是指股利以现金的方式派发，这是上市公司最常见的股利支付方式。

支付现金股利后，公司未分配利润减少，股东权益相应减少。在股本不变的前提下，这样一种股利支付方式会直接降低每股净资产，提高净资产收益率。

2. 股票股利

股票股利是指公司以本公司的股票作为股利发放给股东的一种股利支付方式，公司发放股票股利的原因有两个。一是保存现金。当公司利润增加时，为满足投资资金的需求，公司可能不愿意增加现金股利，而想留存大部分利润，于是公司通过派发股票股利的方式将利润资本化。二是使股价更能满足市场上交易的需要。由于高股价的股票会阻碍小额投资者进入，于是公司通过派发股票股利的方式，增加发行在外的股票股数。由于可能有更多的投资者介入，因此，公司的股票可以保持较好的流动性。

3. 股票回购

股票回购是指公司以回购本公司股票的方式向股东发放股利，它也是股利支付的一种重要方式。

股票回购与现金股利都是股利支付方式，在回购价格和回购比例适当的前提下，股票回购与现金股利的效果差不多。

例 6-1：假设某公司的有关财务数据如下。

税后利润　　　　　　　　5 000 万元

股票数量	1亿股
股票市价	10元
每股收益（EPS）	0.5元
市盈率	20
多余现金	3 000万元

公司准备将多余的3 000万元现金发放给股东，如果用现金股利的形式发放，则每股股票可得到0.3元现金股利（多余现金除以股票数量）。如果用股票回购的方式发放3 000万元现金，回购价格定为10.3元（10元加上0.3元现金股利），则应回购股票数为：

$$应回购股票数 = 多余现金 \div 回购价格 = 3\,000 \div 10.3 \approx 291（万股）$$

股票总数约减少了291万股，还剩余9 709万股，其对应的每股收益为：

$$EPS' = 5\,000 \div 9\,709 \approx 0.515（元）$$

假设回购后该股票的市盈率不变，仍为20，则回购后的股票市价应为：$0.515 \times 20 = 10.3$（元），即等于股票的回购价格。也就是说，如果不发放现金股利，则愿意出售股票的股东可按每股10.3元的价格出售股票，不愿出售股票的股东虽未得到现金，但其手中股票的市价已由回购前的10元上升为现在的10.3元，上升了0.3元，从理论上来说与领取现金股利是等价的。

对于股东而言，公司派发现金股利和通过股票回购派发股利还是存在区别的。一是获得股利的方式不太一样。现金股利方式下，股东直接获得现金收入，必须支付个人所得税，而股票回购方式下，股利是股东通过出售股票以资本利得的方式获得的，因而可免税或只有极低的税负。二是股票回购对股东而言有一个选择的机会，或出售股票，或保留股票，而现金股利对股东而言，只能接受并纳税。三是股票回购对股东而言还存在一个信息不对称问题，由于回购价格由公司管理层确定，股东只能被动地通过决定出售或保留股票来接受这一价格。

（三）股利发放政策

股利发放政策是指股利发放数额及其与留存盈利的比例安排。从某种程度上来说，股利发放政策制约着股利支付方式的选择。股利发放政策主要有以下四种类型。

1. 剩余型股利政策

剩余型股利政策是以满足公司的资本需求为出发点的，公司盈利首先用于满足预期收益率超过资本成本的投资资金需要，若有剩余盈利，才用于派发股利。

剩余型股利政策注重于扩大再生产，严格地说，它是公司考虑从收益中获得资金的股利方针，是公司的一个筹资决策，现金股利仅仅是一个被动的剩余额。

剩余型股利政策的优点是：留存的盈利优先保证再投资的需要，有助于降低再投资的资金成本，公司能充分利用最低成本的资金来源，保持合理的资本结构。对投资者来说，尽管其根据这种股利政策所取得的股利较少，但由于公司有大量净收益大于零的投资机会，公司发展前景良好，股票溢价的可能性较大，因此对股东有一定的吸引力。

剩余型股利政策的缺点是：由于每期发放的股利都受到投资机会好坏的影响，因此发放数额极不稳定，波动性大。虽然投资者可以通过资本利得获取收益，但与领取股利相比，获得资本利得的不确定性要大得多。

在剩余型股利政策下，股利完全由公司的投资收益率确定。关于这一点，我们可以利用沃尔特公式来说明。

沃尔特公式为：

$$P = \frac{D + \dfrac{r}{\bar{n}}(E-D)}{\bar{n}}$$

式中：P——普通股每股市价；
　　　D——每股股利；
　　　E——每股收益；
　　　r——投资收益率；
　　　$\bar{n}$——基准折现率。

根据沃尔特公式的定义，测定最佳股利支付率的办法是：持续改变 D 的数额，直到 P 的数值达到最大。即：如果 $r>\bar{n}$，最佳股利支付率应为零；而如果 $r<\bar{n}$，则最佳股利支付率为 100%。下面举例说明。

例 6-2：假设 $r=12\%$，$\bar{n}=10\%$，$E=0.5$ 元，$D=0.3$ 元。

则：

$$P = \frac{0.3 + (12\% \div 10\%) \times (0.5 - 0.3)}{10\%} = 5.4(元)$$

因为 $r>\bar{n}$，所以最佳股利支付率应为 0，$D=0$ 元，即：

$$P = \frac{0 + (12\% \div 10\%) \times (0.5 - 0)}{10\%} = 6(元)$$

此时普通股每股市价达到最高，也就是说，股东权益达到最大。

相反，若假设 $r=8\%$，$\bar{n}=10\%$，$E=0.5$ 元，$D=0.3$ 元，此时，$r<\bar{n}$，则：

$$P = \frac{0.3 + (8\% \div 10\%) \times (0.5 - 0.3)}{10\%} = 4.6(元)$$

而当股利支付率为 100% 时，$D=0.5$ 元：

$$P = \frac{0.5 + (8\% \div 10\%) \times (0.5 - 0.5)}{10\%} = 5(元)$$

可见，当全部收益都作为股利发放给股东时，普通股每股市价达到最高。如果 $r=\bar{n}$，则普通股每股市价与股利支付率无关。

根据沃尔特公式，我们可以得出，最佳股利支付率由投资收益率确定。如果公司有有利可图的投资机会（内含报酬率大于零的投资机会），则不应发放现金股利，而应将盈利全部留作投资之用；反之，则应将盈利全部发放给股东。

尽管剩余型股利政策反映的股利是一个完全由投资方案决定的被动剩余额，但这并不意味着投资者不会计较股利与资本利得的差别。投资者之所以愿意放弃稳定的高股利收益，以不确定的资本利得方式来取得投资报酬，并非说明投资者不在乎两者之间的区别，只能说明不同投资者对收益取得的时间偏好和风险偏好不同。偏好获得现时收益的风险规避型投资者，愿意选择稳定的有较高股利的股票投资；而那些愿意承担风险，以期在未来获得更高收益的投资者，则会选择资本利得，从而成为剩余型股利政策的接受者。

2. 稳定股利额政策

稳定股利额政策是指公司将每年派发的股利额固定在某一特定水平上，然后在一段时间内，不论公司的盈利情况和财务状况如何，均保持股利额不变，只有当公司管理层认为未来收益将高到足以能调高股利水平时，才会予以增加；而当公司管理层认为公司未来收益不能维持当前股利水平时，就会予以减少。可见，在稳定股利额政策下，调整股利额的行为相对于收益变化来说是渐进的。从实践中可以观察到，大多数公司倾向于采取这种股利政策。

稳定股利额政策的优点有以下几个。

①向证券市场和投资者传递稳定的信息。若某公司利润减少却不削减股利额，则会向投资者和市场传递以下信息：公司管理者坚信，公司未来前景会比现在利润减少的情况好。通过股利信息，公司影响了投资者的期望。与经常变动的股利政策相比，稳定股利额政策不会引起股价的剧烈波动。

②使股东获得稳定的收入。对于以获得股利收入为主要目的股东来说，稳定股利额政策能提供稳定的收入来源，对股东有较强吸引力。

③满足了一些要求获取稳定收入的机构投资者的需求。某些机构投资者，如保险公司、退休养老基金等，需要保证其投资有稳定的收入。与债券等有稳定利息收入保证的投资方式相比，股份制公司只有采取稳定股利额政策，才能获得上述机构投资者的青睐。

稳定股利额政策的缺点有以下几个。

①稳定股利额政策不能完全反映公司当期经营业绩。稳定股利额政策有熨平股利额的倾向，使公司当期股利额不能充分反映出当期盈利情况，从而导致公司可能"欺骗"投资者。

②公司当期收益的增加不能立刻增加股东收益，而且可能造成老股东收益向新股东转移。比如，公司去年盈利情况较好，而今年亏损，那么在稳定股利额政策下，公司就会用去年的收益来填补今年的股利缺口。

3. 固定股利支付率政策

固定股利支付率政策是指公司从税后利润中提取固定百分比的部分作为股利分配给股东。与剩余型股利政策相反，固定股利支付率政策是先考虑派发股利，后考虑保留盈利。从企业盈利与投资者收益的关系来看，这是一种真正稳定的股利政策。因为它使企业股利支付与企业盈利状况保持着稳定的关系。但从绝对数额来看，在这种股利政策下股东所得具有易变性。股利会随经营状况的变动发生波动。

固定股利支付率政策的一个重要缺点是，不稳定的股利收入容易造成股价的异常波动，给投资者带来公司经营不稳定、投资风险大的不良印象。除此之外，固定股利支付率政策还有以下缺点。一是财务压力大。即使公司的盈利情况很好，也不代表公司就有充足的现金派发股利。而在这种政策下，不论公司财务状况如何，均要派发股利，导致公司财务压力较大。二是缺乏财务弹性。固定股利支付率政策使公司丧失了利用股利政策调整股利支付率的财务方法，导致财务缺乏弹性。三是固定股利支付率的确定难度大。固定股利支付率定得低，不能满足投资者对现实股利的要求，而当公司发展需要大量资金时，又要受该政策的制约。因此，固定股利支付率政策适用于公司发展稳定且财务状况较稳定的阶段。

4. 低正常股利加额外股利政策

低正常股利加额外股利政策介于稳定股利额政策和固定股利支付率政策之间，是指公司每年稳定地支付数额较低的正常股利，在利润较多的年份，又可将盈利以额外股利的形式派发给公司股东。

低正常股利加额外股利政策的优点是给利润浮动性较大的公司在股利分配时以较大弹性。一方面，较低的固定股利支付率可以保证公司有足够能力按期支付股利；另一方面，当公司盈利增加一定数量时，又可以将部分盈利转移给股东，增加股东收入。

低正常股利加额外股利政策主要有以下缺点。一是缺乏稳定性，盈利的变化使得额外股利不断变化，给投资者造成公司经营不稳定的印象。二是如果公司在较长时期一直发放额外股利，投资者可能认为这是"正常股利"，一旦取消额外股利，容易给投资者造成"公司财务状况恶化"的错觉，进而导致股价下跌。

（四）简化的股利政策模型——林特纳模型

直观来看，公司股利的发放与公司的年收益率有着很大的关系，同时，股利传递了公司经营状况、经营方向等信息，所以股利的发放与公司的行为也有着密切的关系。林特纳通过对影响股利支付的因素进行分析，提出了一个高度简化的股利政策模型，即林特纳模型（Lintner Model），该模型成为许多公司实施股利政策的依据。

林特纳认为，公司的股利政策取决于以下四个方面。

①公司长期股利支付率目标。

②管理层一般重视股利相对水平的提高，而不重视股利绝对水平的提高。这样的好处是能使投资者对公司的发展产生良好的预期。

③股利的变化应随长期收益的变化而变化，以熨平股利水平，所以股利水平受公司短期收入变化的影响不大。

④管理层希望股利保持不断上升的势头，担心会因某些缘故使股利上升势头消失。

林特纳模型是包含了上述四个方面的股利政策模型，它表示为：

$$DIV_1 = Dr \times EPS_1$$

式中，DIV_1 代表下一期的股利支付额；EPS_1 代表预期下一期的每股收益；Dr 代表目标股利支付率。

股利变化额 TC 为：

$$TC = DIV_1 - DIV_0 = Dr \times EPS_1 - DIV_0$$

式中，DIV_0 代表本期股利支付额。

为了保持股利稳定地增长，公司可以设定目标股利变化调节系数 Ar，则：

$$DIV_1 - DIV_0 = Ar \times TC = Ar \times (Dr \times EPS_1 - DIV_0)$$

通常，越保守的公司越倾向于缓慢地靠近目标股利支付率，即其目标股利变化调节系数 Ar 越低。根据林特纳模型可知，公司股利支付情况可以逐年向前递推（上一期的股利支付额又取决于再上一期的股利支付额），即得到递推关系式：

$$DIV_1 = Ar \times Dr \times EPS_1 + (1 - Ar) \times DIV_0$$

因此，公司股利支付额可推广为下面的一般形式（用 α 代替 Ar；用 T 代替 Dr）：

$$DIV_t = \alpha \times T \times EPS_t + \alpha \times T \times (1-\alpha) EPS_{t-1} + \alpha \times T \times (1-\alpha) \times 2 \times EPS_{t-2} + \cdots + \alpha \times T \times (1-\alpha) \times n \times EPS_{t-n} + (1-\alpha) \times t \times DIV_0$$

林特纳模型的重要意义在于，它揭示了股利变动与收益的关系，即股利变动额与当期收益呈正相关关系，它还与上一期的股利支付额呈负相关关系。所以，当期收益越高，股利变动额就越大；而上一期的股利支付额越大，股利变动额就越小。

林特纳模型具有一定的参考价值。但应该看到，林特纳模型对公司的行为假定过于简化，同时对市场的反应缺少必要的分析，如在一个相对成熟的市场上，假定市场是有效的，那么投资者获得的所有信息都会精确地反映到股价上，但在一个相对不成熟的市场上，林特纳模型在确定股利政策时，并没有考虑到市场失效的因素。除公司的行为及市场因素外，还有其他影响股利政策的因素，而林特纳模型并没有考虑到。

第七章　企业集团预算控制

思维导图

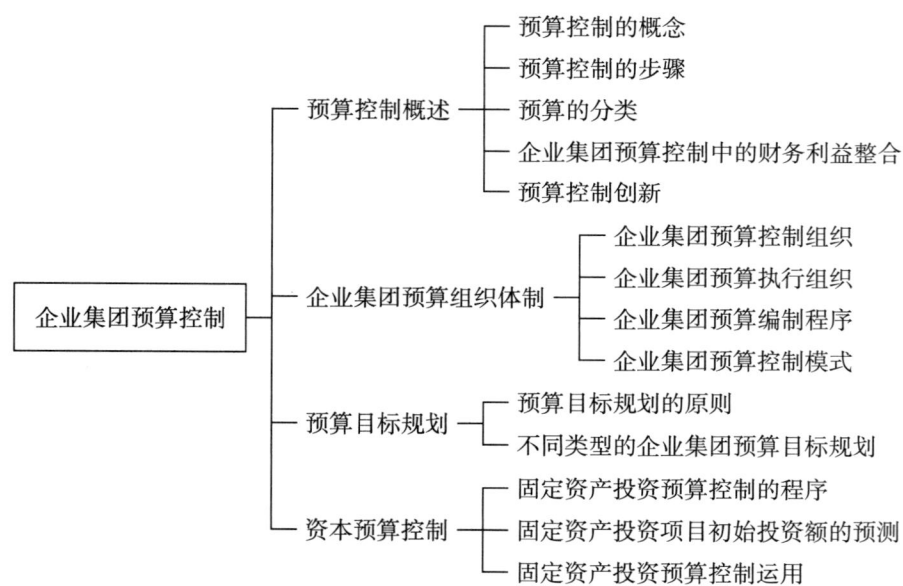

第七章 企业集团预算控制

引 例

洛阳栾川钼业集团股份有限公司（以下简称洛钼集团）主要从事磷、铌、钴、钨、钼、铜等矿产的采选、冶炼、深加工等业务。在全面预算管理方面，洛钼集团实行管理主体，即责任主体的管理模式，董事会、总经理办公室和全面预算管理领导小组是集团的三个管理主体，其中第一个是洛钼集团全面预算管理的最高决策机构，后两个则是洛钼集团全面预算管理的管理机构，三个管理主体依据"纵向到底，横向到边"的原则，进行集团全面预算的编制、执行和监督。洛钼集团预算执行机构主要为业务部门、财务部门和各个分公司、子公司。

洛钼集团的预算管理工作连接着总部和各分公司、子公司的办公室、生产、销售、人力资源、经营发展、资产管理、财务及技术中心等诸多部门。就财务部门而言，预算工作中业财语言的不同使得财务部门的大多数时间都花费在数据语言转化方面，而数据语言转化需要财务部门频繁地与业务部门针对数据展开交流与沟通，尤其洛钼集团产品种类众多，进一步增加了集团内财务部门的工作量。就业务部门而言，洛钼集团总部及各分公司、子公司中业务部门众多，但多数部门存在对集团经营计划和发展战略了解不透彻的问题，再加上财务方面有专门的术语和方法，编制预算方案的业务人员可能并不具备该方面的知识，因此难以胜任预算流程中数据资料、预算标准的获取与报送工作，这种情况不仅会打消业务人员的工作积极性，还会增加集团整体的沟通和协调成本。除此之外，通过查看洛钼集团年报可以发现，在预算控制指标方面，洛钼集团对业务指标不够重视，仅构建了财务指标预算表。

思考： 洛钼集团在预算控制上出现了哪些问题？企业集团进行预算控制的作用是什么？

第一节 预算控制概述

一、预算控制的概念

预算来自企业的战略计划，在编制预算之前，企业应先制订战略计划，战略计划确定的经营目标构成了预算的基础。战略计划在实施之前必须以数量化的形式加以反映，预算就是对战略计划的数量化。预算是落实企业战略的工具，连接了战略计划与经营控制，是企业管理中必不可少的工具。党的二十大报告从战略和全局的高度，明确了进一步深化财税体制改革的重点举措，提出"健全现代预算制度"，为做好新时代新征程财政预算工作指明了方向。预算控制是在企业战略计划的指导下，为企业各项业务及执行各项业务的责任主体确定明确的目标，作为其工作开展和业绩评价的财务参照标准，从而实现企业战略、经营计划及日常业务紧密结合的有效管理工具。

二、预算控制的步骤

预算控制的步骤包括预算编制、预算执行、预算调整和预算分析及考评。

（一）预算编制

预算编制是预算控制的基础工作。只有通过预算编制，企业才能将战略计划细分为年度指标，才能对企业的各种资源进行合理配置，才有对各项经营活动进行控制的标准。所以，预算控制的功能首先是通过预算编制过程来实现的。预算编制的基础是战略计划和预测。

（二）预算执行

预算执行是预算控制中最核心的环节，它的实施效果决定着预算控制作用的发挥。预算执行是指在预算期间对各项经济业务采用一定的控制方法，对指定的预算责任单位的预算项目进行控制，并提供相应的预算执行报告。预算执行的形式包括：主动性控制，即在编制预算和审批预算时，对预算项目及预计执行情况的控制，预算的编制、执行必须有依据；约束性控制，即预算指标下达后，在实际执行过程中进行的控制。约束性控制应采用以下步骤：首先，必须将实际发生的业务与每个预算项目相联系；其次，将实际业务的发生情况归集到该预算项目；再次，通过预算控制将预算情况与实际情况进行对比，比较绝对差异和相对差异；最后，找出形成差异的原因，以便进一步执行和控制。

（三）预算调整

预算在执行过程中需进行相应调整的情况如下：符合弹性预算范围的要按业务量调整成本；在进行了保障基本生产和安全的工作计划调整后，应相应调整有关财务预算；当市场因素导致出现了无法预期的原材料和产品价格变化时，应相应调整收入和成本预算；当不可抗力造成投资计划和运营计划发生调整时，应相应调整预算项目；预算决策机构决定或批准同意的其他调整情况。

在预算控制过程中，对预算调整也应进行控制，这种控制主要集中在对预算调整频率和调整幅度的控制上。

（四）预算分析及考评

预算期末，对于预算控制数与实际执行数的差异，应进行分析，并根据管理制度进行考评。上述预算执行的差异可以用于责任主体的当年奖励，或结转下期使用，或予以注销。

三、预算的分类

（一）按预算的功能分类

对企业的管理通常可分为经营和管理两个层次，因而企业预算按功能不同也可分为经营预算和管理预算。经营预算是企业内较高层次的、宏观的、全面的预算，往往运用较为综合的财务指标；管理预算则是企业内较低层次的、微观的、具体执行性的预算，往往综合运用财务指标和非财务指标，并且层次越低，非财务指标运用越多。管理预算从功能的层次性来说，又可分为两种：一种是各部门按要素和过程展开的部门管理预算；另一种是由标准、进度程序等构成的现场管理预算。

(二) 按预算的期间限制分类

按是否有期间限制,预算可以分为期间预算和项目预算。期间预算是以一定时期内的生产经营活动为规划对象的预算,它按涉及的时间长短,又可分为长期预算、中期预算和短期预算。一般来说,与这种以时间长短来划分的预算相对应的,是以性质来划分的战略预算、战术预算和实施预算。预算的编制时间可以根据预算的内容和实际需要来定,可以是1周、1个月、1个季度、1年或若干年。通常,长期预算和短期预算的划分以1年为界,有时也把1~3年的预算称为中期预算。短期预算具有预算资料较为可靠的优点,但有缺乏长期规划的缺点,而且时间过短必然加大预算工作量;而长期预算虽有长期规划,但有预测结果不够可靠而使预算难以切合实际的缺点。所以,在预算编制过程中,企业应结合各项预算的特点,将长期预算和短期预算结合使用。

(三) 按预算控制的内容分类

按预算控制的内容不同,预算可以分为全面预算和具体预算。全面预算是对企业生产经营过程中各类经济活动计划的数量表述,是企业控制经济活动的依据和考核经营业绩的标准,它实质上是以企业的经营目标为基础,以销售预算为起点,进而扩展到采购、生产、成本、资金等各个方面的预算,由各种具体预算组成。具体预算则是对企业生产经营过程中不同内容的具体数量表述,又细分为业务预算、资本预算、财务预算和筹资预算四种。

1. 业务预算

业务预算是企业在一定预算期内用于计划企业基本经济业务的预算,一般包括销售或营业预算、生产预算、制造费用预算、产品成本预算、营业成本预算、采购预算、期间费用预算、特殊预算等,企业可根据实际情况具体编制。

(1) 销售或营业预算

销售或营业预算是预算执行单位对在一定预算期内销售各种产品或者提供各种服务可能实现的销售量或者业务量及收入的预算,它主要依据年度目标利润、预测的市场销售量或服务需求、提供的产品结构及市场价格编制。销售或营业预算是整个预算编制的起点,其他预算的编制都以销售或营业预算为基础。

一般来说,销售或营业预算应建立在销售预测基础之上,在确定了未来期间预计的销售量和销售单价后,即可得出预计销售收入,在综合平衡各项指标的基础上形成企业销售或营业预算,预计销售收入的公式如下:

$$预计销售收入 = 预计销售量 \times 预计销售单价$$

(2) 生产预算

生产预算是从事工业生产的预算执行单位对在一定预算期内所要达到的生产规模及其产品结构的预算,它主要是在销售或营业预算的基础上,依据各种产品的生产能力、各项材料和人工的消耗定额及其价格水平,以及期末存货状况编制。

生产预算的编制要以预计销售量和预计产成品存货为基础。产品的预计生产量可根据预计销售量和预计期初、期末的产成品存货确定,其计算公式为:

预计生产量=预计销售量+预计期末产成品存货-预计期初产成品存货

由产品的预计生产量公式可以看出，生产预算将产成品的期初、期末存货作为其必要的组成部分，进行统一的预计，目的在于避免存货过多或不足，从而形成资金的积压、浪费，或给企业日后销售活动的正常进行带来不利影响。

为了实现有效管理，还应当进一步编制直接材料预算和直接人工预算。

①直接材料预算。直接材料预算是一种以生产预算为基础编制的显示预算期内直接材料数量和金额的计划，其计算公式为：

直接材料预算金额=直接材料预计采购量×材料单价

直接材料预计采购量=预计生产量×单位产品的材料需用量+预计期末材料存货-预计期初材料存货

由此可知，直接材料预算要根据材料需用量与存货之间的关系进行编制。编制直接材料预算的目的在于避免因直接材料存货不足而影响生产，或因存货过多而形成资金的积压和浪费。

②直接人工预算。直接人工预算也应以生产预算为基础进行编制，其计算公式为：

直接人工预算金额=预计生产量×单位产品直接人工小时×小时工资率

（3）制造费用预算

制造费用预算是对产品生产过程中所发生的间接性费用的预算。为了方便预算编制，制造费用常按其成本性态分为固定性制造费用和变动性制造费用两部分。固定性制造费用可在上年的基础上根据预期变动加以适当修正进行预计，变动性制造费用可根据预计生产量与单位产品预定分配率的乘积进行预计。

在编制制造费用预算的过程中，既要对制造费用的总额进行预算，从而满足利润表预算编制的需要，还要对制造费用预算中需要现金支出的部分（付现制造费用）进行预算，从而满足现金流量表预算编制的需要。固定资产折旧是非常重要的项目，它是影响制造费用预算总额与付现制造费用预算的关键因素。制造费用预算的计算公式为：

制造费用预算总额=预计直接人工小时×变动性制造费用预定分配率+预计固定性制造费用

付现制造费用预算=制造费用预算总额-固定资产折旧

（4）产品成本预算

产品成本预算是从事工业生产的预算执行单位对在一定预算期内生产产品所需的生产成本、单位成本和销售成本的预算，它主要依据生产预算、直接材料预算、直接人工预算、制造费用预算等编制。

（5）营业成本预算

营业成本预算是非生产型预算，它是预算执行单位在一定预算期内为了实现销售或营业预算而在人力、物力、财力方面所进行的必要的直接成本预算，它主要依据企业有关定额、费用标准、物价水平、上年实际执行情况等资料编制。

（6）采购预算

采购预算是预算执行单位对在一定预算期内为保证生产或者经营的需要而从外部购买各类商品、各项材料、低值易耗品等存货的预算，它主要根据销售或营业预算、生产预算、期初存货情况和期末存货情况编制。

(7) 期间费用预算

期间费用预算是预算执行单位对在一定预算期内因组织经营活动而发生的管理费用、财务费用、销售或营业费用的预算,期间费用应当按变动费用与固定费用或可控费用与不可控费用进行区分。期间费用预算应根据上年实际费用水平和预算期内的变化因素,结合费用开支标准和企业降低成本费用的要求,分项目、分部门进行编制。

(8) 特殊预算

企业对于自办医院、学校及离退休人员的费用支出,解除劳动关系补偿支出,缴纳税金,政策性补贴,对外捐赠支出及其他营业外支出等,应当根据实际情况和国家有关政策规定,编制特殊预算。

2. 资本预算

资本预算是企业在一定预算期内进行资本性投资活动的预算,主要包括固定资产投资预算、权益性资本投资预算和债券投资预算。

(1) 固定资产投资预算

固定资产投资预算是企业在一定预算期内购建、改建、扩建、更新固定资产,进行资本投资的预算,应当根据企业有关投资决策资料和年度固定资产投资计划编制。企业处置固定资产所引起的现金流入,也应列入资本预算。企业若有国家基本建设投资、国家财政生产性拨款,则应当根据国家有关部门批准的文件、产业结构调整政策、企业技术改造方案等资料单独编制预算。

(2) 权益性资本投资预算

权益性资本投资预算是企业在一定预算期内,为获得其他企业单位的股权及收益分配权而进行资本投资的预算。该预算应当根据企业有关投资决策资料和年度权益性资本投资计划编制。企业转让权益性资本或者收取被投资单位分配的利润(股利)所引起的现金流入,也应列入资本预算。

(3) 债券投资预算

债券投资预算是企业在一定预算期内为购买国债、企业债券、金融债券等所做的预算。该预算应当根据企业有关投资决策资料和证券市场行情编制。企业转让债券收回本息所引起的现金流入,也应列入资本预算。

3. 财务预算

财务预算主要以现金预算、预计资产负债表和预计损益表等形式反映。

(1) 现金预算

现金预算是以现金流量表主要项目为内容编制的,反映预算执行单位在一定预算期内一切现金收支及其结果的预算。它以业务预算、资本预算和筹资预算为基础,反映各预算期的收入款项和支出款项,是其他预算有关现金收支情况的汇总。现金预算的作用是作为企业资金头寸调控管理的依据,在企业资金不足时筹措资金,在企业资金闲置时及时调控,以及提供现金收支的控制限额,发挥现金管理的作用。现金预算一般由现金收入、现金支出、现金余缺及资金的筹集与运用四个部分构成。相关指标的计算公式如下。

当期筹资前可用现金总额=期初现金余额+现金收入

现金余缺=当期筹资前可用现金总额-现金支出

期末现金余额=现金余缺+资金的筹集-资金的运用

（2）预计资产负债表

预计资产负债表是按照资产负债表的内容和格式编制的，综合反映预算执行单位期末财务状况的预算报表。它一般根据预算期初实际的资产负债表和销售或营业预算、生产预算、采购预算、资本预算、筹资预算等有关资料编制。编制预计资产负债表的目的在于分析预算所反映的财务状况的稳定性和流动性。如果通过预计资产负债表的分析，发现某些财务比率不佳，则可调整有关预算，以改善财务状况。

（3）预计损益表

预计损益表是按照损益表的内容和格式编制的，反映预算执行单位在预算期内利润目标的预算报表。它一般根据销售或营业预算、生产预算、产品成本预算或营业成本预算、期间费用预算、特殊预算等有关资料编制。编制预计损益表的目的在于了解企业预期的盈利水平。如果预算利润与企业目标利润有较大差距，就需要调整预算，以达到目标利润，或者经企业各层级领导同意后修改目标利润。

4. 筹资预算

筹资预算是企业在预算期内对需要新借入的长短期借款、经批准发行的债券，以及对原有借款、债券还本付息的预算。它主要依据企业有关资金需求决策资料、发行债券审批文件、期初借款余额及利率水平等资料编制。

企业获得发行股票、配股和增发股票的批准后，应当根据股票发行计划、配股计划和增发股票计划等资料单独编制预算。股票发行费用也应当在筹资预算中分项做出安排。

（四）按预算编制方法分类

按预算编制方法不同，预算可分为固定预算、弹性预算、零基预算、滚动预算和概率预算等。

1. 固定预算

固定预算是根据预算期业务量水平来确定某项费用的预计金额的费用预算，又称静态预算。固定预算不考虑未来业务量的变化，因此当实际的业务量与编制预算所依据的业务量出现差异时，各费用明细项目的实际数与预算数就失去了可比基础。

2. 弹性预算

弹性预算是指在编制费用预算时，按照成本性态，将各种费用划分为变动费用和固定费用两类，预先估计预算期业务量可能发生的变动，编制出一套能适应多种业务量水平的费用预算，以便分别反映各种业务量水平下的费用水平。

3. 零基预算

零基预算是指对于任何一个预算期，任何一项费用项目的开支数额，不从原有的基础出发，即基本不考虑基期的费用开支水平，而是均以零为起点，从根本上考虑各个费用项目的必要性及规模。零基预算以零为起点来观察、分析企业的一切生产经营活动，因此其编制工作较为复杂。但它不受现行预算约束，能促使各基层单位或部门精打细算，合理使用资金。

4. 滚动预算

滚动预算又称连续预算或永续预算，其主要特点是预算期连续不断，始终保持12个月，每过去1个月，就根据新的情况调整和修订以后几个月的预算，并在原来的预算期末再加 1 个月。这种预算方法要求前几个月的预算详细完整，后几个月适当粗略一些，随着时间的推移，后几个月的预算由粗略变详细，以此反复，不断滚动。滚动预算可保证预算的完整性和连续性，使企业对将来的经营活动始终有一个完整而周详的考虑，保证企业各项经营活动稳定有序地进行，充分发挥预算的计划和控制作用。

5. 概率预算

概率预算是指在预算期经营业务水平变动较大的情况下，充分估计其可能变动的范围，并按各种可能预见的经营业务水平在该范围内出现的可能性的大小，确定每种经营水平出现的概率，再根据概率计算各种经营业务水平的期望值，据此确定不同业务量水平下的预算数。概率预算实际上是一种修正的弹性预算。

（五）按预算编制程序分类

按预算编制程序不同，预算可分为强加式预算和参与式预算。强加式预算是以一种由上而下的预算编制程序编制的预算，即由高层管理者确定预算目标和各部门预算指标，由上而下逐级下达落实执行的程序所形成的预算。参与式预算则是以由下而上和由上而下相结合的预算编制程序编制的预算。

四、企业集团预算控制中的财务利益整合

在企业集团中，既有母公司的财务利益，又有子公司的财务利益；既有控股股东的财务利益，又有小股东的财务利益；既有所有者的财务利益，又有管理者的财务利益；既有母公司管理当局的财务利益，又有子公司管理当局的财务利益；既有内部的财务利益，又有外部的财务利益。这些不同的财务利益，有些在某些时候是一致的，而有些在某些时候是互斥的。对不同利益主体的财务利益进行整合，对于实现企业集团财务总目标至关重要。企业集团预算控制中的财务利益整合，主要是针对母公司和子公司两个主体而言的。

（一）企业集团预算编制前的目标利益整合

1. 目标利益整合的完成预算百分比模型（模型 I）

预算编制是一项繁杂的工作，需要耗费大量时间，经过数轮平衡会议、紧张谈判才能完成。其间不乏子公司经营者降低预算指标的努力、夸大经营成果的说辞。比如在企业集团中，销售子公司经理会人为地降低预测的销售量，以降低预算指标，达到超额完成预算、获得奖励的目的。这会造成母公司与子公司之间、不同子公司之间互不信任，引发不同子公司之间或同一子公司不同部门之间的互相攻击。目标利益整合存在缺陷是出现这种现象的一个重要原因。

企业集团的预算指标层层分解，具体落实到人，权责利相结合，这种做法早已被采取。可以说企业集团的目标利益已经得到了一定程度的整合，但是仍存在一些问题。在目标利益整合中，将完成预算目标的百分比（百分比越大，母公司获得的利润越大）划分为几个档次，不同档次的预算执行者将获得不同数额的报酬，这就是目标利益整合的完成预算百分比模型。现实中常设三个档次，如完成预算的 80% 以下、80%～120%、120% 以上。完成预算 80% 以下时，只有固定工资；完成预算 80%～120% 时，按照一定报酬比率

获得报酬；完成预算 120% 以上时，获得固定数额的报酬。有时也可能只有两个档次：完成和未完成。对于超额完成的预算，不管超额多少，一律只有一个报酬数额或者只有一个报酬比率。

2. 目标利益整合的超预算数额模型（模型Ⅱ）

目标利益整合的超预算数额模型说明了经营者报酬和超预算数额之间存在线性关系，即：

$$R_m = \begin{cases} F & X \leq B \\ F+A(X-B) & X > B \end{cases}$$

$$R_s = \begin{cases} r(DX-F) & X \leq B \\ r[DX-F-A(X-B)] & X > B \end{cases}$$

式中，R_m——子公司经营者获得的报酬；
　　　F——子公司经营者的固定收入报酬；
　　　A——常数；
　　　B——预算数额；
　　　X——实际完成数额；
　　　R_s——母公司获得的报酬；
　　　r——子公司盈利中属于母公司的比例；
　　　D——单位完成数额带来的利润。

可见实际完成数额 X 牵涉到母公司和子公司经营者的利益。

这种线性关系的激励作用是不足的。一般来说，超过预算数额越多越困难，若不管超过预算多少，都按照相同的比例提取报酬，则当超过预算一定数额时，经营者努力程度就会下降。若随着实际完成数额与预算数额差额的增加，经营者获得的报酬的增加速度加快，则会激励经营者更加努力地超额完成预算。因而可将线性关系模型改造成抛物线模型，即：

$$R_m = \begin{cases} F & X \leq B \\ F+A(X-B)+C(X-B)^2 & X > B \end{cases} \quad (7-1)$$

$$R_s = \begin{cases} r(DX-F) & X \leq B \\ r\{DX-[F+A(X-B)+C(X-B)^2]\} & X > B \end{cases} \quad (7-2)$$

式中，C 是常数。

实际上，模型Ⅱ与模型Ⅰ的本质相同。只是对于超额预算，模型Ⅰ用百分比表示，模型Ⅱ用绝对数表示。

（二）企业集团预算编制过程中的整合

企业集团预算指标的高低影响着母公司的利益，一般来说，子公司销售金额越大，成本越低，利润就越大，属于母公司的利润也就越多。另外，由于预算是评估经营业绩的标准，因此它与经营者的收入挂钩。企业集团的预算牵涉到母公司和子公司经营者、生产者的利益。

在母公司完全知道子公司的经营者的能力和子公司所处的环境，即在信息对称的情况下，母公司可以自行制定预算。而在信息不对称情况下，母公司和子公司必须就预算指标进行谈判，预算制定过程就是一个谈判的过程。

根据式（7-1），预算数额 B 越小，子公司经营者获得的报酬越多，因而，作为自利的经济人，子公司经营者具有降低预算数额的动机，信息不对称为其提出较低的预算数额提供了条件。谈判开始时，在信息不对称的庇护下，子公司经营者有隐瞒一部分生产能力和盈利机会，提出较低预算数额的倾向。从母公司的角度来看，预算数额越大，其获得的报酬越多，因而有把预算数额定高的倾向，在谈判开始时必然会提出一个较高的预算数额。对于子公司经营者来说，存在着接受的最高限。而对于母公司来说，存在着接受的最低限。这个最低限到最高限便是达成预算数额的区域。这一区域的存在使双方有可能达成协议。如果没有这样的区域，则没有双方都能接受的预算数额，双方也就无法达成协议。随着谈判的进行，母公司从子公司经营者处获得的信息逐渐增多，信息不对称程度有所下降，双方确定的预算数额逐渐靠近，最终达成一个双方都认可的数额。

母公司只局限于在谈判过程中获得信息，减少信息不对称性，往往是不够的。实际上无论母公司怎样努力，母公司与子公司经营者之间的信息也是不对称的，母公司处于信息劣势，这可能会使得子公司经营者能成功上报较低的预算数额，由此带来预算松弛问题。预算松弛是指一种下级有意制造的上报预算和诚实的预算估计之间的差异。其中，诚实的预算估计是子公司最高的业绩水平。预算松弛保持在一定限度为是合理的，但是当预算松弛超过一定限度时，其负面效应会超过正面效应。负面效应主要是使企业集团原本存在的能量无法释放。如果预算数额定得偏低，对子公司经营者的外激励作用降低，子公司经营者就不会倾尽全力，会产生松懈情绪，失去积极性，从而影响子公司经营者的工作绩效，影响企业集团的盈利水平。

避免预算松弛缺陷的做法有以下两个。

①寻找和企业集团子公司同处一个行业、规模相当的先进企业，即寻找一个具有可比性的先进企业，以先进企业的预算作为比较的基础。在市场经济条件下，优胜劣汰，企业间的竞争实际上就是生产同样产品的企业间的竞争，只有在行业中处于领先地位才能生存和发展，所以在预算阶段以具有可比性的先进企业的预算为参照物，具有十分重要的意义。但是如果子公司的历史预算数额与先进企业相差甚远，一下子达到先进水平并不现实，那么可以从实际情况出发，采取逐步赶超先进企业的渐进方法。

②母公司利用信息系统向子公司经营者提供关于他们同事（其他子公司经营者）的预算和业绩信息，子公司经营者往往会把他们的同事作为比较对象，这样做，一方面对子公司经营者有激励作用，另一方面可以促进各子公司经营者相互监督，从而降低母公司和子公司经营者之间的信息不对称程度，克服预算松弛的缺陷。

（三）企业集团预算执行过程中的整合

从理论上来看，发挥企业集团预算整合作用，不仅要对目标利益整合，要在编制过程中整合，还要在执行过程中整合。从实践上来看，预算执行存在着以下几个问题。

①子公司从自身利益出发，隐匿资金，利用本单位资金从事有损企业集团整体利益的活动，甚至非法活动。

②子公司在银行拥有资金结算账户，这成为子公司违纪违法操作的工具。

③子公司经营者蓄意编报虚假会计信息，粉饰业绩，谋取私利。

因此，客观上企业集团需要在预算执行过程中进行整合。企业集团依据具体情况，可以采取以下整合模式。

1. 将资金结算业务和会计核算业务统一到母公司的整合模式

母公司统一资金结算业务和会计核算业务，但注意不能伤害子公司自主经营的积极性。统一资金结算业务就是"你花钱，我看着"；统一会计核算业务就是"你的账，我来记"。在我国，有些企业集团在总部分别设置财务结算中心和会计核算中心，有些企业集团将二者合为财务中心，有些企业集团成立财务公司，从事结算、核算业务。这种整合模式下的预算执行过程中的整合运作如图 7-1 所示。

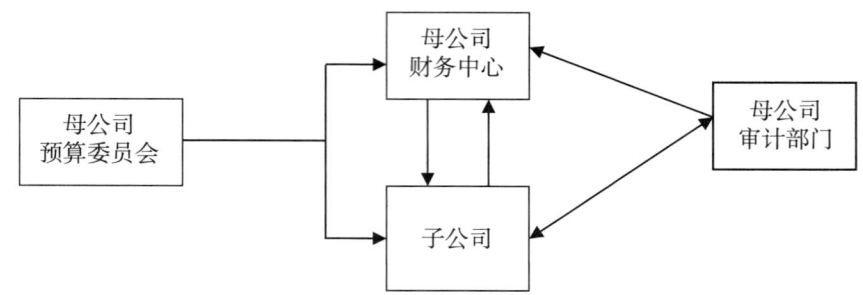

图 7-1 预算执行过程中的整合运作（一）

图 7-1 中，预算执行过程中的整合运作程序如下。

①母公司预算委员会将批准的子公司预算分别下达给子公司和母公司财务中心。

②子公司将订立的财务合同报送母公司审计部门，母公司审计部门对其真实性、合法性进行审核。

③母公司审计部门将通过审批的财务合同报送母公司财务中心。

④母公司财务中心对于通过审批的财务合同，在预算范围之内的，直接进行结算；不在预算范围内的，对经母公司预算委员会审批的超预算业务进行结算。

⑤母公司财务中心将结算结果反馈给子公司。

这种整合模式建立在计算机网络技术等先进通信手段的基础之上，其整合的程度很高，但是存在对外部环境反应速度慢的缺陷。

2. 子公司进行资金结算业务和会计核算业务，母公司加强审计检查的整合模式

企业集团在预算执行过程中之所以会出现问题，一个重要的原因在于企业集团的预算管理只重视预算编制，忽视了对预算执行情况的检查。企业集团应从整体利益角度出发，对预算执行情况进行检查，提高检查的密度，并采取相应的奖惩措施，从而对预算执行者形成一种震慑，实现预算执行过程中的整合。在子公司进行资金结算业务和会计核算业务，母公司加强审计检查的整合模式下，预算执行过程中的整合运作如图 7-2 所示。

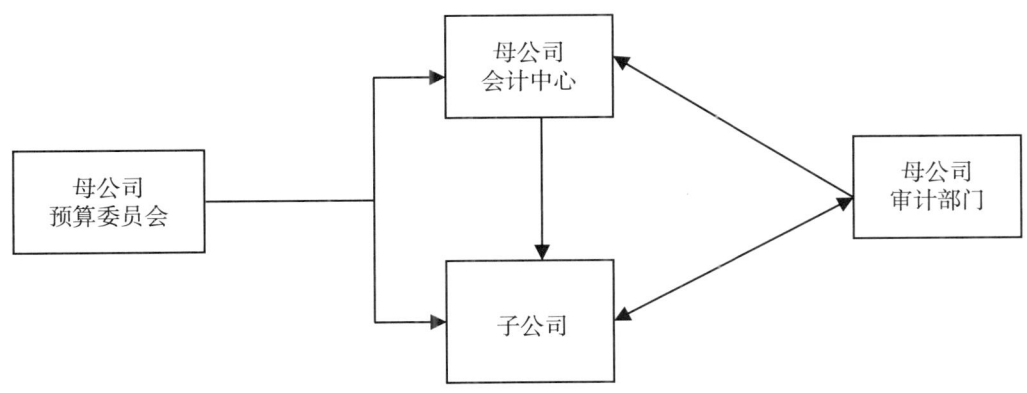

图 7-2　预算执行过程中的整合运作（二）

图 7-2 中，预算执行过程中的整合运作程序如下。

①母公司预算委员会将批准的子公司预算分别下达给子公司和母公司会计中心。

②子公司执行预算，将预算执行结果报送母公司审计部门，母公司审计部门对其真实性、合法性进行审核。

③母公司审计部门将预算审计结果报送母公司会计中心。

④母公司会计中心将审计过的预算执行结果与预算进行对比，找出差距，采取纠偏措施，并反馈给子公司。

这种整合模式能否真正起到整合作用，关键在于预算执行报告的密度。企业集团应将检查的周期缩短到一个月甚至更短的时期，如半个月、一周，并且每年对子公司预算执行情况进行几次突击式检查。

在上述两种整合模式中，影响整合效果的因素之一是针对预算完成情况的奖惩制度。制定科学合理的奖惩制度可以提高整合效果，如采取累计奖惩制度，可以激励子公司完成以前未完成的预算。比如，凡是完成月度预算数额的可以获得月度奖励；如果本月未完成预算，但在下个月完成了截至下个月的累计预算，仍给予本月奖励的一部分；如果累积到年末，未完成年度预算，则给予严厉的惩罚。

五、预算控制创新

传统预算控制多从预算执行过程的角度来考察，其所依赖的基础信息主要是企业生产经营活动和过程控制要求方面的。随着管理科学的发展，预算控制所需的基础信息发生了变化，从而引起了预算控制的创新，如作业基础预算、限制基础预算、标杆基础预算等。

（一）作业基础预算

1. 作业基础预算的基本含义

从预算执行结果的角度来看，预算执行结果和引起成本发生的基本活动有关，这些基本活动就是我们通常所说的作业。作业是由人力、机器、技术或设备执行的任务，是企业生产经营过程中相互联系的活动，是构成企业运行最基本的要素，可以作为企业划分、扩展和管理的基本单元。每个企业都有诸多作业能将资本、材料和购入的服务转化为市场所要求的产品和服务。这些作业是企业运行的基本要素，也是企业价值创造的核心。竞争以产品和服务的市场表现为基础，为生产、制造和提供产品和服务的流程及构成这些流程的作业所驱动。从本质上来说，在投入资源和产品差异不大的情况下，企业之间竞争优势和绩效的差别就来自作业及作业的组合效率。作业是决定企业生产什么，生产多少和如何生产的关键因素。从这个意义上来说，作业是企业资源消耗和价值创造的基本单元，因此，作为资源分配基本工具的预算控制可建立在作业基础之上。作业预算控制（作业基础预算）的目的主要是从企业基本运作的单元出发，为预算编制提供基础，同时为预算分析和决策提供可靠的信息。作业基础预算适用于间接成本和费用占比较大的企业。

2. 作业基础预算的流程

作业基础预算的流程包括以下六个步骤。

（1）作业分类

作业分类主要是寻找企业内部所执行的作业并对之进行定义。企业经营过程中的每个环节或生产过程中的每道工序都可以视为一项作业。在制造业，作业涉及从产品设计到物料供应，到生产的各个环节，再到质量检验总装，最后到发运销售的全过程。作业可分为以下四类。

①单位水平作业。单位水平作业是生产单位产品时所从事的作业，如直接材料和直接人工等。它的成本与产量成正比例变动。

②批次水平作业。批次水平作业是生产一批产品所从事的作业，如对每批产品的机器准备、订单处理、原料处理、检验及生产规划等。它的成本与产品批数成正比例变动，是该批产品所有单位产品的共同成本，与产品产量无关。

③产品水平作业。产品水平作业是为支援各种产品的生产而从事的作业，这种作业的目的是服务于各项产品的生产与销售，如对一种产品编制材料清单、数控规划、处理工程变更、测试线路等。它的成本与产品产量和批数无关，但与完成的品种成正比例变动。

④生产维持水平作业。生产维持水平作业是为维持生产而从事的作业，如工厂管理、暖气和照明，以及厂房折旧等。它的成本是全部生产产品的共同成本。

（2）确定成本动因

成本动因被定义为任何导致资源发生变化或影响资源质量的事件。一项作业可以有多个成本动因。成本动因不要求必须量化。传统的预算控制认为数量是成本唯一的动因，因而过分简化了成本的产生过程。作业基础预算控制则将成本动因分为两类：资源动因和作业动因。

①资源动因。作业基础预算控制认为，作业决定着资源的耗用量，资源耗用量的高低与最终产品没有直接关系。这种资源耗用量与作业间的关系称为资源动因，它联系着资源和作业。资源动因作为一种分配基础，反映了作业对资源的耗费情况，是将资源成本分配给作业的标准。表7-1列举了几种资源动因。

表 7-1 资源动因举例

成本要素（资源）	资源动因
职工医疗费	职工人数
人力	消耗劳动时间
动力	耗电量
房屋租金	房屋使用面积
折旧	所用设备的价值

②作业动因。作业动因是分配作业成本到产品或劳务的标准。它计量了各类产品消耗的作业数量，反映了各类产品与作业消耗的逻辑关系。例如，当"检验外购材料"被定义为一项作业时，"检验小时"或"检验次数"就可成为一个作业动因。

作业动因与作业分类有关。若是单位水平作业，则作业动因是产量；若是批次水平作业，则作业动因是产品批数。作业动因是产品和作业的纽带。表 7-2 列举了几种作业动因。

表 7-2 作业动因举例

作业	作业动因
订单处理	订单份数
机器调整	调整次数（或小时数）
机器运行	机器工时
质量检验	检验件数（或时间）
材料搬运	材料质量

（3）企业成本分类

明确企业中的作业后，还必须弄清这些作业消耗资源的特点，并在此基础上明确耗费成本的标准，为预算制定打下基础。

企业的成本可分为两类：一类是和最终产品密切相关的直接成本，此类成本往往不分配给作业，而直接划归产品成本；另一类是间接成本，此类成本一般与作业密切相关。就间接成本来说，它又可以分为两类：一类是虽然不能直接追溯到某种产品，但是可以追溯到有关作业的成本，即作业成本；另一类是既不能直接追溯到某种产品，也不能追溯到某种作业的成本，即不可追溯成本，该类成本所占比例通常很小（如占总成本的5%以下）。因此，企业成本可细分为三类，即直接成本、作业成本和不可追溯成本，后两者是作业基础预算的核心内容。

直接成本可直接计入各产品；作业成本根据成本动因计入特定产品；不可追溯成本则可按照某种分配标准分配至产品。

（4）建立最终产品与作业的关系模型

预算体系通常是由最终产品的市场销售开始的。因此，在明确了作业及作业消耗资源的标准后，还必须明确最终产品与作业之间的内在联系。由于产品引发作业，因此可以明确某种产品或产品组合的作业数量以及作业所耗费的成本。在具体分析过程中，可以通过历史数据测算或作业改进目标来确定产品制造过程中的作业消耗数量。

（5）进行资源分析，确定产品组合

虽然企业拥有的资源是有限的，但在有限资源基础上可做出的生产经营决策是多种多样的，因此只有在对产品组合已经做出决策的基础上，才可着手编制预算。产品决策应以市场为导向，而其决策结果必须以企业的资源状况和企业能力为基础。作业正是资源消耗的直接因素，它也直接构成了企业能力的基础，因此，我们可以在企业资源状况的基础上，根据作业组合的成本收益状况对产品组合进行决策。具体来说，在若干种产品组合方案中，我们可以通过最终产品与作业的关系模型确定各方案的作业组合，进而确定各方案的收益及作业成本，再结合企业目标分析各方案的价值创造及竞争优势情况，最终确定预算期内的产品组合。

（6）在产品组合的基础上制定预算

在确定最终产品组合方案后，企业需要为最终结果制订详细的计划，具体应包括作业组合及数量、部门作业计划、作业进度及成本目标。以最终产品与作业的关系模型及作业成本标准为基础，能够较为容易地针对既定产品组合制订出详细的计划，在此基础上即可形成具体的预算方案。

（二）限制基础预算

1. 限制基础预算的基本含义

限制基础预算是一种或多种资源存在紧缺或限制时的预算控制方法。限制基础预算的目的就是通过产出最大化或成本最小化等手段实现企业的目标，它适用于企业比较依赖某种或某几种投入资源的情况，这些资源运用效率的高低将直接决定企业的经济效益和竞争优势。限制理论告诉我们，当企业生产运作的链条受制于某一资源瓶颈时，应针对该瓶颈产生的具体原因和情况，采取必要的措施，使得短期内贡献毛益最大化，投资成本和营运成本最小化。具体来说，企业必须在资源限制的情况下进行短期产品组合决策，决定应优先生产哪些产品或优先处理哪些订单，应拒绝哪些产品或订单。在产品组合决策的基础上，企业可进行预算编制、分析及控制。

2. 单一资源限制下的预算控制方法

在生产资源未受到限制的情况下，管理人员只要致力于生产、销售那些单位贡献最大的产品，便可使企业总边际贡献最大化。但当某种生产资源受到限制时，为使总边际贡献最大，企业必须生产、销售那些每单位稀缺资源边际贡献最大的产品，预算须在此基础上展开。

单一资源限制下的预算控制有以下几个步骤。

（1）确定受限资源

受限资源是指生产过程中稀缺的资源。这里的"稀缺"不是指绝对数量的稀缺，而是指在生产过程中不能及时配合整个生产进度而产生的资源稀缺。也就是说，当生产过程的某个工序转化原始资源需要较长的时间而难以保证生产顺利进行时，这种原始资源就是受限资源。从这个意义上来说，即使某种资源的效率较高，但如果阻碍了企业整体的产出，它也可能成为受限资源。

(2) 计算单位受限资源边际贡献

对于单位产品边际贡献，应用产品单价减去单位变动成本，而对于单位受限资源边际贡献，则应用各产品单位边际贡献除以单位产品耗用受限资源的数量。计算完毕后，企业应选择单位受限资源边际贡献最大的产品进行生产。

(3) 制订预算方案并落实施行

在产品组合决策的基础上，即可编制预算并下达执行。值得说明的是，在预算方案中，应着重对受限资源的成本发生及进度做详细说明，并应以进度预算的形式对受限资源在生产进程中的转化状态予以确定，确保在预算方案中各种资源能够协调运作，实现预算期内的企业目标。

3. 多种资源限制下的预算控制方法

若企业有多种生产资源同时受到限制，其预算控制步骤同单一资源限制下的预算控制步骤基本相同，只是在确定产品组合方案时不能简单地采用计算单位受限资源边际贡献的方法，而应采用线性规划方法。线性规划方法是指为实现企业目标而将受限资源做最佳配置的规划方法，它是数学理论中的在限制条件下求目标函数极值方法在预算控制中的应用。具体来说，可采用如下步骤：首先，确定企业目标函数和相应的限制条件，其中，企业目标函数可采用边际贡献最大化或成本最小化等形式来表达，限制条件则是将企业在生产资源数量或生产时间等作业上的约束条件以数学等式或不等式加以表达；其次，求出以产品组合形式表示的驻点；最后，比较各驻点及限制条件端点上目标函数的结果，选取对企业最为有利的产品组合，并展开预算的编制工作。

(三) 标杆基础预算

1. 标杆基础预算的基本含义

在企业预算控制的实践中，还可以从产出效率角度对预算管理进行考察。要从产出效率角度进行考察，就要对预算项目设立一定的标准，该标准一般应采用代表先进效率的指标，即"标杆"。也就是说，通过对各预算项目设立先进的标杆，并在此基础上明确达到标杆的方法和步骤，即可以实现预算管理绩效的持续提高，这就是标杆基础预算。标杆基础预算是从改进当前预算管理绩效这一目标出发，探讨当前影响企业预算管理绩效的诸多因素及改进措施，通过始终瞄准标杆，实现持续的预算控制创新，它适用于企业竞争优势建立在某几项业务或某些流程基础之上的情况。

总的来说，标杆基础预算不仅重视预算目标的设立，还重视保障预算目标达成的措施。在标杆基础预算的体系中，措施预算必不可少，并且应成为整个预算体系的核心内容。

2. 标杆基础预算的流程

(1) 明确需设立标杆的预算项目

标杆基础预算的首要问题是企业应明确对哪些项目设立标杆，因为所有的标杆预算活动都是围绕这些项目进行的。在确定项目的过程中，可采用的标准主要有以下几个。

①流程标准。企业可以选择关键流程设立标杆，这将有助于企业直接获得竞争优势。

②作业标准。设立作业预算的标杆有助于企业获得竞争优势的基础。

③成本项目或资本项目标准。企业可以针对具体的成本项目或资本项目预算设立标

杆，从而持续地提高经营绩效。

一般来说，企业无须对所有的流程、作业或项目设立标杆，但对关键的必须设立标杆。只有这样，才能抓住企业价值创造的关键，才能使预算管理持续发挥积极作用。

（2）明确标杆项目的具体内容

在这一过程中，应对标杆项目的具体内容进行清晰的定义，为标杆数据的收集打好基础。一般来说，若是以流程为标杆设立标准，则相应需要定义的预算内容较复杂；若是以作业或成本项目为标杆设立标准，则相应需要定义的预算内容较为简单。值得注意的是，在这一阶段就应分析和确定影响绩效的关键因素，为此后的分析比较和措施预算的编制打好基础。

（3）收集标杆项目的内部数据

在对标杆项目所包含的预算内容进行详细定义后，企业即可着手在企业内部实施数据收集工作。一般来说，内部数据通常存在于管理会计信息系统、技术报告或研究分析报告中。

（4）收集标杆项目的外部信息

内部数据反映的是企业标杆项目的实际情况，而外部信息反映的是企业在这些项目上应实现的目标。在收集标杆项目的外部信息时，应注意以下几个方面：外部公开发表物中的信息；行业先进情况；来自外部专家的信息；合作伙伴的情况及其掌握的信息。

（5）确定改进性措施方案

企业在对企业各标杆项目的实际情况和目标情况进行比较之后，就能清楚地发现与目标之间的差距，随后就可以分析原因，确定可以改进的具体方案，为措施预算的编制打下基础。

（6）制订预算方案

企业在确定了预算项目的目标和改进措施方案后，应集中精力制订预算方案。需注意的是，在预算方案的制订过程中，企业应注意吸收基层部门的意见，对改进措施进行详细论证，确保预算方案的实施。

（7）实施持续的标杆预算管理

在预算期内，企业应实时监控、分析预算的执行情况；在预算期末，企业应对整个预算期的标杆项目预算执行情况进行分析，将重点放在标杆项目目标的实现上。本期未能消除的标杆差异，在下一期标杆基础预算的制定过程应继续关注。同时，企业应时刻注意通过各种渠道发现新的标杆数据，随时更新预算标杆数据库，持续地实施标杆预算管理。

上述几种预算控制创新并不是完全互斥的，它们可以结合起来使用。比如，当企业存在某种限制资源时，首先应选用限制基础预算，在确定产品组合和资源组合后，确定生产过程中的具体作业，以作业作为预算控制的基本方式；同时，可以设立作业标杆，引导预算控制工作持续发挥效力。

第二节　企业集团预算组织体制

一、企业集团预算控制组织

预算控制主要包括预算的编制、执行、调整、分析及考核四个环节。每个环节都应有适当的部门给予的明确授权。授权既包括对预算控制过程中控制权限与责任的界定，也包括对各预算执行单位的权利与责任的界定。所谓企业集团预算控制组织，是指企业集团预算编制、审定、执行、监督、协调、信息反馈、业绩考评的组织机构，主要包括以下四个单元。

（一）集团预算最高决策单元

企业集团法定代表人应当对企业集团预算控制工作负总责。企业集团董事会或者总经理是企业集团预算的最高决策单元，处于整个预算控制组织体系的核心领导地位，其主要职能是掌握企业集团各项预算的最后审批权，对涉及资本性支出、企业并购等重大资本预算具有最后批准权，对重大预算差异具有协调权等。

（二）集团一般预算批准、检查、协调单元

企业集团内除涉及资本性支出、企业并购等重大资本预算以外的预算，其批准、检查和协调等工作是由预算管理委员会负责的。预算管理委员会由高级管理人员，如首席执行官、主要经营者和财务主管组成，负责批准、检查和协调每种预算。通常，预算管理委员会要审批本年度的主要预算修订案，拟订预算的目标、政策，制定预算控制的具体措施和办法，审议、平衡预算方案，组织下达预算，协调解决预算编制和执行中的问题，组织审核预算的执行情况，督促子公司完成预算目标。具体来说，预算管理委员会的工作包括提出企业集团一定期间的总体经营目标，指导各子公司和部门形成自己的工作目标；审查协调各子公司和部门编制的预算，经过综合平衡确立企业集团的预算体系；监督、检查预算的执行情况，仲裁有关预算冲突；分析评价预算执行的结果，并提出改进的意见。

企业集团对涉及资本性支出、企业并购等重大资本预算的技术审查，通常也要先由预算管理委员会提出意见，然后报董事会或总经理（必要时报股东大会）批准。

（三）集团预算编制、监控单元

企业集团的预算编制、监控通常由各级财务管理部门负责。母公司或子公司财务管理部门在集团预算管理委员会的领导下，负责组织财务预算的编制、审查、汇总、上报、下达、报告等具体工作，跟踪监督预算的执行情况，分析预算与实际执行结果的差异及其原因，提出改进管理的措施和建议。

（四）集团预算执行单元

子公司是企业集团主要的预算执行单元，在集团财务管理部门的指导下，负责本单位现金流量、经营成果和各项成本费用预算的编制、控制、分析工作，接受企业集团的检查与考核。各子公司、职能部门要配合预算管理委员会做好企业集团总预算的综合平衡、协调、分析、控制、考核等工作。子公司的主要负责人可参与预算管理委员会的工作，并对本单位预算执行结果承担责任。

二、企业集团预算执行组织

预算执行组织是以企业集团的组织结构为基础，本着高效、经济、权责分明的原则建

立的，是各类、各级预算的执行主体，是组织内部具有一定权限，并能承担相应经济责任的内部单位，也称责任中心。确定责任中心是实施全面预算控制的一项基础工作。责任中心是企业集团内部投资、成本和利润的发生单位，这些内部单位被要求完成特定的职责，其责任人被赋予了一定的权力，以便对其责任区域进行有效的控制。

确定责任中心的方法很多，可大可小。按照企业集团内单位的法律属性，可分为母公司责任中心和子公司责任中心；按照控制层次，可分为一级责任中心、二级责任中心和三级责任中心；按照责任对象的特点和责任范围，可分为成本中心、利润中心和投资中心。

成本中心是指只发生成本（费用）而不取得收入的责任中心。任何只发生成本的责任中心都可以确定为成本中心，其责任人只对发生的成本进行控制并负责，不能控制收入与投资。当然，成本中心所发生的各项成本，有些是成本中心可以控制的，有些则是成本中心不能控制的。

利润中心是指既要发生成本，又能取得收入，还能根据收入与成本计算利润的责任中心。利润中心可分为两类：一类是以对外销售产品而取得实际收入的自然利润中心，它直接面向市场，具有产品销售权、价格制定权、材料采购权和生产决策权，如子公司、母公司的事业部等；另一类是以产品在企业集团内部流转，并以内部价格结算而形成内部销售收入的内部利润中心。

投资中心是指既发生成本又能取得收入、获得利润，还有权进行投资的责任中心。投资中心拥有较大的经营决策自主权，实际上相当于一个独立核算的企业。投资中心通常由母公司或其控股的核心子公司构成，其责任人是以董事会或总经理为代表的企业集团最高决策层。投资中心的预算目标就是企业集团的整体目标。

三、企业集团预算编制程序

预算编制程序通常有自上而下式、自下而上式、上下结合式三种。

（一）自上而下式的预算编制程序

自上而下（高度集权）式的预算编制程序，是指根据企业集团治理结构与权责层次，按照从母公司董事会、母公司经营者、预算管理委员会到各层级预算执行组织或责任中心，再到具体岗位人员的顺序进行预算编制的过程。

①母公司董事会根据企业集团战略发展规划以及阶段性管理目标，结合同行业平均资本报酬率，对母公司经营者提出预算年度应达到的基本预算目标，对母公司经营者目标完成效果制定考核与奖罚标准，并提出预算管理的基本政策。

②母公司经营者根据董事会提出的预算年度基本预算目标，结合集团资源配套程度以及市场竞争需要，提出预算年度的基本任务及应达到的各项指标值，如利润总额、销售总额、各项成本费用水平、对外投资收益水平、其他业务收益水平等指标值，以及对资产、资金管理的责任部门的相关控制指标值，如资产结构、固定资产利用率、流动资产周转率、息税前资产收益率、资本结构、应收账款收现率等指标值。

③预算管理委员会会同财务部门，根据母公司经营者提出的预算年度的基本任务及应达到的各项指标值，综合集团的各项资源状况，编制企业集团年度预算（草案），并按照预算组织结构或责任层次向各中层预算执行组织，如事业部或核心子公司等提出主要任务

与责任目标（初步），编制责任预算（草案），并制定相应的考核与奖罚标准。

④中层预算执行组织根据预算管理委员会提出的责任目标，在本责任层次范围内从各项可控性经济资源及其潜力等方面进行可行性论证（若有新的投资立项，则须经由财务部门与技术部门等共同论证），并进一步将各项责任目标分解到下属各基层预算执行组织，如分公司、分厂或分部等，并确定相应的考核与奖罚标准。

⑤基层预算执行组织接到分解下来的目标与任务后，按与中层预算执行组织同样的程序进行论证和进一步的分解，直至落实到车间、工段、班组及个人等，同时确立相应的考核与奖罚标准。

⑥母公司经营者和预算管理委员会召开中层预算执行组织主要负责人大会，或分别与各中层预算执行组织负责人（必要时可同时吸收其下属基层预算执行组织负责人，甚至部分员工），以协商与强制相结合的方式，就其目标和任务进行专题论证会。

⑦当集团总预算目标及各层级责任预算目标论证通过或基本通过后，母公司董事会或经营者便全面授权预算管理委员会汇编出正式的企业集团总预算与各层级责任预算，经母公司董事会批准后，下达各层级预算执行组织正式实施。

由此就完成了自上而下式的预算编制程序。

在自上而下式的预算编制程序下，企业集团总部将下属各子公司或分部（包括各级职能部门）视为预算管理的被动主体，预算目标完全来自上层管理者，下层只是被动的执行单位，没有独立的决策权。应该说，这种预算编制模式与集权制的管理思想与风格是一脉相承的，它适用于集权制性质的企业集团。这种预算编制模式更有利于贯彻企业集团高层管理者的意图，使集权管理的优势得以充分发挥。

（二）自下而上式的预算编制程序

自下而上（高度分权）式的预算编制程序是指逆集团治理结构及权责层次顺位而进行预算编制的过程，与自上而下式的预算编制程序相对应。

①基层预算执行组织根据母公司董事会、经营者及预算管理委员会提出的预算管理政策、预算编制原则、预算编制内容及时间等要求，结合自身业务范围与情况，在召开各岗位人员会议的基础上，提出预算年度可以完成的任务指标及其相应说明，并以书面形式提交中层（基层上一级）预算执行组织。

②中层预算执行组织以下一级或基层预算执行组织可以完成的任务指标为基础，结合本责任层次的实际情况，汇总、调整有关指标，提出本责任层次整体可以完成的任务指标及其相应说明，提交预算管理委员会。同时，中层预算执行组织提出本责任层次管理的综合任务指标，并相应提供完成任务指标的可行性说明，如有可行性投资方案，一并提供可行性报告。

③预算管理委员会接到各中层预算执行组织提出的可以完成的任务指标及相应的说明后，根据集团发展战略规划、资源状况以及整体环境，提出集团整体的初步预算目标及可靠性论证，特别要责成母公司财务部就财务资源的配套情况做出可行性预算草案，同时分别对各中层预算执行组织提出的任务指标做相应调整并说明调整理由，将集团整体的初步预算目标及可行性论证、各中层预算执行组织的责任目标及相应的说明报请母公司经营者及母公司董事会审议。

④母公司经营者会同预算管理委员会召开各中层预算执行组织主要负责人会议，结合市场环境形势、董事会要求、集团发展战略、资源支持能力等，对各中层预算执行组织所提出的任务指标进行调整。

⑤中层预算执行组织就调整后的任务指标，召开所属各基层预算执行组织负责人会议，将母公司经营者和预算管理委员会提出的任务指标调整要求及理由，通告各基层预算执行组织负责人，并对各基层预算执行组织提出的任务指标做出相应调整，责成各基层预算执行组织就调整后的任务指标进行挖潜，并各自提出相应的说明，然后将任务指标调整后的可行性论证理由提交预算管理委员会。

⑥预算管理委员会接到各中层预算执行组织重新提交的任务指标及可行性报告或相应的说明后，与各中层预算执行组织主要负责人进一步进行协商、研究。通过反复协商并辅之以强制措施，达成集团及各层级预算执行组织的责任目标及相应的业绩考核与奖罚标准，然后连同相应的说明提交母公司经营者审定，并送至母公司董事会裁决。如果母公司董事会裁定通过，母公司经营者便责成或通过预算管理委员会正式编制集团总预算及责任预算，并下达到各层级预算执行组织正式实施。

由此便完成了自下而上式的预算编制程序。

这种自下而上式的预算编制程序，主要强调预算来自下级预算主体的主动预测，母公司只据此设定一个总目标，监督总目标的执行结果，而不过多地介入过程的控制，这种预算编制程序大大提高了预算指标的现实性与可靠性，大大激发了各预算主体执行预算的自觉性。可见，它更多地适用于具有分权性质的企业集团。

在实践中。单纯的自上而下式或自下而上式采用得较少，大多数企业集团均自觉或不自觉地采用了上下结合式。上下结合式虽然是一种理性的选择，但其实施的关键点，并不在于对上或下的侧重，而在于上与下如何结合，其对接点如何确定，因而很难有统一的程序可循。

四、企业集团预算控制模式

预算控制既受制于企业集团内部管理思想、方法和手段，又受制于外部市场环境的变化；既与经营规模、行业、地域有关，又与企业集团生命周期有关。不同的企业集团，不同时期的企业集团，其预算控制的重点是不同的。所以，可根据企业集团预算控制的重点（或核心、起点）不同，将企业集团预算控制模式分为以下几种。

（一）企业集团初创期的预算控制模式——以资本预算为重点的预算控制模式

1. 经营特点

在企业集团初创期，企业集团面临的经营风险来自两个方面：一方面是大量资本支出与现金流出，企业集团净现金流量为负数；另一方面是新产品开发及未来的现金流量具有较大的不确定性，投资风险较大。企业集团投资的高风险性，使得对于新产品开发及与其相关的资本投入需要慎重决策，尤其需要从资本投入开始介入控制的全过程。

2. 预算控制的重点

在企业集团初创期，预算编制的核心是追求目标净资产利润率最大化，以目标净资产利润率为预算编制的起点和考核的关键指标，预算控制的重点内容是资本预算。只不过，这里的资本预算概念不同于传统的项目决策与选择过程,它具有更为广泛的内容,主要包括以下几点。

①投资项目的总预算,即从资本需求量方面对拟投资项目的总支出进行规划。

②项目的可行性分析与决策过程,即从决策理性角度对项目进行取舍,确定哪些项目可行,哪些项目不可行,它需要借助于未来预期现金预算及规划,属于项目预算。

③在时间序列上考虑多项目资本支出的时间安排,即从时间序列上进行资本支出的现金流出规划。

④在考虑总预算、项目预算及时间序列后,结合企业的筹资方式进行筹资预算,以保证可行项目的资本支出需要,这属于项目筹资预算。

⑤从机制上和制度设计上确定资本预算的程序和预算方式,具体又包括项目可行性的决策;项目预算、总预算、各时间序列下资本预算及最终的筹资预算的编制;预算合理性与可操作性的评审;资本预算的执行以及资本支出过程的监督;资本预算的全面评价;等等。这些最终都要以预算制度和预算表格的方式在资本支出过程中表现出来,因而这种预算控制模式也称资本预算控制模式。

3. 预算控制的目标和预算编制流程

在资本预算控制模式下,预算控制的目标是实现目标净资产利润率最大化。

(1) 目标净资产利润率的分解

目标净资产利润率可通过杜邦分析体系进行分解,分解过程和各项指标如图7-3所示。

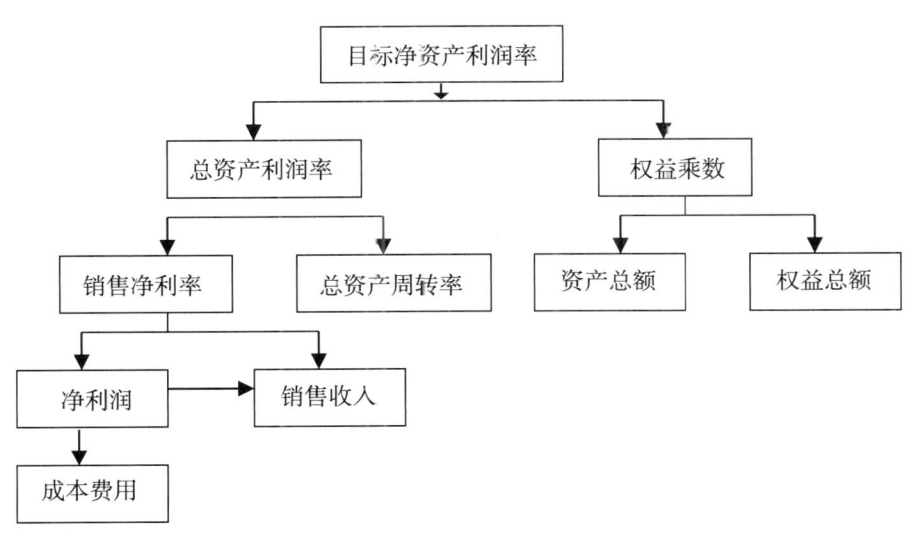

图7-3 目标净资产利润率分解图

(2) 预算编制流程

以目标净资产利润率为主要指标的预算编制流程如图7-4所示。

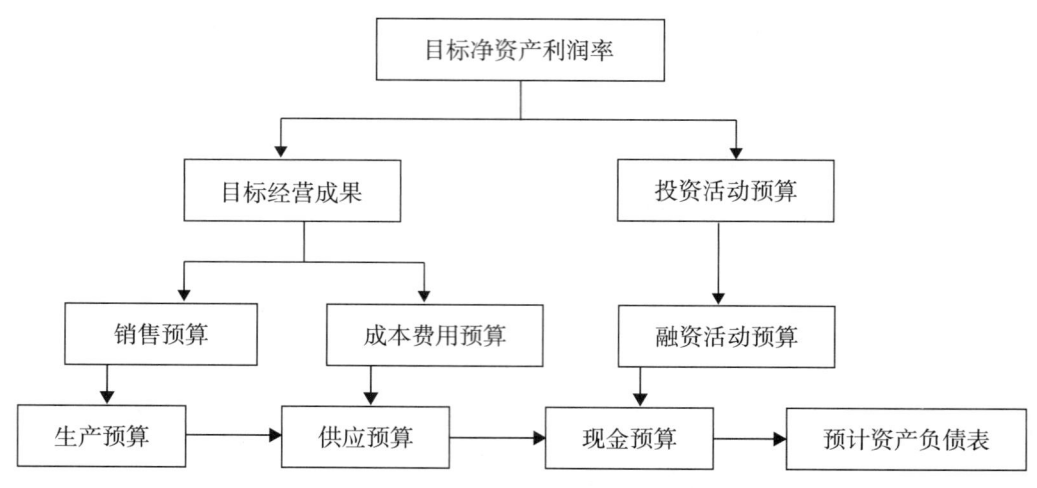

图 7-4　以目标净资产利润率为主要指标的预算编制流程

（二）企业集团成长期的预算控制模式——以销售为重点的预算控制模式

1. 经营特点

步入成长期的企业集团，产品逐渐为市场所接受，市场需求量大幅上升，其对产品生产技术的把握程度已大大提高，现金净流量表现为正数，但其仍然面临较高的风险：一是产品能否被市场接受，能在多高的价格水平上被接受，表现为经营风险；二是因现金净流量是负数而产生的财务风险，即企业集团因大量的市场营销投入、各种有利于客户的信用条件和信用政策的制定而需要补充大量的流动资产，使得现金流维持在入不敷出的状态。这些特点决定了企业集团成长期的战略重心不在财务而在销售，即通过市场营销来开发市场潜力和提高市场占有率。

2. 预算控制的重点

在企业集团成长期，企业集团预算控制的重点应是借助预算机制的控制形式来促进营销战略的全面落实，以取得可持续的竞争优势，因而这种预算控制可称为销售预算控制模式。此时，预算控制以销售为重点，以增加销售量、提高市场占有率为控制目标。预算控制的思想是：①以市场为依托，基于销售预测编制销售预算；②以"以销定产"为原则，编制生产、费用等职能预算；③以各职能预算为基础，编制综合财务预算。

3. 预算控制的目标和预算编制流程

在销售预算控制模式下，预算控制的目标是实现目标销售量最大化。以目标销售量为主要指标的预算编制流程如图 7-5 所示。

（三）企业集团成熟期的预算控制模式——以成本控制为重点的预算控制模式

1. 经营特点

步入成熟期后，企业集团自身的应变能力和所处的市场环境都有不同程度的改善：一方面，市场增长减慢但企业集团却拥有相对较高、较稳定的份额，产品价格也趋于稳定；

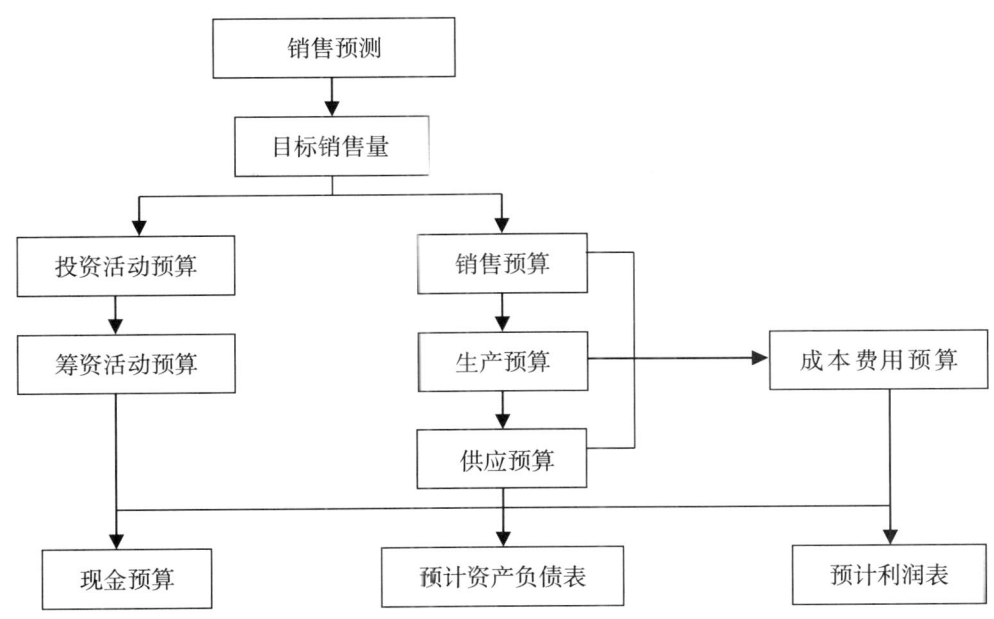

图 7-5 以目标销售量为主要指标的预算编制流程

另一方面，较高的销售量和较低的资本支出使企业集团现金净流量为正数，且保持较高的稳定性。此时，企业集团的经营风险相对较低，但潜在的压力非常大，这种压力体现在两个方面：一是成熟期长短变化导致的持续经营压力与风险；二是成本下降压力与风险。前者是不可控风险，后者是可控风险，也就是说，在既定产品价格的前提下，企业集团的收益能力完全取决于成本这一相对可控因素，且其他企业的总成本领先战略会对企业集团收益造成威胁。

2. 预算控制的重点

在企业集团成熟期，成本控制是财务管理乃至企业管理的核心，以成本控制为重点的预算控制模式也就应运而生，这种预算控制模式可称为成本预算控制模式。其内在的逻辑为：

$$目标成本 = 现实售价 - 期望利润$$

对于处于成熟期的企业集团而言，利润的高低并不取决于产品定价策略，而是取决于成本控制策略。此外，以成本预算为重点的预算控制模式，要在确定总预算成本的基础上，将总预算成本分解到涉及成本发生的各层级管理部门或责任单位，形成约束各层级管理部门或责任单位的分预算成本。不论是总预算成本还是分预算成本，都不是传统意义上的标准成本，而是与市场对接的成本，这种模式能在制度上保证实现了预算成本就实现了目标利润。

3. 预算控制的目标和预算编制流程

在成本预算控制模式下，预算控制的目标是实现目标成本最小化。以目标成本为主要指标的预算编制流程如图 7-6 所示。

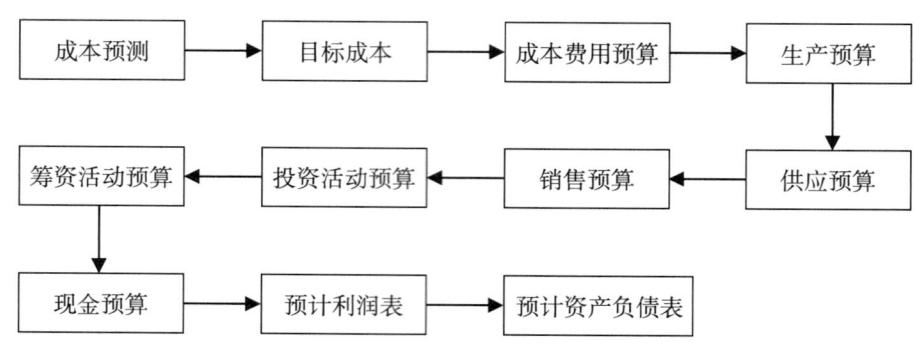

图 7-6　以目标成本为主要指标的预算编制流程

（四）企业集团衰退期的预算控制模式——以现金流量为重点的预算控制模式

1. 经营特点

企业集团衰退期的经营特点是，原有产品已经被市场所抛弃，或者被其他产品所替代，市场趋于萎缩，这一时期的财务特点主要是大量应收账款被收回，而潜在的投资项目并未确定，因此有大量的现金流量（正值）产生。

2. 预算控制的重点

如何针对经营特点，做到监控现金有效收回并确保其有效利用等，就成为企业集团在衰退期的预算控制重点，加强以现金流入、现金流出为核心的现金管理也就有了其必然性。这种以现金流量作为预算控制重点的预算控制模式可称为现金预算控制模式。

以现金流量为重点的预算控制模式并不完全等同于现金预算。现金预算仅仅是财务管理的一部分，它旨在降低企业集团的支付风险，协调现金流动性与收益性之间的矛盾。而以现金流量为重点的预算控制模式要求企业集团的预算控制必须以现金回收和现金合理支出为核心，从而防止自由现金流量被滥用（在分权管理体制下，能够滥用自由现金流量的不只是传统意义上的经营者，很可能还包括下级管理人员，这一点在某些内部管理体制不健全的企业中表现得尤为突出），同时为下一轮新产品的开发及新增长点的培育积蓄力量。

第三节　预算目标规划

一、预算目标规划的原则

预算编制的前提是预算目标规划，企业集团的预算目标规划主要是指企业集团总预算目标的确定和总预算目标向各子公司或责任中心的分解。不同的企业集团，其预算目标的出发点是不同的，但无论是何种预算目标，其核心目标最终都要具体化为利润目标。在企业集团预算目标规划过程中，始终要遵循以下三项基本原则。

（一）预算目标具有战略性

战略性是指企业集团在确定预算目标时，要考虑企业集团的长远目标，不能只顾眼前利益。其预算目标要使企业集团具有可持续发展的竞争优势，不能追求当期的利益最大化。

(二) 预算目标具有可行性

可行性是指预算目标是企业集团经过努力可以实现的，而非好高骛远的。这就要求企业集团确定预算目标时做到以下几点。

1. 以销售预测为起点

一般而言，对于产业型企业集团，母公司所关心的利润主要是通过产品的市场价值的实现而实现的，市场既包括产品或劳务市场，也包括资本市场，因此，产品的销售预测也就成为规划利润目标、实现企业集团管理目标的基本前提。对于资本型企业集团，母公司所关心的利润大多是靠子公司实现的，因此，资本市场所确定的资本价格，也就成为母公司确定子公司收益预算（投资回报率）的基本依据。

2. 以实现股东期望收益率最大化为根本

在市场经济条件下，股东之所以投资于某企业集团，是因为对该企业集团有着超出市场平均收益率的收益期望。而作为一个整体的企业集团，其运营的目标是实现企业集团股东财富最大化，而这一目标一般又体现为最大化的资本报酬率或每股收益，即企业集团要求对股东的投资回报率不得低于同行业平均资本报酬率。因此，同行业平均资本报酬率也就成为股东期望收益率的下限，成为企业集团总预算目标的主要约束参数。

3. 资产报酬率必须高于负债成本率

资本报酬率是针对股东投资收益而言的，但是，股东投资收益的实现还必须考虑现有资产的盈利能力。根据资产负债表所计算的资产报酬率，本身包含着对财务风险的考虑，而这种财务风险是建立在资产盈利能力基础之上的。如果不能使资产报酬率高于负债成本率，则资本报酬率就必须置于较低的水平。否则它会直接导致母公司产生较大的财务风险，从而影响企业集团的持续经营。可见，根据资产负债表所计算的资产报酬率是制约资本报酬率的主要参数。

(三) 预算目标具有科学性

科学性是指预算目标是在收集大量可靠、真实信息的基础上，经过科学的分析和计算而制定的。

二、不同类型的企业集团预算目标规划

企业集团有产业型企业集团、产品型企业集团和资本型企业集团等类型。在企业集团内，有的母公司既对子公司进行股权控制和经营控制，本身又从事某种实际业务的生产经营；有的母公司本身不从事直接的生产经营活动，只是通过掌握子公司的股份而实现其控制意图。不同类型的企业集团，预算目标规划的侧重点有所不同。

(一) 产业型和产品型企业集团预算目标规划

产业型企业集团是指集团内各公司在产品上存在多类产品的跨行（产）业的集团，产品型企业集团是指从事某类产品上、下游多个环节经营的集团。产业型和产品型企业集团

的母公司按是否直接从事经营可分为管理型和生产经营型，这两种类型的母公司的基本目标都是追求目标利润最大化。

产业型和产品型企业集团的预算目标，即目标利润的确定都必须以销售预测为前提，其预算目标规划具体有以下三个步骤。

①根据销售预测，在假定产品售价和成本不变的情况下，初步确定目标利润草案。

②以同行业平均资产报酬率为基准对初步的目标利润进行修正，提出成本费用降低率目标。

③在修正的目标利润基础上，通过各责任中心（子公司及部门）之间的协调，最终确定集团各责任中心（子公司及部门）的预算目标。

（二）资本型企业集团预算目标规划

资本型企业集团的母公司本身不从事直接的生产经营活动，其设立的目的只是掌握子公司的股份，然后利用控股权，直接或间接地影响子公司的重大决策和生产经营活动，实现其控制意图。

资本型企业集团的预算目标主要视资本市场而定。由于控股母公司并不直接进行生产经营，它只是一个投资中心，发挥投资银行的作用，因此，对于母公司的股东而言，它所要求的回报为与投资风险相对应的必要投资报酬率。母公司在整个企业集团中所起的作用包括两部分：一是作为子公司的所有者或投资者，要取得投资报酬，这与母公司股东对母公司的期望收益回报是一样的；二是向子公司提供各种服务并对其进行监督，而这些服务与监督的费用需要通过从子公司中分得的收益来补偿。

1. 对子公司投资报酬（或目标利润）的确定

对于投资报酬，母公司会确定统一的对子公司投资的报酬基准（如资本报酬率为15%），并在此基础上，依据母公司对各子公司投资额的大小来确定子公司的目标利润。

$$目标利润=投资额\times 资本报酬率$$

2. 对子公司服务费用的确定

对于子公司共享母公司资源（如使用母公司的商标权、专利权等无形资产，或母公司替子公司担保贷款或其他金融服务等）的情况，母公司收取费用补偿有三种方式：通过分部或部门间接地征收管理费用；直接征收服务费用和使用费用；直接将管理责任委托给一个指定的分部或管理部门，然后由这个分部或管理部门向各子公司收取费用。

第四节　资本预算控制

一、固定资产投资预算控制的程序

固定资产投资预算控制的程序一般可分为以下六个步骤，在实践中，这些步骤可合并或穿插使用。

（一）提出与企业集团战略目标一致的投资方案

固定资产投资项目可分为不同的种类，但每个投资项目都必须与企业集团的战略相一致,以避免对与企业集团战略相矛盾的投资项目做不必要的分析。企业集团通常有多个管理层级对各种投资方案进行筛选,投资方案最终由哪一层级批准,取决于投入的资本的多少。投入的资本越多,需要"筛选"的次数就越多。在不同的企业集团中,筛选投资方案的程序并不相同,因此很难对此进行概括。

(二) 预测投资方案的现金流量

资本预算控制的一个重要任务是预测一个投资项目的未来现金流量。固定资产投资预算中的现金流量按时间发生顺序,可分为初始现金流量(初始投资额)、营业现金流量(期间增量现金流量)和终结现金流量。现金流量应该建立在税后的基础上。初始投资额以及贴现率都应表示为税后的形式,也就是说,所有预期的现金流量都需要转换为相应的税后现金流量。

(三) 预测预期现金流量的风险

固定资产投资项目既可能涉及单个投资项目,也可能涉及多个投资项目。而涉及多个投资项目时,既可能有某些投资项目的未来现金流量与已存在的资产密切相关,也可能有某些投资项目的未来现金流量与已存在的资产不太相关。因此,企业集团在预测预期现金流量时,必须充分地考虑现金流量的不确定性,并对其做出合理的估计。

(四) 确定资本成本的一般水平

资本成本在资本预算控制中是计算资金的时间价值和投资的风险价值的根据,是决定投资项目取舍的标准。企业集团应根据银行的挂牌利率、证券的实际利率、股东权益获利水平以及该项投资所面临的风险程度等因素进行周密考虑,以确定资本成本的一般水平。

(五) 确定投资方案的现金净流量现值

根据所估计的投资方案的预期现金流量和所确定的资本成本,计算投资方案的现金流入量现值和现金流出量现值,并计算出现金净流量现值。

(六) 依据收益最大化标准决定投资方案的取舍

采用净现值法,将投资方案的现金流入量现值和现金流出量现值进行比较,如果现金流入量现值大于现金流出量现值,就可以接受该投资方案;如果现金流入量现值小于现金流出量现值,就拒绝该投资方案。

二、固定资产投资项目初始投资额的预测

预测固定资产投资项目初始投资额的方法有很多,下面将说明最常用的几种方法。

(一) 逐项测算法

逐项测算法是对构成初始投资额基本内容的各项目先逐项测算其数额,然后进行汇总,从而预测初始投资额的一种方法。

（二）单位生产能力估算法

单位生产能力估算法是根据同类项目的单位生产能力投资额和拟建项目的生产能力来估算初始投资额的一种方法。生产能力是指投资项目建成投产后每年达到的产量。一般来说，生产能力越强，所需投资额越多，两者之间存在着一定的数量关系。用单位生产能力估算法预测拟建项目初始投资额的公式为：

拟建项目初始投资额=同类项目的单位生产能力投资额×拟建项目的生产能力

（三）装置能力指数法

装置能力指数法是根据有关项目的装置能力和装置能力指数来预测项目初始投资额的一种方法。装置能力是指以封闭型的生产设备为主体所构成的投资项目的生产能力。装置能力越强，所需投资额越多。

三、固定资产投资预算控制运用

固定资产投资预算按对未来情况的把握程度，可分为确定型预算控制和风险型预算控制。其中，确定型预算控制是指投资的未来情况是已知的，确定不变的。风险型预算控制是指投资方案的未来情况通常会受到许多不确定因素或风险影响。这里可把风险定义为固定资产投资项目的现金流量与其预期值之间的差异，差异越大，就认为项目的风险越大。对固定资产投资的预算控制常采用风险型预算控制。虽然投资的未来情况并不十分明了，但各种情况发生的可能性（概率）分布是已知的。风险型预算控制常采用以下两种方法。

1. 敏感性预算控制分析

影响投资方案现金流量的因素很多，如销售量、销售价格、原材料成本等。投资方案的敏感性预算控制分析，是指分析和测算某个或某几个变量在一定范围内变动，对评价指标和投资方案评价结果的影响程度。敏感性预算控制分析可以帮助决策者事先考虑好灵活的对策与措施，争取主动。敏感性预算控制分析可以回答"如果……那么……"等问题，显示出当现实现金流入和流出与预期不同时，将产生的财务影响，从而帮助预算控制人员确定固定资产投资项目将产生的结果。

如果某个变量在很小的范围内变动，会对评价指标产生较为强烈的影响，从而影响投资方案的可行性，就说明该投资方案对这个变量的敏感度很高。因此，在进行预算控制时就应对其给予特别的重视。如果某个变量在较大范围内变动仍不会影响投资方案的可行性，就说明该投资方案对这个变量的敏感度较低，在预算控制时就可相对松一些。敏感性预算控制分析方法，可帮助预算控制人员在预算投资项目现金流量时，抓住重点因素，减少估计误差对净现值（或其他预算指标）的影响，从而降低投资风险。

2. 风险调整折现率预算控制分析

风险调整折现率预算控制分析方法是风险型预算控制中常用的方法，其基本思想是：根据高风险高回报的原则，对高风险的项目，采用较高的折现率去计算净现值，然后根据净现值来选择投资方案。这种方法的关键是根据风险的大小来确定包括风险因素的折现率，即风险调整折现率。风险调整折现率的确定方法包括以下两种。

(1) 资本资产定价模型（CAPM）法

对固定资产投资来说，其投资风险包括可分散风险和不可分散风险两部分。在进行固定资产投资决策时，可以采用资本资产定价模型法，此时，企业的总资产风险为：

$$总资产风险＝可分散风险＋不可分散风险$$

可分散风险可以通过企业的多元化投资来加以分散，所以，在进行固定资产投资时，值得注意的风险只是不可分散风险。

(2) 按投资项目的类别调整折现率

按投资项目的类别调整折现率也是确定风险调整折现率的一个常用方法。它先将投资项目分成若干类别，然后根据经验对每类固定资产投资项目的折现率进行调整。

第八章　企业集团的业绩评价

思维导图

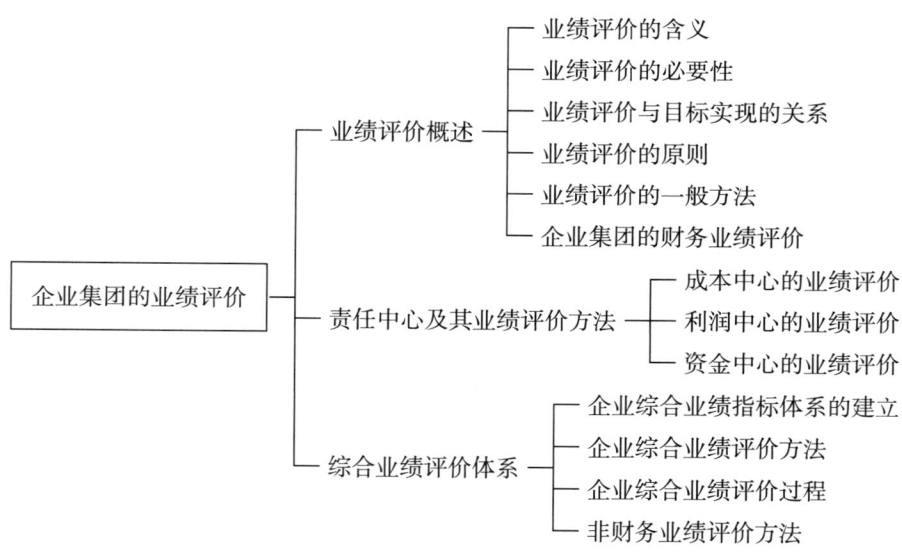

第八章 企业集团的业绩评价

引 例

中国第一汽车集团有限公司（以下简称一汽），是国有特大型汽车生产企业。一汽作为中国汽车工业的长子，曾经创造过中国汽车工业的无数辉煌和奇迹。然而，随着经济的快速发展，我国汽车行业竞争日趋激烈。市场环境的变化给一汽带来了巨大的竞争压力，为了应对压力，一汽建立了业绩评价体系。

一汽按照"总体设计、分步实施、逐步完善"的方针推进绩效管理体系的建设。基于对已有考核体系的分析，以及对国际上主流考核工具的研究，一汽采用了平衡计分卡（balanced scorecard，BSC）和关键绩效指标（key performance index，KPI）来建立业绩评价体系，并在具体指标中融入经济增加值（economic value added，EVA）的思想。BSC 的使用改变了一汽各公司以往只关注财务数据的现象；KPI 则通过具体的量化指标避免了因战略目标本身的整体性和沟通风险造成的传递困难，给各级管理者提供了客观的标准和角度；EVA 从衡量经营者为股东创造了多少财富的角度出发，维护了股东利益，是目前优秀企业普遍采用的财务指标。一汽将 EVA 引入 BSC 体系中，利用 BSC 注重长期发展的特点，很好地弥补了 EVA 的不足。

思考： 一汽的业绩评价体系是如何帮助其经营发展的？

第一节 业绩评价概述

一、业绩评价的含义

业绩可以理解为预算（计划）或管理规定执行的结果，它可分为经营方面的业绩（经营业绩）和管理方面的业绩（管理业绩），如图 8-1 所示。

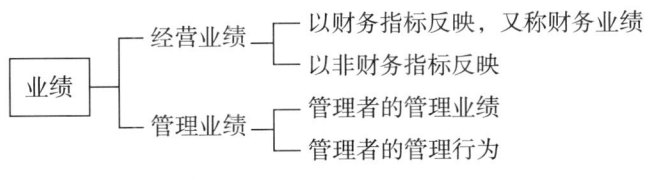

图 8-1 业绩分类

业绩评价是对企业经营业绩和管理业绩进行的全面而系统的分析与评定，其目的在于通过评价找出增加企业价值的关键变量，并据此对经营者和管理者进行计酬。业绩评价对企业集团非常重要，好的业绩评价体系有利于提高企业业绩。业绩评价不同于财务报表分析，财务报表分析关注"结果是什么样的"这一问题，而业绩评价在关注"结果"的基础上，分析"结果"产生的"原因"，它更关注"结果是由谁来负责的"这一问题。业绩评价和财务报表分析是一个问题的两个方面。财务报表分析是客观的，而业绩评价则可能是主观的。在企业业绩评价中，经营业绩评价和管理业绩评价的侧重点有所不同。经营业绩评价是对形成企业业绩的所有经营活动与管理活动进行全方位的评价，是一个综合评价系统。该评价系统可以用财务与非财务分析来解决，具有客观性。而管理业绩评价则是对管理者的管理业绩与管理行为进行评价，是对人的行为的评价，具有一定的主观性。

二、业绩评价的必要性

首先，业绩评价在很大程度上是因两权分离这一现代企业制度的特征而产生的。单一的企业组织，在两权分离状态下，所有者及其代表（董事会）在将资产委托给代理人的同时，也将资产作为一个评价对象纳入所有者的产权管理范围。因此，两权分离产生了所有者与代理人之间的委托代理关系，继而产生了代理成本。如何在制度层面，通过制度设计来提高企业效益，使代理人与所有者的目标达成一致，并进一步降低代理成本，就成为一个双方都关心的问题。将管理者（代理人）的管理业绩与管理报酬相结合是制度设计的主要环节。因此，董事会的主要工作在于两方面：一是选择有能力的职业经理充当代理人；二是设计代理人的报酬计划，对代理人进行必要的激励。这就涉及一个问题，即所有者及其代表（董事会）如何判断代理人的业绩好还是不好？这些都需要企业集团的所有者及其代表对代理人的业绩进行相对客观的评价，从而为设计报酬计划和降低代理成本提供前提条件。正确的业绩评价可以及时反馈代理人的工作状况，降低信息不对称的程度，从而阻止代理人的逆向选择行为，还可以传递企业集团战略目标与具体任务，引导代理人的生产经营行为与所有者的目标相一致，从而降低代理成本。

其次，企业集团内客观存在多个管理层级，由于可能存在官僚化，各类生产、经营、管理信息的反馈可能会出现延迟和滞后，从而导致管理效率低下甚至无效。为了提高管理效率，母公司对子公司、高层管理者对中低层管理者等，都有进行业绩评价的必要。业绩评价作为企业集团内部管理的一种行为，反映了管理责任的受托问题。

再次，企业集团中母公司与子公司的关系，使得业绩评价成为双重性的管理行为。所谓双重性，一方面是指母公司作为所有者，对子公司（责任中心）作为经营者的评价；另一方面是指母公司作为企业集团管理总部，对其下属管理者的一种评价，属于高层管理者对中低层管理者的评价范围。因此，业绩评价在企业集团财务管理中的地位与作用就显得特别重要。

最后，所有者目标的实现与管理者的工作质量有赖于恰当的激励与约束制度的设计和实施。而恰当的激励与约束制度的设计和实施，又依赖于正确、及时的业绩评价，否则，就无法收到奖勤罚懒的管理效果。

三、业绩评价与目标实现的关系

业绩评价在企业管理中起着非常重要的作用，它能促进企业目标的实现。

有效的企业集团的目标的作用包括：①为业绩提供评价标准，这一标准是管理者确认过的，具有可操作性；②为整个组织的管理行为规划和管理控制提供前提；③为管理行为的合理性与决策可行性提供价值判断标准；④在很大程度上决定了组织的结构与框架，是组织设计的依据之一；⑤有助于对管理者及员工的激励，并为设计报酬计划提供依据；⑥能够给组织内部与外部（尤其是外部的利益相关者）提供明确的管理指向，从而为市场提供信号；⑦是评价组织发展与变化的重要基础；⑧是制定组织政策与短期目标的重要依据；等等。

可见，业绩评价作为联结目标与报酬计划的中间环节，在目标实现及其评价上，起到了关键的作用。

四、业绩评价的原则

（一）业绩评价的设计原则

业绩评价的设计原则对业绩评价的具体指标设计、模式选择和实施起指导作用，它主要包括以成果为重、追求远大的目标、选择正确的评估项目，以及明确管理责任承担结构四项。前两项原则应作为企业的基本理念，第三项原则能够影响评估机制及让评估措施有效运作。

1. 以成果为重

企业面对着竞争和变革，业绩评价的指标设计也应当适应变革的需要。任何变革，无论是战略的确定还是制度的革新，在进行前都应先制定评估措施和绩效目标，而不是在业务流程设计好后，再制定评估措施和绩效目标。制定评估措施时应该以成果为重，而不以达到目标的手段为重，即要告诉被评估的对象，他们要完成哪些事，而不是他们要怎么做。当然，要让评估措施与成果相联系，必须先彻底了解企业的整体目标。如果企业对于预期的成果不太确定，就应该停下采取具体措施的脚步而先加以确定。

2. 追求远大的目标

如果目标定得不好，企业就失去了激励员工的重要工具。企业往往会得意于自己已经完成了去年所设定的目标。但如果这些目标都不高，很容易达到，那就没什么意义。远大的目标所重视的是希望做到什么，而不是可以完成什么。远大的目标会让人以创新的方式思考，寻求那些以前没有注意到的改善业绩的方法和途径，并取得成果。企业在订立积极进取的目标时，应该对良好的表现给予奖励，即使目标没有达成，因为这总比降低标准、只奖励达到平凡目标的人好。

3. 选择正确的评估项目

在企业的发展变革过程中，必须明确：所衡量的就是所得到的。因为衡量标准驱动行为，所以，衡量标准的制定必须以企业想实现的目标为依据。一旦选择了错误的评估项目，就可能出现行动的结果完全背离预期和规划的情况。只有选择了正确的评估项目，才能够实现业绩评价的激励和控制目标。

为了寻求那些正确的评估项目，理论界和实务界构建了很多评估框架和方法，如平衡计分卡、欧洲质量管理基金会建立的作为 EFQM 卓越奖的审核标准的企业卓越模式等。但是，有一点需要明确的是，无论这些框架和方法的支持者宣称得多好，在评估经营业绩时，绝对没有哪一种方式是"最好"的。其原因在于，经营业绩这个概念本身就是由许多不同的面拼凑而成的，每家企业在不同的发展阶段可能侧重于不同的方面。如果不能在适当的时期选择适当的评价体系，那么业绩评价将难以起到积极的作用。

4. 明确管理责任承担结构

虽然业绩评价应当以结果为重，但这并不意味着对过程的忽视。业绩评价体系的核心目的应当是帮助企业顺利地开展业务，业绩评价体系应能使业务流程中各个环节的责任人都明确在何时必须采取纠正措施，而不仅仅是由高级经理评价所取得的成绩。目前，人们对企业业务流程的关注越来越多，为了提高评价的效率和效果，促进业务流程的顺利开展，企业必须设计相应的业绩评价体系，这一业绩评价体系的基础就是对业务流程中各个关键点责任的明确。有些企业基于业务流程设计，创造出一个能为整个价值实现过程负责的组织——团队。从这个意义上说，业绩评价体系的设计与业务流程的设计在相互影响中共同发展着。

（二）业绩评价的实施原则

在业绩评价的实施过程中，一般应遵循以下原则。

1. 目标性原则

任何一家企业，都有其目标。目标实现与否，反映了企业是否进行了有效的经营和管理。所以，对企业进行业绩评价就是要评价企业对目标的实现程度。目标性原则是业绩评价的一项重要原则。

2. 客观性原则

业绩评价的结果是考核部门和管理者工作成果的重要依据，因而一定要客观、真实，不能受主观和人为因素的影响。为此，在业绩评价中可以借助第三方或者专家，以其超然独立的立场、公平的态度和精湛的判断能力，采用合理的方法加以度量。这样才能使业绩评价结果更为客观、准确。

3. 一致性原则

在业绩评价中所采取的基础数据、指标口径、评价方法、评价标准要前后一致，具有可比性。

4. 时效性原则

为了能及时了解企业的营运状况，应及时对企业的业绩进行评估，并对有关人员予以奖惩，这样有助于业务的改善。在实施业绩评价时，评价标准等也具有时效性，因而在选择时一定要加以考虑。

五、业绩评价的一般方法

业绩评价所用到的方法不外乎两类：一类是广泛使用的定量分析法；另一类是定性分析法。定性分析法主要是通过直接观察、实地调查、与相关人员座谈等形式达到收集相关资料、了解实际情况、查找原因等目的。定量分析法是通过数据的对比、换算等，来查找造成预算（计划）差异的原因。在实际操作中，经常使用的业绩评价方法有以下十种。

1. 指标法

指标法就是采用财务指标对评价客体进行考评。

2. 趋势法

由于评价业绩时更加重视企业的持续经营能力，因此趋势评价是业绩评价的重要内容，如对销售趋势、成本变化趋势、市场占有趋势、利润变化趋势等进行评价。趋势法就是通过过去几年的数据，判断企业未来的发展，以考评评价客体较长时间预算（计划）的执行趋势。

3. 情景模拟法

情景模拟法是一种模拟工作评价方法，它要求员工（评价客体）在评价主体面前处理实际工作中可能遇到的问题，评价主体根据完成情况对评价客体进行业绩评价。

4. 强制比例法

根据正态分布原理，优秀部门及人员和不合格部门及人员比例应基本相同，大部分部门及人员应属于工作表现一般的情形。强制比例法就是在评价标准中强制规定优秀部门及人员比例和不合格部门及人员比例，如规定优秀人员与不合格人员比例均为20%，普通员工占总员工的60%。

5. 评语法

评语法是由评价主体撰写一段评语来对评价客体进行评价。评语内容包括经营业绩、管理业绩、实际表现、优缺点、努力方向等。

6. 重要事件法

"重要事件"是指评价客体的优秀表现和不良表现，平时有书面记录。重要事件法就是综合整理分析书面记录，最终形成评价结果。

7. 序列比较法

序列比较法是对相同预算（计划）指标或任务的评价客体进行评价的一种方法。将相同预算（计划）指标或任务的所有评价客体放在同一评价模块中进行比较，根据他们的预算（计划）执行情况排列顺序，较好的排名在前，较差的排名在后。

8. 目标考评法

目标考评法是指根据评价客体工作目标的情况来进行考核。在工作开始之前，评价主体与评价客体应对需要完成的工作内容、时间期限、评价标准达成共识；期限结束时，评价主体根据评价客体工作状况及原先议定的评价标准来进行评价。此方法适用于推行目标管理的项目或部门。

9. 等级评价法

等级评价法是指把评价客体的工作内容划分为相互独立的几个模块，在每个模块中用明确的语言描述该模块工作需要达到的标准，按"优、良、合格、不合格"对评价客体的实际工作表现进行评价。

10. 综合法

综合法是指将各类业绩评价方法进行综合运用，以提高评价结果的客观性和可信度。上述方法可以根据实际需要选择使用，通常企业会选择几种方法进行综合使用。

六、企业集团的财务业绩评价

业绩评价的主要内容是财务业绩评价。财务业绩是经营业绩中能够用财务指标反映的方面，它通常表现为预算（计划）的执行结果。

（一）财务业绩评价系统

财务业绩评价系统，是指企业集团为了达到预算（计划）目标，运用一些评价指标，采用特定的方法，对各子公司（责任中心）的预算（计划）执行情况进行评价的制度。该系统的构成如图8-2所示。

下面将具体介绍财务业绩的评价主体、评价客体和评价目标。

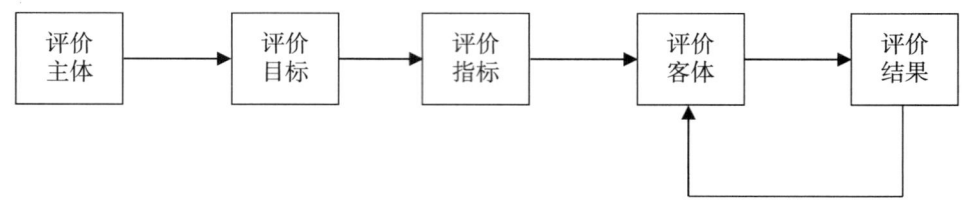

图 8-2 财务业绩评价系统的构成

1. 财务业绩评价主体

财务业绩评价主体是财务业绩评价的组织者和实施者。财务业绩的评价主体可以分为两个层次。第一个层次的评价主体是预算管理委员会和集团财务部。对于企业集团预算（计划）的执行情况，预算管理委员会作为最高的评价主体行使其评价职责。第二个层次的评价主体是子公司（责任中心）内部的各级部门，子公司（责任中心）内部按照逐级负责原则，由上级对下级的预算（计划）执行情况进行评价，评价客体是下级各责任部门和相关个人。在财务业绩评价系统中，处于中间层级的各个部门既是上级评价主体的评价客体，又是下级部门的评价主体。

2. 财务业绩评价客体

评价客体，即评价对象。在进行财务业绩评价时，评价客体是企业集团内各子公司（责任中心）等各级预算责任单位。各级预算责任单位是指企业集团组织结构中的各个层次，如纵向组织结构中的子（分）公司、车间、工段、班组等，横向组织结构中的供应、生产、销售等职能部门和计划、财务、人事等管理部门，以及按可控性划分的责任单位，按成本动因划分的作业单位，等等。财务业绩评价的下级预算责任单位，应根据预算管理的要求设置。

3. 财务业绩评价目标

业绩评价目标代表着一个组织努力追求的一种预期的效果。财务业绩评价目标是财务业绩评价的立足点和目的地，财务业绩评价能够检验预算执行情况，能为进一步的奖惩提供依据。关于财务业绩评价的指标体系有很多，比较权威的是杜邦分析体系。

(二) 财务业绩评价程序

财务业绩评价既然是对预算（计划）完成情况的考核与评价，其内容应与预算（计划）编制的内容一致。财务业绩评价以预算（计划）责任主体为评价客体，以预算（计划）目标为核心，通过比较预算（计划）完成情况与预算（计划）目标，确定两者之间的差异，并分析差异形成的原因，据以评价各预算（计划）责任主体的工作业绩。企业集团财务业绩评价工作通常按照以下程序进行。

1. 广泛收集相关资料

在一个预算（计划）期间结束后，各评价主体首先要收集与评价相关的各种资料。财务业绩评价所需资料包括内部资料和外部资料两方面。内部资料主要是有关预算（计划）目标及其执行情况的资料，用以确定预算（计划）差异；外部资料包括影响预算（计划）执行结果的有关外部因素的变动信息和相应外部市场的可比信息，用以进行差异分析。对预算（计划）的考核与评价，必须建立在充分、准确的资料基础之上。

2. 将实际完成情况与评价标准进行比较，确定差异

对于实际完成情况与评价标准之间的差异，根据其性质，可以分为两类：有利差异和不利差异。有利差异是指实际完成情况好于评价标准所造成的差异，如实际销售收入大于预算（计划）收入，某项支出的实际数额小于预算（计划）数额等。不利差异则与有利差异相反，是指实际情况劣于评价标准所造成的差异，如实际销售收入没有达到预算（计划）数额，成本费用超过预算（计划）数额等，不利差异显然会对企业集团的利润产生不利的影响。

3. 进行差异分析

这一步主要是对各项差异进行分析，查找差异产生的原因，并就如何消除不利差异提出整改措施和办法。差异产生的原因，不外乎内部工作效率和外部因素变化两个方面。在进行差异分析时，要注意那些表面上看来是有利差异而实际上是隐性不利差异的现象。在财务业绩评价中，有利差异不一定"有利"。这是因为，一方面，它可能意味着预算（计划）编制质量不高，或者缺乏预算（计划）调整，从而使预算（计划）的控制职能弱化；另一方面，它可能意味着"预算（计划）松弛"的现象比较严重。

确定差异并不是最终目的，最终目的是要找出预算（计划）执行过程中存在的问题，以便采取合理适当的措施来改进，从而促进企业集团健康发展。面对大量的差异，不可能对所有的差异都进行细致分析，因此应该有针对性地进行取舍，应该着重考察原因不明确的差异和重大差异。

4. 编写、报送评价报告

各评价主体结束对评价客体的业绩评价后，要根据评价结果编写评价报告，并就报告中的事实部分与评价客体进行沟通，征求其意见。在评价报告中，对于能确定业绩责任归属的业绩差异，应按照权责利匹配原则，给予相应奖惩；对于不能确定业绩责任归属的业绩差异，应对相关评价客体按照一定的比例给予相应奖惩。各评价主体编写完评价报告后，向本级责任主体和上级评价主体报送评价报告，供其作为确定和解除预算（计划）责任的依据。

第二节 责任中心及其业绩评价方法

企业集团由于管理层次较多，通常会采用分权管理模式。分权管理的基本单位就是责任中心。责任中心是指企业集团内承担一定经济责任，并享有相应权力和利益的组织单元，它由一名对其行为负责的管理者领导。责任中心根据其在企业集团所处的层次和总体范围，可分为一级责任中心、二级责任中心、三级责任中心等；根据承担的经济责任的内容，可分为成本中心、利润中心和资金中心。责任中心还可根据产品或区域来划分，或将产品和区域结合起来作为划分依据。

责任中心的业绩评价主要采用比较法，即将各类业绩评价指标的实际值与预算（计划）值进行对比。

一、成本中心的业绩评价

成本中心是只对生产经营过程中的成本或费用承担责任并实施管理的组织单元，成本中心的业绩评价只负责计量该中心发生的成本或费用，并评价其中可控的部分，而不计量和评价该中心取得的收入（如果有的话）和利润。成本中心只在企业集团内开展经济活动，按产出能否计量，可分为有形成本中心和无形成本中心。

（一）成本中心业绩评价的依据

成本中心业绩评价的依据是成本，但它不是一般意义上的成本，而是责任成本。

1. 责任成本的概念

责任中心发生的成本按控制关系可分为可控成本和不可控成本，其中可控成本就是责任成本。责任成本是指责任中心发生的可控的有关成本，也称可控成本。就成本中心来说，责任成本就是某一特定成本中心主管人员必须而且能够负责或控制的有关成本或费用。按照预算控制的要求，企业集团应将未来一定时期的目标成本根据控制需要进行层层分解，具体落实到下属各个责任单位，从而形成各成本中心的责任成本预算，并将其作为业绩评价的基本依据。

至于责任中心所发生的全部成本中的不可控部分，则通常称为不可控成本。不可控成本主要是指不能为某个责任中心的意志与行为予以制约的有关成本，如同级部门结转而来或上级部门分配而来的劳务费、折旧费等。

2. 责任成本的特征

责任成本是指各责任中心真正能够实施调控的，受其经营活动和业务工作直接影响的有关成本。一般来说，责任成本具有以下三个方面的特征：①可预知性，即有关责任中心或主管人员可以事先知道将要发生什么性质和数量的耗费；②可计量性，即有关责任中心或主管人员可以对所发生的各种耗费进行准确的计量；③可调控性，即有关责任中心或主管人员可以主动对其权责范围内发生的各项耗费进行调节和控制。

3. 责任成本与产品成本的关系

财务管理上的责任成本与财务会计核算上的产品成本既有联系又有区别，其联系表现为，某一期间的产品总成本应与该期间各责任中心的责任成本之和相等。责任成本与产品成本的主要区别表现在以下四个方面。

（1）成本计算对象不同

责任成本是以责任中心为对象进行归集的有关成本和费用；而产品成本却是以具体产品为对象进行归集的有关成本和费用。

（2）成本计算原则不同

责任成本是按照"谁负责、谁承担"的原则进行计算的；而产品成本却是按照"谁受益、谁承担"的原则进行计算的。

（3）成本属性不同

计算责任成本时，通常要将责任中心发生的成本划分为可控成本和不可控成本两部分，该责任中心的各项可控成本之和构成该责任中心的责任成本，即责任成本计算的是各责任中心发生的成本中的可控部分；而产品成本计算的却是发生的成本。

(4) 成本计算目的不同

责任成本计算主要是为了反映有关责任中心责任成本预算（计划）的执行情况，为评价责任中心的工作业绩提供依据；而产品成本计算则主要是为了反映有关产品成本预算（计划）的执行情况，确定产品的盈利能力。

（二）有形成本中心的业绩评价

有形成本中心是指成本投入与产出数量之间有密切联系，且产出能够计量的成本中心。有形成本中心在工业企业中普遍存在，在一些服务业中也多有存在，如快餐店或医院可分别根据售出的套餐数量或医治的病人数量建立有形成本中心。有形成本中心发生的成本支出，有的与产出数量直接相关，称为直接成本或变动成本；有的与产出数量无关，称为间接成本或固定成本。

1. 有形成本中心业绩评价的内容

(1) 成本支出的效率

成本支出的效率是指成本投入（货币量度）和产出（实物量度）的比例关系，实际上就是单位成本。当有形成本中心只有一种产品时，成本支出的效率较容易计算；当有多种产品时，可在间接成本分配后，采用约当产量等方法计算确定。

(2) 成本支出的效果

成本支出的效果是指在指定的时间内以合格的质量完成的产量情况，即产品生产数量的履约情况。

2. 有形成本中心业绩评价的依据

有形成本中心业绩评价的依据有两个：一是责任成本预算；二是生产任务计划。

3. 案例分析

例 8-1：某有形成本中心生产 A、B 两种产品。某季的责任成本预算为 580 000 元，A 产品的效率预算指标为 600 元/件，B 产品的效率预算指标为 720 元/件。生产计划产量：A 产品为 500 件，B 产品为 400 件。实际成本支出情况：A 产品的直接成本为 285 000 元，B 产品的直接成本为 255 360 元，共同成本为 36 080 元。实际产量完成情况：A 产品为 500 件，B 产品为 380 件。假定预算执行中未出现特殊情况，也未对预算进行调整，要求对该有形成本中心进行业绩评价。（以 A 产品为基准，用单位成本比例计算约当产量）

(1) 选择适当的标准分配间接成本

本例选择产量作为间接成本的分配标准。

间接成本分配率=36 080÷（500+380）=41（元/件）

A 产品应负担的间接成本=500×41=20 500（元）

B 产品应负担的间接成本=380×41=15 580（元）

(2) 计算总成本和单位成本

A 产品的总成本=285 000+20 500=305 500（元）

A 产品的单位成本=305 500÷500=611（元/件）

B 产品的总成本=255 360+15 580=270 940（元）

B 产品的单位成本=270 940÷380=713（元/件）

成本中心总成本=305 500+270 940=576 440（元）

(3) 计算约当产量

B 产品计划约当比率=720÷600=1.20

计划约当产量=500 + 400×1.2=980（件）

B 产品实际约当比率=713÷611≈1.17

实际约当产量=500+380×1.17≈945（件）

(4) 计算总效率

预算总效率=580 000÷980≈591.84（元/件）

实际总效率=576 440÷945≈609.99（元/件）

(5) 业绩评价

①预算执行情况。

580 000（责任成本预算）-576 440（实际成本）= 3 560（元）

②效率执行情况。

A 产品：600（预算效率）-611（实际效率）= -11（元/件）

B 产品：720（预算效率）-713（实际效率）= 7（元/件）

总效率差异=591.84-609.99= -18.15（元/件）

③效果执行情况。

A 产品：500（实际产量）÷500（计划产量）×100% =100%

B 产品：380（实际产量）÷400（计划产量）×100% =95%

总效果=945÷980×100% = 96.43%

④业绩评价结论。

该有形成本中心虽然责任成本预算完成较好，表现为节约成本支出 3 560 元。但成本支出的效率不高，表现为平均单位成本增加 18.15 元；成本支出效果也不好，表现为产量计划完成率（总效果）为 96.43%，尚有 3.57% 的生产计划未完成。

（三）无形成本中心的业绩评价

无形成本中心是指成本投入与产出数量之间没有直接联系，且产出难以计量的成本中心。无形成本中心包括一般行政管理部门（计划、人力资源、会计、法律等部门）、研究和开发部门，以及营销部门。

由于无形成本中心的投入与产出的关系不甚明显，因此不能判断其成本支出效率的高低，即不能判断这些中心能否以最小的投入获得实际需要的产出。就一般行政管理部门而言，由于不可能计量其产出数量，因此不能判断其效果的好坏和效率的高低。通常来讲，企业集团可用监控资源消耗数量（如耗费的资金、人力和设备）的方式来控制这些中心。

二、利润中心的业绩评价

利润中心是既考核成本、费用，又考核收入、利润的责任单位。作为利润中心，既要对成本、费用负责，又要对收入、利润负责。与之相对应，利润中心通常有权做出资源供应决策并能对市场进行选择。利润中心不但会与企业集团内的其他部门发生联系，而且会与企业集团外的单位开展商品交易。

利润中心按产品或劳务的销售方式不同可分为市场利润中心和内部利润中心。市场利润中心是指有权直接对外销售产品或提供劳务的责任单位，它既可以是独立的子公司，也可以是完全核算的单位，如分公司。内部利润中心是指只在企业集团内部销售产品或提供劳务的责任单位。作为内部利润中心，其产品或劳务只在企业集团内部销售或提供，并按内部转移价格结算，因而可以获得相应的内部利润。内部利润中心往往可以由成本中心转化而来，因为企业集团管理当局为了充分发挥利润中心的激励优势，通常会借助合理的内部转移价格，将那些不能把自身产品或劳务直接投入外部市场的成本中心"改变"成内部利润中心，将其视为完整、独立的企业。

利润中心业绩评价可以选择的财务指标有营业毛利、部门毛利、部门税前利润等。

$$营业毛利 = 营业收入 - 可控的变动成本$$
$$部门毛利 = 营业毛利 - 可控的固定成本$$
$$部门税前利润 = 部门毛利 - 不可控的固定成本$$

营业毛利主要用于评价利润中心的经营业绩。按照可控性原则，利润中心应对其可控的收入、可控的成本承担完全责任。为此，必须在各利润中心可追溯性成本的基础上，进一步将其区分为利润中心可控的成本和不可控的成本，并就所有可控的成本进行业绩评价。由于有些成本虽然可以追溯到各利润中心，却不为其所控制，如分摊的企业集团管理费用，因此，应将不可控的成本剔除。部门毛利反映的是利润中心对其可控资源的有效利用程度。部门税前利润主要用于评价利润中心的工作业绩，反映利润中心在补偿共同性固定成本后对企业集团利润所做的贡献。

三、资金中心的业绩评价

资金中心是指既考核收入、成本、利润，又考核资金及其利用效果的责任单位。作为资金中心，不但在产品的生产和销售上享有较大的自主权，而且能相对独立地运用其所掌握的资金，有权购置或处理固定资产、扩大或缩减现有的生产规模等。因此，资金中心既要对成本、利润负责，也要对资金的合理运用负责。资金中心是企业集团内部最高层次的责任中心，它拥有最大的权利，也承担最大的责任，要编制资产负债表、利润表和现金流量表。

资金中心的业绩评价，除考核利润指标外，更重要的是要将所取得的利润同其所占用的资金（净资产）紧密联系起来，所以，既要计算资金利润率，以考评经营成果；又要计算内部报酬率或净现值，以评价所经营的项目的经济效益。

（一）净资产利润率

净资产利润率是指资金中心所获得的利润与该资金中心所占有的平均净资产的比率。

1. 计算公式

$$净资产利润率 = 利润 \div 平均净资产 \times 100\%$$
$$= 资本周转率 \times 销售利润率$$
$$= 资本周转率 \times 销售成本率 \times 成本费用利润率$$

净资产利润率指标评价的是资金中心运用企业集团拨付资金获得利润的能力。要考察资金中心总资产的运用状况，还可计算资金中心总资产息税前利润率，它是资金中心的息税前利润与总资产的比率。由于作为分母的总资产包括负债，因此分子要用利润要加上利息，总资产息税前利润率评价的是资金中心掌握、运用的全部资产的获利能力。

2. 案例分析

例 8-2：某企业集团下有东北区和华中区两个资金中心，2020 年和 2021 年的业绩如表 8-1、表 8-2 所示。

表 8-1　两个资金中心的业绩比较（一）　　　　　　　　　　　单位：万元

年份	项目	东北区	华中区
2020 年	销售收入	3 000	11 700
	利润总额	180	351
	平均净资产	1 000	1 950
	净资产利润率	18%	18%
2021 年	销售收入	4 000	11 700
	利润总额	200	292.50
	平均净资产	1 000	1 950
	净资产利润率	20%	15%

表 8-2　两个资金中心的业绩比较（二）

项目	东北区		华中区	
	2020 年	2021 年	2020 年	2021 年
销售利润率	6%	5%	3%	2.50%
资本周转率	3	4	6	6
净资产利润率	18%	20%	18%	15%

由表 8-1、表 8-2 可知，2020—2021 年，东北区的净资产利润率从 18% 上升到 20%，华中区的净资产利润率却从 18% 下降到 15%。为进一步分析变动原因，可计算销售利润率和资本周转率。

2020—2021 年，两个资金中心的销售利润率均有所下降。销售利润率的下降可能是由于费用增加或是由于竞争加剧而被迫降价，也可能两个因素兼而有之。

虽然销售利润率下降了，但东北区的净资产利润率上升了。其原因是资本周转率的提高弥补了销售利润率的下降。资本周转率之所以提高，原因之一可能是存货减少。值得注意的是，东北区的销售收入虽然增加了 1 000 万元，但平均净资产保持不变。

华中区的经营显然不如东北区。由于华中区的资本周转率未发生变化，因此其净资产利润率下降了，说明华中区未能像东北区一样克服销售利润率下降造成的影响。

3. 净资产利润率的优缺点

净资产利润率的计算比较简便，对资金中心工作业绩的衡量较为客观，既可使有关资金中心管理人员致力于获利最大的投资，鼓励他们最大限度地运用现有的资产，提高资金的利用效率，也可使企业集团内部不同规模的资金中心之间乃至不同行业的资金中心之间的业绩得以比较，具有相当的普遍性和可比性。不过，以净资产利润率衡量资金中心的业绩也有不足之处，其中最值得注意的是该指标不利于将企业集团的全局利益或长远利益同各资金中心的局部利益或短期利益完美地结合起来。

（二）市场增加值与经济增加值

有时，一些资本型企业集团的母公司在对子公司（实际上是资金中心）进行评价时，不是借助利润指标，而是将子公司定位于资本运用对象，用价值增值的标准来评价子公司经营是否有效，以判断母公司是继续持有还是出售子公司股权，从而为企业集团获取最大的市场增加值和经济增加值。

市场增加值（market value added，MVA），是一种企业价值评定方法，通常被定义为在某一时点子公司全部资本（包括权益资本与债务资本）的市场价值与母公司原来所投入资本（子公司占用的资本）的差额。用公式表示为：

市场增加值（MVA）=子公司全部资本的市场价值−子公司占用的资本

计算结果是正数，表明价值创造；计算结果是负数，表明价值受损。

要注意以下两点：①在用市场增加值指标衡量财务业绩时，是以市场而非子公司会计账面为依据的，而且市场价值是针对时点而言的，因此它是一个时点数，可根据需要，随时随地对业绩进行评价；②如果要用时期概念来判断管理者在某一时期内是否创造了价值，那么只需要看两个不同时点的 MVA 的变动额。即：

某一时期内管理者创造的市场增加值=期末市场增加值−期初市场增加值

经济增加值（economic value added，EVA）在经济学中称为经济利润，也是一种企业价值评定方法，它是经过调整的税后利润总额减去债务资本和股权资本综合成本后的余额。经济增加值计算公式为：

经济增加值=税后利润总额−加权资本成本×资产占用总额
　　　　　=（资产利润率−加权资本成本）×资产占用总额

其中，加权资本成本的计算公式为：

$$K_W = \frac{D_M}{D_M + E_M}(1-T)K_D + \frac{E_M}{D_M + E_M}K_E$$

式中：K_W——加权资本成本；

　　　D_M——负债总额的市场价值；

　　　E_M——所有者权益总额的市场价值；

　　　T——所得税税率；

　　　K_D——负债的税前成本；

　　　K_E——所有者权益的成本。

公式中的税后利润总额是以报告期营业净利润为基础，主要经过以下调整得到。

①加上坏账储备的增加。

②加上后进先出法计价方法下存货的增加。

③加上商誉的摊销。

④加上净资本化研究开发费用的增加。

⑤加上其他营业收入（包括投资收益）。

⑥减去现金营业税。

根据思腾思特咨询公司的研究，精确计算经济增加值所要进行的调整有120多项。然而，在实际应用中，并不是每个企业集团都要进行所有的调整。在大多数情况下，只要进行5~10项重要的调整就可以达到较高的准确程度。一项调整是否重要可以按照下列原则来进行判断。

①这项调整对EVA是否真有影响。
②管理者能否影响与这项调整相关的支出。
③这项调整对执行者来说是否容易理解。
④调整所需的资料是否容易取得。

一家子公司在计算EVA时，判断需要进行哪些调整而不进行哪些调整的最终目的，是在简便与准确之间达到一种平衡。

运用EVA指标衡量子公司业绩和母公司所有者权益价值是否增加的基本思路是：母公司的所有者可以自由地将他们投资于子公司的资本变现，并将其投资于其他资产。因此，母公司所有者从子公司至少应获得等于其投资的机会成本的收益。这意味着从经营利润中扣除按权益的经济价值计算的资本的机会成本后的余额，才是所有者从经营活动中得到的增值收益。EVA指标的优点是能将母公司整体利益与子公司业绩紧密联系在一起，避免决策次优化，减少传统会计指标对经济效率的扭曲。

EVA指标的缺点主要有：较难反映规模差异；可能会导致财务操纵；过分强调现实效果，造成生产经营上的短期行为。这些缺点使得管理者不愿意投资于创新性投资项目。因为创新性投资项目具有共同的经济特征：相关联的成本或费用，至少部分会在当期被确认；产生的利润或收入，要在很久以后才会被确认。由于在可预见的会计期间部门的EVA可能较低，因此部门管理者大多不愿从事创新活动。

第三节　综合业绩评价体系

一、企业综合业绩指标体系的建立

很多学者将杜邦分析体系（杜邦分析法）用于财务业绩评价，但财务业绩仅是综合业绩的一部分。对于企业综合业绩究竟应以哪些指标来反映，目前尚未有权威性结论。在市场经济环境下，企业作为一个营利单位，其生产经营活动时刻受竞争规律的影响。商场如战场，一家企业竞争力的强弱，反映着其综合业绩的好坏，因此，可用企业竞争力指标体系代替企业综合业绩指标体系。

企业竞争力是指企业在竞争过程中对竞争目标的实现能力，如企业获得顾客的能力、占有和控制市场的能力、获取利润的能力等。企业在市场上所表现出的竞争力，是由其内部经营系统和管理系统各种能力，如管理能力、创新能力、产品能力和经营能力等要素决定的。

关于企业竞争力指标体系的观点很多，综合起来，企业竞争力指标可分为以下九类。

1. 企业规模（8项指标）

评价企业规模的指标有销售收入、资产总额、净资产、无形资产、员工总数、利税总额、对外投资规模和年净现金流量等。

2. 经营能力（16 项指标）

评价经营能力的指标有存货周转率、应收账款周转率、流动资产周转率、销售利润率、总资产报酬率、资本收益率、国际市场占有率、国际市场销售比例、产品出口创汇能力、企业利用外资水平、经济增加值、资本保值增值率、企业融资率、企业资信度、留存盈余比例和股利支付率等。

3. 经营安全能力（6 项指标）

评价经营安全能力的指标有资产负债率、流动比率、速动比率、自有资本构成比率、企业融资率和已获利息倍数等。

4. 市场控制能力（7 项指标）

评价市场控制能力的指标有主导产品市场占有率、市场覆盖率、市场应变能力、市场拓展能力、顾客忠诚度、国际化销售密度和营销能力等。

5. 技术创新能力（13 项指标）

评价技术创新能力的指标有设备先进程度、人均技术装备水平、设备利用率、年研发投入占销售额的比重、技术改造投入收益率、研发人员比例、专利数量、新产品开发成功率、新产品产值率、新工艺产值率、新产品销售额占总销售额的比重、能源消耗利润率和科技成果转化率等。

6. 管理能力（7 项指标）

评价管理能力的指标有管理费用占总成本的比重、生产能力有效利用率、安全事故率、主导产品合格率、人均劳动生产率、产销率和组织结构的合理性等。

7. 人力资本（8 项指标）

评价人力资本的指标有大专以上学历人员比例、管理人员占全体员工的比重、各职级人员比例、企业高级管理人员综合素质、员工继续教育费用占销售额的比重、各类员工年平均继续教育时间（小时）、员工的信息技术水平和人均利税率等。

8. 企业文化（3 项指标）

评价企业文化的指标有聚合力、企业文化适应性和企业文化建设投资率等。

9. 环境协调能力（5 项指标）

评价环境协调能力的指标有社会责任成本率、企业文化适应性、对区域经济政策的满意度、环保措施投资占技术改造投资的比重和企业内参加社会保险人数占全体员工的比重等。

上述企业竞争力指标对于非上市企业的综合业绩评价来说是够用的，也是比较全面的。各类企业在进行综合业绩评价时，可根据实际情况，在此基础上进行调整。

二、企业综合业绩评价方法

企业综合业绩评价是指针对评价对象的整体性，运用一定的方法，给每个评价对象赋予一个评价值，并按优劣进行排序。构成综合业绩评价的基本要素有评价对象、评价指标体系、评价主体、评价原则和评价模型。综合业绩评价需要较好地集成各种定性和定量信息，解决随机性、专家主观上的不确定性和认识上的模糊性问题。企业常用的综合业绩评价方法有经济分析法、专家评价法、多元数理统计法等。

1. 经济分析法

经济分析法是以事先确定好的综合经济指标对评价对象进行评价的综合业绩评价方

法，常通过综合业绩指标的计算公式或模型、费用-效益分析等进行评价。该方法含义明确，便于不同对象之间的比较，不足之处在于建立计算公式或者模型较难。

2. 专家评价法

专家评价法是一种以专家给出的"分数""序数""评价"等为评价标准，以专家判断为基础的评价方法。该方法具体包括评分法、分等法、加权评分法、优序法、功效系数法等。该方法简单方便、易于使用，但主观性强。

3. 多元数理统计法

多元数理统计法主要是应用主成分分析、因子分析、聚类分析等方法对评价对象进行分类和评价。该方法是一种不依赖于专家主观判断的客观方法。该方法不仅可以排除评价过程中人为因素的干扰和影响，还比较适用于对评价指标相关程度较大的评价对象的综合评价。该方法给出的评价结果仅对方案决策或者排序比较有效，不反映现实中评价对象的实际重要程度，且应用时要求评价对象的各因素指标有具体数值。

三、企业综合业绩评价过程

企业综合业绩评价一般分为以下六步。

1. 指标分类

企业竞争力指标体系中包含了两大类指标，即资产类指标和过程类指标。不同类型的指标采用了不同的计量单位，在资产类指标中，有用货币单位计量的，也有用实物单位计量的；有用总额计量的，也有用人均值计量的。在过程类指标中，有用变化率计量的，也有用多个统计值计量的，还有用调查评价分值计量的。采用不同计量单位的指标相互之间很难进行比较，因此，必须对指标进行分类。具体的分类办法如下。

（1）资产类指标

用货币单位计量的各类资产、负债、投资、费用、收益等总额类指标归为第一类，用 V_t 表示；用货币单位计量的各类资产、负债、费用、收益等的人均值类指标归为第二类，用 V_i 表示；用实物单位计量的各类资产等非价值度量类指标，如专利数量，归为第三类，用 V_u 表示。

（2）过程类指标

用百分比表示的各类变化率类指标归为第四类，用 R 表示；用百分比表示的各类资产、负债、费用和权益之间的比例关系的比例类指标归为第五类，用 P 表示；用评价分值计量的指标（评价分值类指标）归为第六类，用 D 表示。

2. 计算企业各分类指标的加总平均值

根据上述分类原则将企业竞争力指标分为六类，指标的分类情况如表 8-3 所示。

表 8-3 指标的分类情况　　　　　　　　　　　　　　　　　　单位：项

	资产类指标			过程类指标		
	总额类指标（V_t）	人均值类指标（V_i）	非价值度量类指标（V_u）	变化率类指标（R）	比例类指标（P）	评价分值类指标（D）
企业规模	8	0	0	0	0	0
经营能力	3	0	1	1	11	0

(单位：项)(续表)

	资产类指标			过程类指标		
	总额类指标（Vt）	人均值类指标（Vi）	非价值度量类指标（Vu）	变化率类指标（R）	比例类指标（P）	评价分值类指标（D）
经营安全能力	0	0	0	0	6	0
市场控制能力	0	0	0	2	1	4
技术创新能力	0	1	2	0	10	0
管理能力	0	1	0	0	5	1
人力资本	0	1	2	0	4	1
企业文化	0	0	0	0	1	2
环境协调能力	0	0	0	0	3	2
总计	11	3	5	3	41	10

按上述六个类别将企业的企业竞争力指标数值进行加总并求出平均值，得出的六个平均值分别用 VT、VI、VU、Ra、Pa、Da 表示。

3. 定标准参数

求出各类指标的平均值后，仍然面临着六类指标将出现六个用不同计量单位表示的平均值，这时需要用六个标准参数与各个平均值相比较得出一个指数值，以解决不同计量单位所带来的不可比较和加总的问题。具体做法是，将每类指标所有参评企业的平均值加总后求出行业的平均值，以行业平均值作为标准参数同各参评企业的数值进行比较。标准参数的计算方法是：

某类指标标准参数 = 所有参评企业某类指标的平均值的和 ÷ 参评企业个数

4. 将各类评价指标的平均值指数化

分别用各个标准参数除各企业与之相对应的指标平均值，可得出各企业六类指标对应的竞争力指数。计算方法是：

$$某类指标竞争力指数 = \frac{各企业某类指标平均值}{某类指标标准参数}$$

5. 给各类指数分配权数

由于各类指标所包含的具体指标的数目不同，且各类指标在企业竞争力中所起的作用不同，因此权数的分配要依据以下两个原则。

一是按照每类指标所包含的具体指标数目的多少分配权数。即先将资产类指标和过程类指标各自的总权数设定为100%，然后对资产类指标和过程类指标中所包含的三类指标分别按其指标数目在总指标数目中所占的比重分配相应的权数。

二是根据竞争力的定义进行分配。在竞争力的形成过程中，竞争力主要是衡量企业发展的潜力，因此变化率类的指标权数应该高一些；在竞争力资产中，竞争力主要是衡量企业各项资产及增加值的人均水平，因此人均值类指标应比其他两类指标的权数高一些。

具体的竞争力指标权数分配如表8-4所示。

表 8-4 竞争力指标权数分配

指标类别	资产类指标			过程类指标		
	总额类指标（Vt）	人均值类指标（Vi）	非价值度量类指标（Vu）	变化率类指标（R）	比例类指标（P）	评价分值类指标（D）
指标数目/项	11	3	5	3	41	10
指标数目权数	57.80%	15.80%	26.40%	5.60%	75.90%	18.50%
分配权数	20.00%	50.00%	30.00%	50.00%	20.00%	30.00%
平均权数	38.90%	32.90%	28.20%	27.80%	47.95%	24.25%

平均权数 =（指标数目权数+分配权数）÷2

6. 建立企业竞争力方程，获得各企业的竞争力综合指数

先建立企业竞争力方程，并根据该方程，分别将资产类指标和过程类指标各自的三类指标的竞争力指数加权后相加，得出资产类指标竞争力指数 A 和过程类指标竞争力指数 B，两者的积就是企业综合竞争力指数 C。六类指标竞争力指数的权数分别用 δt、δi、δu、δR、δP、δD 表示。

$$C = A \times B$$

由于企业综合业绩（竞争力）是动态的，具有明显的过程特征，因此需要按时间先后连续评价，应以某一年的参评企业分类指标的平均值为标准参数（如 2020 年），以后每年的分类指标竞争力指数和企业竞争力指数都基于这一确定的标准参数来计算，这样就能较好地反映出企业历年综合业绩（竞争力）的变化情况。各企业的竞争力变化趋势可以用一个行业竞争力综合指数变化率的指标来度量，这一指标的计算方法是：

$$行业竞争力综合指数变化率 = \frac{本年行业竞争力综合指数 - 上年行业竞争力综合指数}{标准年行业竞争力综合指数}$$

行业竞争力综合指数 = $\sum$（同期行业内所有参评企业的各类指标的平均值×权重系数）

上述企业综合业绩评价的基本思路是将企业的综合业绩与行业标准进行对比，以评价企业的竞争力。

四、非财务业绩评价方法

非财务业绩包括经营业绩中不能以财务指标反映的业绩和管理业绩，它很难以数量反映，因而难以进行定量分析。对于非财务业绩的评价，目前使用较多的方法是平衡计分卡。

（一）平衡计分卡的概念

平衡计分卡由卡普兰和诺顿于 1992 年率先提出，目前已经得到广泛的运用。作为一种管理方法，平衡计分卡认为企业是由多种利益主体组成的利益集合体，因此，企业应该向包括员工、供应商、顾客、社区、股东等多个利益主体负责，企业在经营过程中应该关注和实现与其相关的各利益主体的目标，并将注意力主要放在组织目标的实现上。

在现实中，不同的利益主体有不同的目标和要求，这决定了企业必须在这些相互矛盾

和竞争的目标之间进行平衡。所谓平衡计分卡，就是衡量企业在满足不同利益主体要求方面的业绩。从形式上看，平衡计分卡是一个反映企业满足不同利益主体要求的业绩目标和成果的集合。平衡计分卡通过平衡企业各利益主体的不同要求，将企业使命和战略转化为具体目标和业绩指标。

（二）平衡计分卡的基本内容

平衡计分卡侧重于非财务业绩的评价，但也不排除财务业绩，由于平衡的内容不同，因此存在着多种形式。平衡计分卡主要涉及财务、顾客、内部作业过程、创新与学习四个方面。

1. 财务方面的内容

财务方面的内容由企业价值的盈利能力和风险水平类指标所反映。反映盈利能力的指标主要有利润额、总资产报酬率、净资产收益率等。反映风险水平的指标主要有资产负债率、流动比率、现金覆盖率等。

2. 顾客方面的内容

反映顾客方面内容的主要指标有客户满意程度、客户保持程度、新客户的获得、客户可获利能力及市场占有率等。

3. 内部作业过程方面的内容

企业的内部作业过程是指企业从输入各种原材料或顾客提出需求开始，到企业创造出对顾客有价值的产品或服务为止的一系列活动，包括订单处理、产品开发、产品生产、销售服务等流程。由于企业长期财务成功的基础是企业能提供新产品和服务来满足现在和未来顾客的需要，而内部作业过程直接影响到企业提供新产品和服务来满足现在和未来顾客需要的能力，因此，平衡计分卡方法关注企业的内部作业过程。

4. 创新与学习方面的内容

企业要长期稳健地发展，必须具备一定的创新和学习能力。反映企业创新能力的主要指标有企业的研究开发能力、产品更新换代的能力等，反映企业学习能力的主要指标有企业的技术能力、对员工培训方面的投资、组织企业程序等。

这四个方面的所有指标都是围绕企业的战略来设计的，四个方面的指标设计起到了相互补充和支持的作用。平衡计分卡始终把战略置于中心位置。

（三）平衡计分卡的意义

平衡计分卡在实行过程中，既可以作为管理业绩评价的依据，也可以作为确定分部或子公司管理目标的重要依据，它在实践中具有以下意义。

1. 将目标与战略具体化

设计平衡计分卡时，会先分析企业的目标与基本战略，并由此确定各方面工作的着眼点，这就有利于目标与战略在具体经营活动中的实现。另外，由于在构建业绩评价体系时加强了内部沟通，使各个层次的员工与管理者都能更好地理解企业的目标与战略，从而有助于内部决策目标保持一致。

2. 重视竞争优势获取与保持

平衡计分卡将顾客的服务满足与满意程度作为单独的一个方面来加以考核，并通过内部作业过程、创新与学习来保证业绩,不仅在观念上促使企业内部各个层次的员工和管理者重视顾客价值,还提供了贯彻企业竞争战略的具体方式。

3. 重视非财务业绩评价

平衡计分卡在综合业绩评价时考虑了财务指标与非财务指标、结果与过程等的关系,不但考核业绩结果,而且将业绩考核作为承上启下的管理循环中的重要一环,因而具有促进业绩改善的作用。非财务指标除了上述提及的,还有一些结合具体企业的指标,如生产企业通常还考虑产品退货率、顾客抱怨次数、废品率、存货周转率、各项存货平均持有时间、准时交货率、一定时期内新产品推出数量等。在具体考核时,还可借助同行业的平均水平、行业先进水平、主要竞争对手的水平等客观性标准。

4. 注重短期利益与长期利益的平衡

平衡计分卡将短期利益与长期利益结合,平衡各种利益导向与动机,追求企业的可持续发展。

第九章　企业财务风险监测与危机预警

思维导图

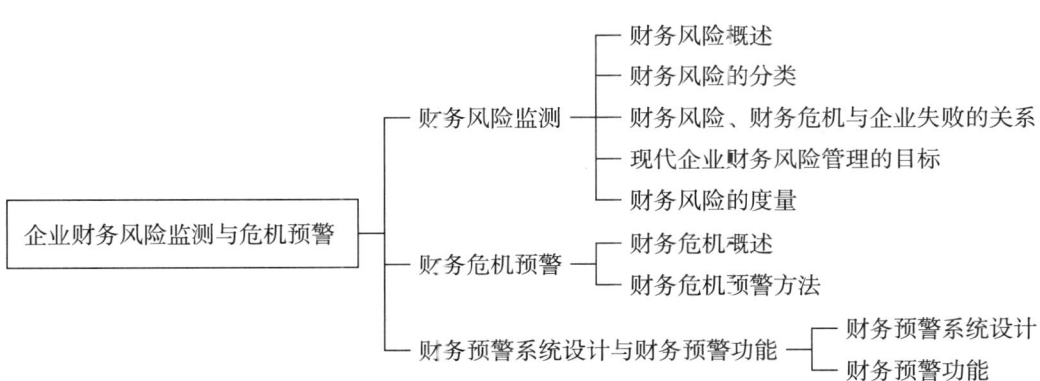

引例

2017年7月，江苏省扬州市广陵区人民法院（以下简称广陵法院）裁定受理大洋造船有限公司（以下简称大洋造船）破产清算案件，同年12月，依法转入重整程序。针对大洋造船因缺乏流动资金而全面停产，但部分在建船舶尚需续建，企业若长期不恢复经营，将导致技术工人流失，造船资产效用降低的问题，广陵法院指导管理人运用租赁经营的方式恢复生产，将大洋造船所有机器设备及技术团队整体租赁给当地同行企业，如期完成代建和续建船舶订单工程，为重整创造基础条件。

经清理，大洋造船资产价值18.86亿元，负债45.55亿元，已严重资不抵债。因大洋造船体量大、重整投资全额高、投资人招募困难，广陵法院积极争取大洋造船党委领导、当地政府的支持，借助府院协调联动机制推动投资人招募，最终引入央企国机集团下属企业作为重整投资人。重整投资人通过"受让股权+提供借款"的方式，提供22.86亿元资金用于清偿债务，职工债权、税收债权、其他优先债权及小额债权均得到全额清偿，企业战略支点将转向中型批量船舶及高端海工产品。2018年8月，广陵法院裁定批准大洋造船重整计划。在执行过程中，在当地工商、公安、税务等职能部门的大力支持下，大洋造船有序办理股权变更，恢复生产经营，重塑企业信誉。截至2018年年底，大洋造船在岗职工4 000余人，新增船舶订单25条，生产经营计划安排至2020年，计划年均产值20亿元。

思考： 广陵法院在识别企业重整价值的基础上，为挽救生产型企业提供了哪些新思路？

第一节 财务风险监测

一、财务风险概述

（一）风险的概念

何谓"风险"？迄今为止，学术界尚无共识。1895年，美国学者海恩斯提出了风险的概念，认为"风险"一词在经济学和其他学术领域并无任何技术上的内容，它意味着损害或损失的可能性。威廉姆斯等认为，风险是在给定情况和特定时间内，那些可能发生的结果间的差异。范霍恩等认为，风险是指预期收益的不确定性。我国学者针对风险的概念也提出了不少观点，顾镜清认为，风险是指在风险状态下，一定时期内可能产生的结果变动；尹平认为，具有不确定性的损失就是风险；彭韶兵、邢精平认为，风险是由事件的不确定性引起的无法实现期望结果的可能性。

国内外学者对风险的认识，大致可以归纳为三类：不确定性观、危险损失观和结果差异观。不确定性观强调风险产生的原因与结果的不确定性，危险损失观强调未来的危险与损失，结果差异观则强调未来实际结果与预期结果的偏差。综合现有的认识可以看出，风险具备以下三个方面的含义。

第一，风险是由事件的不确定性引起的。事件的不确定性可以分为客观不确定性和主观不确定性。没有事件的不确定性，就不会产生未来实际结果与期望结果的偏差。因此，不确定性是风险产生的根源。

第二，风险是期望结果与未来实际结果的差异。事件的结果本身并无有利与不利的差别，如果没有人们的主观期望，就无所谓风险。由于期望结果是人们根据对事件发展规律的认识和掌握的资料，运用已掌握的技术方法，对事件发展结果进行的推断，而这种期望结果与未来实际结果的偏差，既可能源于人们对事件发展规律的错误认识，也可能源于事件发展过程中产生的其他因素的影响。由于人们的期望结果具有主观性，因此期望结果与未来实际结果的差异就有正差异与负差异之分，正差异是指超出了人们期望的结果，事件产生了更有利的结果；负差异是指达不到人们期望的结果，事件产生了更不利的结果。人们所说的风险，往往是指负差异。

第三，风险是可以防范和控制的。事件的客观不确定性是指事件的未来按自身的运动规律将出现各种可能的结果，如果人们在事件的运动过程中充分认识了这些可能性，人们就可以采取有效的措施弥补客观不确定性带来的损失。事件的主观不确定性是指事件运动规律与人们主观预计的差异，主观不确定性完全是由人们主观意识造成的，有效的风险管理可以防范和控制主观不确定性带来的风险。党的二十大报告指出，要完善风险监测预警体系，这体现了预防的重要性。人们在事件发生之前，应运用知识与技术测算行动中可能的风险程度，再根据自身的心理承受能力和抗风险能力等多种因素，选择风险程度适宜的行动；在事件发展过程中，人们可以通过事件的调节和严格的制度约束，来控制事件的风险程度。

（二）财务风险的概念

财务风险有狭义财务风险和广义财务风险之分。

狭义财务风险是指企业因负债融资导致的净资产收益率或每股收益率的不确定性，也是企业到期不能还本付息的可能性。所以，狭义财务风险又称筹资风险。筹资风险产生的根源在于财务杠杆的不确定性，当企业大量举债融资，预期的资产报酬率不足以补偿债务利率时，企业会用股东资本产生的资产去抵偿其中的不足部分，从而增加企业失败的概率。

广义财务风险是指在企业财务活动中，各种不确定因素使企业财务收益与预期收益发生偏离，因而导致企业有蒙受损失的机会和可能。企业筹资活动、投资活动、资金回收和收益分配等财务活动的组织和管理过程中的某个方面和某个环节的不确定性，都可能促使财务风险转变为损失，进而导致企业盈利能力和偿债能力下降。

由于狭义财务风险具有不完整性，因此，本章所说的财务风险是广义财务风险。

（三）财务风险的特征

财务风险的特征是财务风险本质的外延表现形式。企业的财务风险主要有以下六个特征。

1. 不确定性

财务活动的不确定性是造成财务结果不确定性的根源。它一方面源于财务活动过程中各种因素的不断变化，另一方面源于财务管理人员预测财务风险能力的差异。由于财务活动的不确定性是财务风险产生的根源，因此控制财务风险的关键就是控制财务活动的不确定性。

2. 客观性

财务风险的客观性，一方面是由财务活动的客观不确定性决定的，由于财务活动是按自身客观运动规律变化的，因此这种客观不确定性是客观存在的，其带来的财务风险也是不以人的意志为转移的；另一方面是由财务活动的主观不确定性引起的，财务风险是未来的结果，而企业对财务风险程度的预测和对风险的选择都是主观的，主观与客观的差异是客观存在的。

3. 时间相关性

财务风险的大小与财务活动的持续时间是相关的，即财务活动持续的时间越长，客观条件的变化因素就越不易确定，可能出现的未来财务结果的分布范围就越广，每种结果发生的概率就越小，财务风险也就越大。反之，财务风险就越小。

4. 激励性

一般来说，财务风险越大，财务报酬也越高。高额的财务报酬会激励企业冒相应的财务风险。

5. 或有性

财务风险可能发生，也可能不发生。因为财务风险变成现实必须具备一定的条件，如果这些条件没有达到，财务风险就不会产生。财务风险的或有性有助于财务管理人员通过一定的方法预防和控制财务风险。

6. 可计量性

财务风险是指财务收益与预期收益发生偏离的程度。这种风险程度具有可计量性，即可以根据历史上类似事件的统计数据，采用一定的统计和预测技术，对各种结果发生的概率进行预测。财务风险的可计量性使得对财务风险的测度成为可能。

二、财务风险的分类

对财务风险进行分类，有利于认识各种财务风险的内容和性质，分析各种财务风险的内在关系和运动规律，有针对性地采取财务风险的预防、监测和控制措施。财务风险的分类方式主要有以下几种。

（一）按企业财务管理层次分类

财务风险按企业财务管理层次可分为所有权级财务风险和经营权级财务风险。

1. 所有权级财务风险

在企业所有权和经营权分离的情况下，企业所有者为保证其资本的保值和增值，必须通过委托代理关系对资本进行间接控制。委托代理关系中"道德风险"和"逆向选择"的存在，使得企业所有者资本存在不确定性，从而导致了所有者的财务风险，这就是所有权级财务风险。所有权级财务风险具有以下特征：

①终极承受性。企业是一系列委托代理关系的集合体，所有者与经营者的委托代理关系是企业所有委托代理关系的开端，所以，所有者是企业所有财务风险的最终承受者。

②间接控制性。现代企业制度的建立和完善，使得企业所有者直接控制企业的能力逐渐弱化，与此同时，其间接控制企业的能力不断加强，因此，在两权分离的情况下，企业所有者主要通过法律赋予的权利，采用制度性手段实现财务风险控制。

2. 经营权级财务风险

经营权级财务风险是指经营者作为委托代理关系中的代理人，在进行企业的经营与财务决策及决策执行过程中，由经营管理环境与条件的不确定性所造成的预期财务目标与实际结果之间的差异。经营权级财务风险具有以下特征。

①复杂性。为了实现企业价值最大化的财务管理目标，企业经营者不仅要考虑所有者的利益和自身的利益，还要考虑债权人、企业合作者、企业职工、政府部门、社会公众等方面的利益，因此，经营权级财务事项的不确定性更为复杂，同时，影响企业经营者期望结果的因素也更为复杂。

②复合性。企业经营者直接参与经营管理工作，他们既是企业所有者财务决策的执行者，也是经营管理财务决策的制定者和执行者，因此，经营权级财务风险是制度性风险、操作性风险和道德风险的复合体。

③直接控制性。企业经营者可以直接通过一系列管理措施和手段预防和控制经营权级财务风险。

（二）按资金运动环节分类

财务风险按资金运动环节可分为筹资风险、投资风险、资金运作风险和收益分配风险。

1. 筹资风险

筹资风险是指因企业筹资活动中的不确定性而产生的到期无法偿还本息的可能性。筹资是企业资金运动的起点，因此，筹资风险是企业所有财务风险的启动点。筹资活动中的不确定性主要有筹资环境的不确定性、筹资决策技术的不确定性、筹资方式的不确定性、资金使用的不确定性等。筹资风险具体包括筹资决策风险、股票筹资风险、债券筹资风险、银行借款筹资风险、融资租赁筹资风险和筹资组合风险等。

2. 投资风险

投资风险是指因企业投资活动中的不确定性而产生的无法取得期望报酬的可能性。投资活动中的不确定性主要涉及投资环境的多变性和复杂性、投资决策者的能力、投资决策技术的科学性、投资项目管理水平等。投资风险具体包括股票投资风险、债券投资风险、证券投资组合风险、外汇投资风险和其他投资风险等。

3. 资金运作风险

资金运作风险是指企业在生产经营过程中因生产经营活动中的不确定性而带来的无法出售产品并收回垫支本金的可能性。生产经营活动中的不确定性主要涉及产品决策的科学性、生产经营管理水平、销售环境的复杂性和多变性、销售政策和信用政策的适用性等。资金运作风险具体包括资金消耗风险、资金产出风险和资金回收的信用风险等。

4. 收益分配风险

收益分配风险是指收益分配的不确定性可能导致企业今后的生产经营活动面临资金不足、投资限制、经营困难以及股价波动等风险。收益分配的不确定性主要集中在收益确认的方式、收益分配数量、收益分配时机、收益分配方式等方面。收益分配风险既影响本次资金运动的终点环节，又影响下次资金运动的起点环节，制约着企业未来的资金规模。

(三) 按产生原因分类

财务风险按产生原因可分为制度性财务风险、固有财务风险和操作性财务风险。

1. 制度性财务风险

制度性财务风险是指因财务风险相关制度的不确定性而产生的预期财务结果与实际财务结果的差异。企业财务风险的相关制度可分为外部制度和内部制度两方面。外部制度是指政府和行业组织为规范企业财务行为和协调不同财务主体之间财务关系而制定的相关法律法规，外部制度的不确定性给企业带来了系统性的财务风险。内部制度是指企业管理当局制定的用来规范企业内部财务行为、处理内部财务关系、协调企业与各相关利益主体的财务关系的规章制度，它分为两个层次：委托代理关系和企业财务运行机制。企业是委托代理关系的集合体，由于委托代理关系中信息不对称和"道德风险"的存在，代理人可能会利用信息强势谋取自身利益并牺牲委托人的利益，从而给委托人带来财务风险。企业财务运行机制是由相互联系和相互作用的若干要素及其机能组合而成的，它是企业财务管理活动赖以进行的机制，包括激励机制、约束机制和循环机制等。财务运行机制的科学性和执行能力都会影响企业财务运行的稳定性和有效性，不科学及执行能力差的财务运行机制就会导致财务风险的发生。

2. 固有财务风险

固有财务风险是指财务管理本身固有的局限性和财务管理依据的信息的局限性所带来的预期财务结果与实际财务结果的差异。财务管理本身固有的局限性源于财务管理理论的局限性和财务管理实践的局限性。财务管理作为一门学科，其大多数理论都是建立在假设基础之上的，这些假设与任何一家企业的财务管理环境都不完全相同，因此，企业在财务管理实践中应用这些理论去指导实践活动将会产生一定的应用性风险。财务管理实践活动是由人来进行的，人的主观能动性和财务管理环境的多样性与多变性导致人们对财务规律的掌握具有差异性，这种差异性是客观存在的。财务管理依据的信息的局限性会表现在会计信息产生的前提、方法和原则上，一方面会计信息都是依据一些假设前提来编制和提供的，而这些假设不总是成立的，另一方面会计信息依据的原则和会计处理方法大多来自会计人员的职业判断，这种判断带有很大的主观性。

3. 操作性财务风险

操作性财务风险是指财务管理人员在进行财务管理过程中由于操作上的不确定性而给企业带来的财务风险。操作性财务风险与财务管理人员的财务管理水平和工作态度有关。大量实践表明，财务管理人员的重大操作性失误是企业陷入财务危机的一个主要因素，因此，财务管理人员的操作性财务风险不容忽视。

三、财务风险、财务危机与企业失败的关系

财务风险、财务危机与企业失败是三个不同的概念。如前文所述，财务风险是指企业财务活动中各种不确定因素使企业财务收益与预期收益发生偏离，因而造成企业蒙受损失的机会和可能。财务危机是指企业因经营管理不善、不能适应外部环境的变化而导致生产

经营活动陷入一种危及企业生存和发展的严重困境。企业失败是指企业因遭受长期而严重的损失，资产不足以清偿债务而最终破产。

财务风险、财务危机与企业失败三者之间并没必然的联系，财务风险不一定导致财务危机，财务危机也并不必然导致企业失败。因为财务风险只是一种未来结果的可能性，这种可能性转化为现实需要许多条件，如果控制了这些条件，财务危机就不会出现，另外，有些财务风险对企业的影响比较小，不足以引起企业的财务危机。即使企业产生了财务危机，由于企业自身的管理能力较强或有投资者、国家的扶持，企业也可能转危为安，摆脱困境，避免破产。

但是，由于财务风险中潜伏着财务危机，而财务危机可能导致企业失败，从一些企业的整个生命周期来看，这三者之间存在着由量变到质变的过程。唐纳德和理查德研究发现，企业从出现财务风险到发生财务危机直至企业失败的过程通常可分为以下四个阶段：第一阶段，企业在发生财务危机的前10年，整体获利下降，但此时企业在日常运营上并无明显的异常发生；第二阶段，发生财务危机前10年至前6年，企业遭受大环境不确定性的影响，从而绩效下降；第三阶段，发生财务危机前6年至前3年，企业获利明显下降，只能勉强维持在损益平衡的状态；第四阶段，企业面对财务危机的挣扎阶段，一般在财务危机发生前3年到财务危机发生当年，企业获利急剧下降，营运资金严重不足，进而失去短期负债的偿还能力。日本学者野田武辉也通过研究企业因亏空引起资金筹措困难并最终倒闭的过程（图9-1），揭示了从财务风险到财务危机再到企业失败的演化过程。

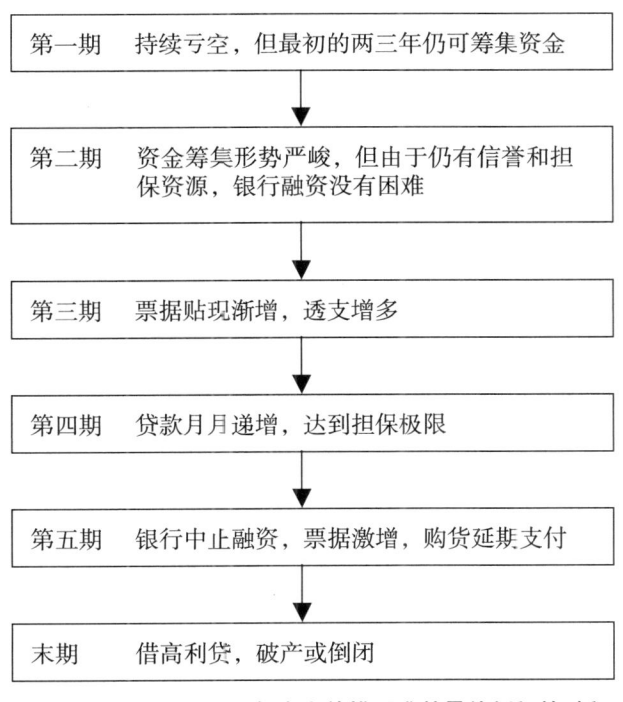

图 9-1　企业因亏空引起资金筹措困难并最终倒闭的过程

综上所述，从企业出现财务风险到企业失败，一般会经历财务风险潜伏期、财务风险显现期、财务危机期和企业破产期。从财务风险管理角度来看,财务风险潜伏期的识别比较困难,因为在此期间,对于企业众多相互影响的因素是否会造成财务危机是很难判断的;在财务风险显现期,企业出现资金不足,但通过减少或停止股息支付及延期偿还贷款等措施能缓解资金困难,因此,在此期间的管理容易忽视财务危机;在财务危机期,企业出现持续亏损和严重现金短缺,企业常通过重组化解财务危机,但这种方法成本相当高,如果处置不当,将直接造成企业破产。因此,从财务风险到财务危机再到企业失败的演化过程来看,企业在财务风险潜伏期和财务风险显现期就应该对财务风险进行日常监测,做好财务风险的事前管理,尽量预防和控制财务风险,防止企业进入财务危机期。

四、现代企业财务风险管理的目标

现代企业财务风险管理的目标可分为直接目标与间接目标。直接目标是以最小的风险成本达到最大的财务安全保障;间接目标就是实现企业的财务目标。

(一)现代企业财务风险管理的直接目标

财务风险管理以"守业"为核心,其目的是通过经济和技术手段,控制和减少损失,增加企业的获利机会,即以最小的风险成本达到最大的财务安全保障。现代企业财务风险管理的直接目标可分解成两个子目标:保障财务安全和降低财务风险成本。

1. 保障财务安全

一般来说,风险大的项目收益也大,风险小的项目收益也小。为了实现价值最大化,企业一般要冒风险,因此,风险存在于企业生产经营活动的任何一个环节。风险管理的首要目标就是在保证企业财务目标实现的基础上,保障企业的财务安全。

2. 降低财务风险成本

财务风险成本是指因财务风险的存在而导致的企业价值损失,包括期望损失成本、风险控制成本、损失融资成本和残余不确定性带来的成本。财务风险管理应在保障财务安全的前提下,尽力降低财务风险成本,实现成本效益的最大化。

(二)现代企业财务风险管理的间接目标

企业的财务风险管理目标应服从于企业的财务目标,而企业的财务目标又取决于企业的总目标。企业作为营利性组织,其出发点和归宿是获利。企业一旦成立,就会面临生存和发展问题,而且只有生存下去才有机会获利,只有不断发展才能求得持续的生存。因此,企业的目标是生存、发展和获利,这些目标要求财务管理完成筹措资金并有效投放和使用资金的任务。企业的财务目标具体是什么呢?对于这个问题,目前尚无统一的认识,归纳起来主要有四种观点:利润最大化、每股盈余最大化、股东财富最大化和企业价值最大化。现简要评述如下。

"利润最大化"观点认为,利润代表了企业新创造的财富,利润越多说明企业的财富增加得越多,越接近企业的目标。但这种观点存在三个问题:一是没有考虑货币的时间价值;二是没有考虑所获利润与投入资本额的关系;三是没有考虑所获利润与所承担风险的关系。

"每股盈余最大化"观点认为,应当把企业的利润与股东投入的资本联系起来考察,用每股盈余来概括企业的财务目标,以避免"利润最大化"的缺陷。但这种观点并没有完全克服"利润最大化"的缺陷,它也没有考虑货币的时间价值和所获利润与所承担风险的关系。

"股东财富最大化"观点认为,企业是由股东投资组建的,股东是企业的法定所有者,以股东财富最大化作为企业的财务目标,符合股东创办企业的目的,也有利于企业社会责任的履行。但这种观点存在两个缺陷:一是忽视了企业相关方面的利益,如经营者、职工和债权人的经济利益;二是有可能引起企业行为的短期化,导致企业丧失长期竞争能力。

"企业价值最大化"观点认为,企业应以企业价值最大化作为企业的财务目标。所谓企业价值,是将企业未来现金净流量按照企业要求的必要报酬率计算出的总现值,也是企业的市场价值。这种观点有三个优点:一是体现了企业战略管理思想;二是与利益相关者的利益一致;三是考虑了货币的时间价值与风险因素。

从上述四种财务目标的分析中可以看出,"企业价值最大化"目标不仅考虑了财务风险因素,还体现了战略管理要求和利益相关者利益,有利于企业长期稳定的发展。因此,"企业价值最大化"既是财务管理的目标,又是财务风险管理的间接目标。

五、财务风险的度量

(一) 财务风险的度量要素

财务风险的度量要素包括三个方面:基准点、结果状况和量度指标。

1. 基准点

基准点是一个评价的基点,是进行比较的依据和基础。选定合适的基准点就能够判断有多少结果暴露在风险之中。基准点的选择受诸多因素的影响,不仅取决于事件本身的结果状况,还取决于使用环境、风险承担能力、决策者的心理素质等。目前,在企业财务风险度量中最常用的基准点是数学期望值。

数学期望值可以描述随机变量平均取值的数字特征,在风险度量中可用于估计某一风险的可能损失值,从而比较不同的损失可能性,或同一风险在不同概率 P 下的可能损失值的大小。

离散型随机变量 X 的数学期望值计算公式为:

$$E(X) = \sum_{k=1}^{\infty} X_k P_k$$

连续型随机变量 X 的数学期望值计算公式为:

$$E(X) = \int_{-\infty}^{+\infty} X f(X) \, dX$$

以数学期望值为基准点,就可以计算标准差。标准差反映随机变量 X 与其数学期望值 $E(X)$ 的偏离程度。偏离程度越大,风险越大。因此,标准差是衡量风险的重要指标之一。

对于离散型随机变量,标准差计算公式为:

$$\sigma = \sqrt{\sum_{k=1}^{\infty} [X_k - E(X)]^2 P_k}$$

对于连续型随机变量,标准差计算公式为:

$$\sigma=\sqrt{\int_{-\infty}^{+\infty}[X-E(X)]^2 f(X)\mathrm{d}X}$$

2. 结果状况

结果状况是对不确定事件未来将出现的结果情况的描述，结果状况包括三个子要素：时间区间、结果分布和概率分布。时间区间是指风险的时间跨度和范围；结果分布是指事件未来将会出现的各种可能结果及其性质状况；概率分布是指事件的未来各种结果发生的可能性。

风险具有时间性。时间区间直接影响着结果分布和概率分布，时间区间越宽，可能出现的未来结果分布范围就越大，各种结果出现的概率就越低。结果分布需要用大量深奥的数学、统计知识、预测技术和复杂的计算工具来进行度量。概率分布是结果状况的有机构成要素，需要用概率分布来描述事件的风险状况，但又不能过分地依赖概率分布。

3. 量度指标

量度指标是测算未来事件风险程度的载体形式。选择财务风险量度指标时，必须充分考虑损失和报酬的关系。损失是风险的"原始语态"，是企业不愿意承受和力图避免的；报酬是企业冒风险的"期望结果"，是企业投资的目的所在。风险损失是指企业为了获得风险报酬而承受的损失，一般来说，风险越大，报酬可能就越高，但可能遭受的损失也越大。

（二）财务风险的度量方法

常见的财务风险度量方法有三种：马科维茨均值-方差法、哈洛 LPM 法和风险价值法。

1. 马科维茨均值-方差法

马科维茨均值-方差法是美国经济学家马科维茨于 1952 年提出的判断财务风险程度的一种方法。这种方法的观点是，风险是与结果的变异程度联系在一起的，投资风险就是平均报酬的可能偏差，即投资报酬的不确定性。马科维茨均值-方差法利用均值和方差两个参数来判断财务风险的程度，因而也有人称之为"均值-方差准则"。财务风险的度量公式为：

$$E(R)=R=\sum_{i=1}^{n}(R_i\times P_i)$$
$$K=\mathrm{Var}|E(R)|=\mathrm{Var}(R)$$

式中：R——投资报酬的各种可能结果；

P——投资报酬各种可能结果出现的概率；

$E(R)$——投资报酬的平均值；

K——风险程度值；

Var——方差（或标准差的函数）。

2. 哈洛 LPM 法

20 世纪 80 年代，西方国家出现了用低于目标报酬水平的报酬率分布的风险描述方式。提倡该风险描述方式的代表性人物就是哈洛。哈洛认为，投资者所考虑和担心的风险是未来报酬低于目标值的可能性，财务风险的度量公式为：

$$\mathrm{LPM}_n=\sum_{R_i=-\infty}^{T}P_i(T-R_i)^n \qquad (n=0,1,2)$$

式中： LPM_n——相对于目标报酬的概率水平；
R——投资报酬的各种可能结果；
P——投资报酬各种可能结果出现的概率；
T——目标报酬。

当 $n=0$ 时，LPM_0 表示低于目标报酬的概率水平；当 $n=1$ 时，LPM_1 表示低于目标报酬的离散程度；当 $n=2$ 时，LPM_2 表示低于目标报酬的半方差。

3. 风险价值法

20 世纪 90 年代，西方国家出现了用风险价值来度量财务风险的方法。这种方法后来得到了广泛的应用。风险价值（VaR）是指风险资产在一个给定的置信水平和持有期间下，将会发生的最大期望损失，反映了风险投资最低报酬水平与期望报酬水平之间的离散程度。令 W_0 为风险资产的初始值，W_n 为给定置信水平 P 下的资产最低价值，R 为目标时间区间上的报酬率。财务风险的度量公式为：

$$W = W_0 \times (1+R)$$

$$P = \int_{-\infty}^{W} f(W) \mathrm{d}W$$

$$VaR = E(W) - W_n = W_0 \times [E(P) - R_m]$$

第二节　财务危机预警

一、财务危机概述

财务危机是指企业因经营管理不善，不能适应外部环境的变化而导致生产经营活动陷入一种危及企业生存和发展的严重困境，反映在财务报表上是已呈现出长时间亏损且无扭转趋势，出现资不抵债甚至破产倒闭的危险。

企业财务危机主要表现在以下几个方面。

（1）长期亏损

处于财务危机的企业往往经历过 3~5 年的亏损期。

（2）产品销售额连年下降

销售额连年下降是产品不能适应市场或竞争力下降的表现，持续多年的销售额下降，将使企业处于相当危险的境地。

（3）财务状况持续恶化

具体表现为企业偿债能力指标恶化、盈利能力指标恶化、成长性指标恶化、资产运营状况指标不佳等。

（4）资金断流

资金是企业的血液，企业一旦出现财务危机，就将无法购买材料、支付工人工资等，企业的再生产也将无法进行。

企业的财务危机一般具有以下四个特征。

(1) 渐进性

企业财务危机的出现一般要经历一个由量变到质变的过程，量变过程就是一个渐进和积累的过程。财务危机的渐进性具体表现在财务恶化程度由轻至重，财务恶化时间逐渐持续等方面。

(2) 突变性

企业财务危机的出现除会经历量变过程外，还要经历一个质变过程，因而企业财务危机具有突变性。一家企业经过财务困境期的积累，正常的经营风险就有可能引发企业突变，如发生巨额诉讼费用、巨额应收项目不能回收、高管人员辞职、关联企业倒闭、资金链断裂等情况。

(3) 多样性

企业财务危机的多样性包括两层含义：财务危机症状表现的多样性和财务危机形成原因的多样性。财务危机症状表现的多样性体现在长期亏损、产品销售额持续下降、财务状况持续恶化和资金断流等方面。财务危机形成原因的多样性体现在外因和内因两方面，其中，外因主要有社会需求结构的变化、换代新产品的出现、技术政策的改变、新科技成果的应用、现有市场饱和等；内因主要有企业重大投资失误、企业高管人员大量流失、企业产品落后、企业创新能力不足、企业文化不适应等。

(4) 可逆性

企业的生命周期一般包含四个阶段：创业期、成长期、成熟期和衰亡期，其中，衰亡期又包含四个阶段：潜伏期、财务困境、财务危机和破产。在每个阶段，企业都有可能通过改善组织绩效，由危机转为正常。从理论上讲，如果不考虑成本，企业的衰亡在任何时点都是可逆的。

二、财务危机预警方法

财务危机预警方法可以分为传统的财务危机预警方法和基于计量方法的预警模型。

(一) 传统的财务危机预警方法

传统的财务危机预警方法包括通过财务指标分析预警财务危机，也包括专业机构（如银行、资信评估机构）为弥补财务指标分析的不足，应用非财务信息指标（如管理行为等）预警财务危机。传统的财务危机预警方法并没有发展成专门的财务危机预警技术，它只是通过对企业财务状况好坏的评价来分析预警财务危机，具体包括以下两种方法。

1. 单一财务比率法

单一财务比率法是指将某项财务指标作为判别标准来判断企业是否处于财务危机的一种预警方法。常用的财务比率有资产负债率、利息保障倍数、流动比率和速动比率等。比如对于一般制造企业，流动比率的判别标准为2，这意味着如果流动比率低于2，企业就可能存在偿债风险；速动比率的判别标准为1，这意味着如果速动比率低于1，企业就可能存在偿债风险。

信贷部门通过长期的工作实践，总结出以下判断企业偿债能力的财务信号。

①客户现金状况的恶化；

②应收账款数额或应收账款比率的急剧上升或应收账款收取过程的显著放慢；

③存货周转率放慢；
④流动资产在总资产中所占比重的下降或资产结构的变化；
⑤流动负债或长期负债的异常增加；
⑥较低的权益与负债比；
⑦不断降低的销售额；
⑧销售收入总额与销售收入净额之间的巨大差异；
⑨不断增加的成本或损失；
⑩日常开支相对于销售额的不成比例的增长；
⑪资产总额相对于销售额或利润的不断增加；
⑫较高的无形资产比重。

单一财务比率法的优点是简单明了、易于掌握，缺点是财务比率可以被人为操纵，容易引起失误。

2. 财务比率综合计分法

财务比率综合计分法是指选择多个财务比率并赋予它们相应的权重，计算综合财务指标，以此来判断企业发生财务危机的可能性。常用的财务比率综合计分法主要有沃尔评分法和综合评分法。

(1) 沃尔评分法

沃尔评分法是沃尔在其《信用晴雨表研究》和《财务报表比率分析》中提出的信用能力评价方法。沃尔评分法选择了流动比率、净资产与负债比率、资产与固定资产比率、销售成本与存货比率、销售额与应收账款比率、销售额与固定资产比率和销售额与净资产比率7个财务比率，分别给予每个财务比率一定的比重，总分超过120分的企业为高品质的企业，低于60分的企业为高财务风险的企业或处于财务危机的企业。

沃尔评分法的计算方法见表9-1。

表9-1 沃尔评分法的计算方法

财务比率	权重/（%）(1)	标准比率(2)	实际比率(3)	相对比率(4)=(3)/(2)	评价(5)=(1)×(4)
流动比率	25	2	2.33	1.17	29.25
净资产与负债比率	25	1.50	0.88	0.59	14.75
资产与固定资产比率	15	2.50	3.33	1.33	19.95
销售成本与存货比率	10	8	12	1.50	15
销售额与应收账款比率	10	6	10	1.67	16.70
销售额与固定资产比率	10	4	2.66	0.67	6.70
销售额与净资产比率	5	3	1.63	0.54	2.70
合计	100				105.05

资料来源：彭韶兵，邢精平，2005. 公司财务危机论 [M]. 北京：清华大学出版社.

(2) 综合评分法

综合评分法选择了评价盈利能力、偿债能力、成长能力的财务比率，标准分为100分，分值越高，代表企业的财务状况越好，发生财务危机的可能性越小。其中，评价盈利能力的财务比率有总资产利润率、销售净利率、净值报酬率;评价偿债能力的财务比率有自有资本率、流动比率、应收账款周转率、存货周转率;评价成长能力的财务比率有销售增长率、净利增长率、人均净利增长率。综合评分法的计分标准如表 9-2 所示。

表 9-2 综合评分法的计分标准

财务比率	评分值	标准比率/(%)	行业最高比率/(%)	最高评分	最低评分	每分比率的差/(%)
总资产利润率	20	10	20	30	10	1
销售净利率	20	4	20	30	10	1.60
净值报酬率	10	16	20	15	5	0.80
自有资本率	8	60	100	12	4	15
流动比率	8	150	450	12	4	75
应收账款周转率	8	600	1 200	12	4	150
存货周转率	8	800	1 200	12	4	100
销售增长率	6	15	30	9	3	5
净利增长率	6	10	20	9	3	3.3
人均净利增长率	6	10	20	9	3	3.3
合计	100					

资料来源:彭韶兵,邢精平,2005. 公司财务危机论 [M]. 北京:清华大学出版社.

综合评分法的优点是考虑了多种财务比率,比较全面地评价了企业的财务状况,缺点是财务比率的选择和评分值的确定都是经验的总结,缺乏理论依据。

(二)基于计量方法的预警模型

1. 多元线性判定模型

多元线性判定模型又称 Z 计分模型,最早是由美国学者奥尔特曼提出的。Z 计分模型由五个判别变量构成,具体模型为:

$$Z = 0.012X_1 + 0.014X_2 + 0.033X_3 + 0.006X_4 + 0.999X_5$$

式中,

X_1 =(期末流动资产-期末流动负债)/期末总资产

X_2 = 期末留存收益/期末总资产

X_3 = 息税前利润/期末总资产

X_4 = 期末股东权益的市场价值/期末总负债

X_5 = 本期销售收入/期末总资产

Z 计分模型从企业的资产规模、折现能力、获利能力、财务结构、偿债能力、资产利用效率等方面综合反映了企业财务状况,进一步推动了财务预警的发展。奥尔特曼通过对 Z 计分模型的研究分析得出,Z 值越小,该企业遭受财务危机的可能性就越大。以美国企业为例,其 Z 值的临界值为 1.8,具体判断标准如表 9-3 所示。

表9-3　美国企业Z计分模型具体判断标准

$Z \geqslant 3.0$	财务危机的可能性很小
$2.8 \leqslant Z < 3.0$	有财务危机可能
$1.8 \leqslant Z < 2.8$	财务危机可能性很大
$Z < 1.8$	财务危机可能性非常大

有些学者认为Z计分模型没有充分考虑现金流量变动等因素，于是对Z计分模型进行了改造，提出了F计分模型，

$$F = -0.1774 + 1.1091X_1 + 0.1074X_2 + 1.9271X_3 + 0.0302X_4 + 0.4961X_5$$

式中，

$$X_1 = (期末流动资产 - 期末流动负债)/期末总资产$$
$$X_2 = 期末留存收益/期末总资产$$
$$X_3 = (税后纯收益 + 折旧)/平均总负债$$
$$X_4 = 期末股东权益的市场价值/期末总负债$$
$$X_5 = (税后纯收益 + 利息 + 折旧)/平均总资产$$

与Z计分模型相比，F计分模型具有以下优势。

①F计分模型加入现金流量这一变量。许多专家发现现金流量比率是预测企业破产的有效变量，因此它弥补了Z计分模型的不足。

②F计分模型考虑到了现代化企业财务状况的发展及有关标准的更新。比如，企业的财务比率标准已发生了很大变化，特别是现金管理技术的应用，使得企业必须维持的必要的流动比率大为降低。

③F计分模型使用的样本范围更大。其使用Compustat PC Plus会计数据库中1990年以来的4 160家企业数据进行了检查；而Z计分模型的样本仅为66家企业（33家破产企业及33家非破产企业）。

F计分模型中的五个自变量是基于财务理论选择的，其临界值为0.027 4；若某一特定的F值小于0.027 4，则企业将被预测为破产企业；反之，若F值大于或等于0.027 4，则企业将被预测为继续生存企业。

从长期研究结果来看，多元线性判定模型在企业破产前一年的总体判别准确度高达95%。但它也存在着以下缺陷：一是计算工作量很大；二是在企业破产前一年的预测中比较准确，但在企业破产前两三年的预测精度大幅下降；三是有严格的假设条件，即假定自变量是呈正态分布的。

2. 多元逻辑回归模型

多元逻辑回归模型建立在累计概率函数的基础上，不需要自变量服从正态分布和两组间协方差相等的假设条件。多元逻辑回归模型是通过寻求预测对象的条件概率，判断观察企业的财务状况和经营风险。

多元逻辑回归模型有以下两个假设条件。

①假定企业破产概率为P（破产取1，非破产取0），并假定$\ln\left[\dfrac{P}{(1-P)}\right]$可以用财务比

率 x 线性解释；

②假定 $\ln\left[\dfrac{P}{(1-P)}\right]=a+bx$。

根据上述两个假设条件，可以推导出，

$$P=\dfrac{e^{(a+bx)}}{[1+e^{(a+bx)}]}$$

代入相关数据就可以计算出目标企业的破产概率。其判别标准是：P 值大于 0.5，表明目标企业的破产概率较大，P 值小于或等于 0.5，表明目标企业的财务正常。

多元逻辑回归模型的优点是不需要严格的假设条件，应用更为广泛。缺点是计算过程较为复杂，计算过程中有许多近似处理。

3. 类神经网络模型

类神经网络模型是一种平行分散处理模式，其原理是对人类大脑神经运作进行模拟。一般来说，类神经网络模型是先由处理单元组成层，再由各层形成类神经网络。处理单元是构成类神经网络的基本单位，它具有集合函数与转换函数的功能。类神经网络由输入层、隐藏层和输出层构成，输入层接受变量输入，并与隐藏层的各神经元相互连接，隐藏层从输入层或其他隐藏层接受输入，并为输出层提供输入，输出层从隐藏层接受输入，使用集合函数和转换函数计算并提供输出。用类神经网络模型判定与预测财务危机时，一般是利用一组案例数据建立系统模型，通过模型对数据的处理和调整，挖掘预测变量之间隐藏的关系。

类神经网络的预警系统结构如图 9-2 所示，从该图中可以看出，类神经网络的功能在于取代人的控制作用。

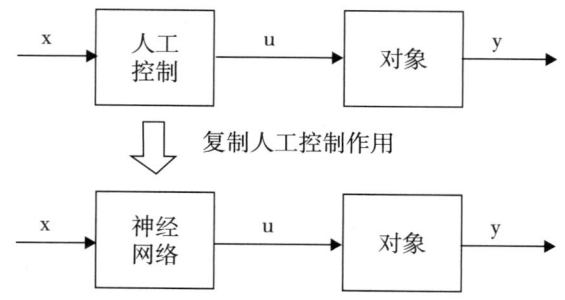

图 9-2 类神经网络的预警系统结构

类神经网络模型具有较好的纠错能力，因而能更好地进行预测。其不足之处是理论基础比较抽象，对人类大脑神经的模拟的科学性和准确性难以评价，因此，其适用性大打折扣。

第三节 财务预警系统设计与财务预警功能

一、财务预警系统设计

财务预警系统设计包括三方面内容：财务危机监测系统设计、财务危机识别系统设计、财务危机诊断和评价系统设计。

（一）财务危机监测系统设计

企业财务危机监测的对象是企业的财务风险和经营风险。有关专家认为，企业的财务危机监测系统包括财务风险监测系统（财务指标监测、支付能力监测、财务结构监测）和经营风险监测系统（战略风险监测、管理风险监测、内控风险监测和市场风险监测）。财务危机监测系统的结构如图9-3所示，财务风险监测系统如表9-4所示，经营风险监测系统如表9-5所示。

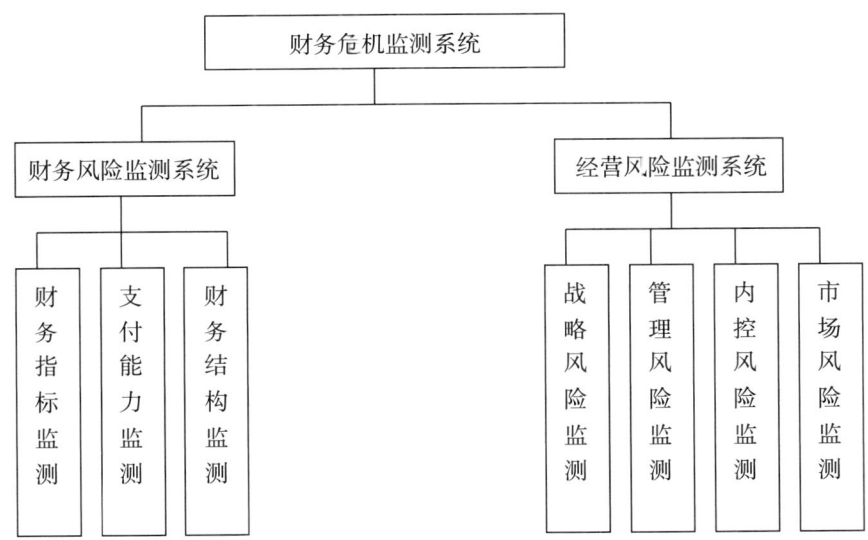

图9-3　财务危机监测系统的结构

表9-4　财务风险监测系统

监测内容	指标分类	预警主要指标
财务指标	财务预警指标	预警模型中选用的财务指标
	其他重要指标	预警模型中没有包括但很重要的指标
支付能力	现金流动能力	每股经营现金流量、每股经营现金流量/每股收益
	资产变现能力	资产周转率、存货周转率、应收账款周转率
	融资能力	资产担保能力、企业规模
	偿债能力	资产负债率、流动比率、速动比率
财务结构	资产结构	流动资产/总资产、固定资产/总资产、无形资产/总资产
	负债结构	流动负债/总负债、长期负债/总负债
	应收账款结构	N年以上应收账款/应收账款总额
	外汇债权债务结构	外汇债务/外汇债权
	非周转型债务指标	非周转型债务负担

表 9-5　经营风险监测系统

监测内容	风险类别	监控要点
战略风险	战略制定风险	战略是否制定，制定是否合理
	战略实施风险	战略不实施风险和战略错误实施风险
管理风险	投入产出风险	投入产出比
	资金闲置风险	是否存在闲置资金
	资产效率低和补偿不足风险	资产使用效率和再生产能力
	不良资产风险	不良资产率
内控风险	内控设计风险	内控设计是否完备
	内控实施风险	内控实施是否严格
市场风险	产品滞销风险	产品市场定位是否明确，产品的质量、款式
	新产品开发风险	是否有新产品开发，开发成功率
	广告宣传风险	广告策略

（二）财务危机识别系统设计

财务危机识别系统应该根据财务危机的诱因进行设计。有关专家研究发现，企业财务危机的诱因主要有以下三个。

一是费用水平升高诱因。费用水平升高会造成企业盈利能力下降，自有资金不足，资金周转不灵，企业不得不增加负债来弥补资金缺口，同时，债务利息支出将进一步导致企业费用水平升高，形成恶性循环，巨额债务无法偿还是企业陷入财务危机的导火索。

二是销售收入下降诱因。销售收入下降诱因下形成的财务危机路径与费用水平升高诱因完全一致。

三是过度扩张的投资策略诱因。过度扩张的投资策略将导致企业资金短缺，企业不得不增加负债来弥补资金缺口，同时，债务利息支出将进一步导致企业费用水平升高。如果投资项目无法按期投产，或者投资实际收益与预期收益差距较大，企业将无法偿还到期债务。巨额债务无法偿还将导致企业陷入财务危机。

企业发生财务危机的具体路径如图 9-4 所示。

（三）财务危机诊断和评价系统设计

财务危机诊断和评价系统是根据财务和会计信息，结合国家相关政策、法规、方针和行业信息等资料，对企业财务管理活动的过程、结果以及计划执行情况进行比较、分析和评价，以发现企业财务状况恶化迹象的系统。一般情况下，财务危机诊断和评价是通过财务分析实现的。目前应用较为广泛的是杜邦分析法和经济增加值法，企业在设计财务危机诊断和评价系统时，应结合自己所应用的财务分析方法来进行。

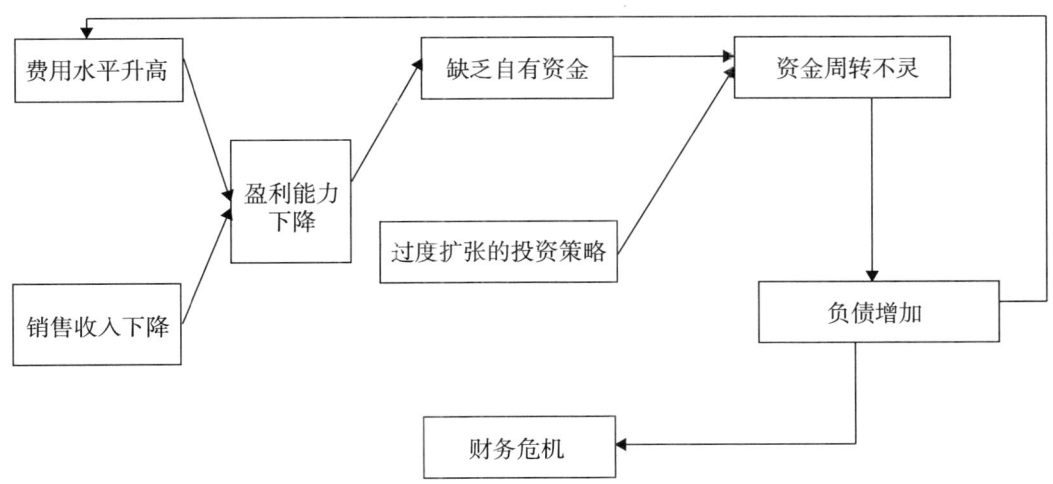

图 9-4　企业发生财务危机的具体路径

1. 杜邦分析法

杜邦分析法是以净资产收益率来综合评价企业财务问题和财务状况的指标分析方法。杜邦分析法是由美国杜邦公司的经理人员创立的财务综合分析方法。杜邦分析法的分析过程如图 9-5 所示。

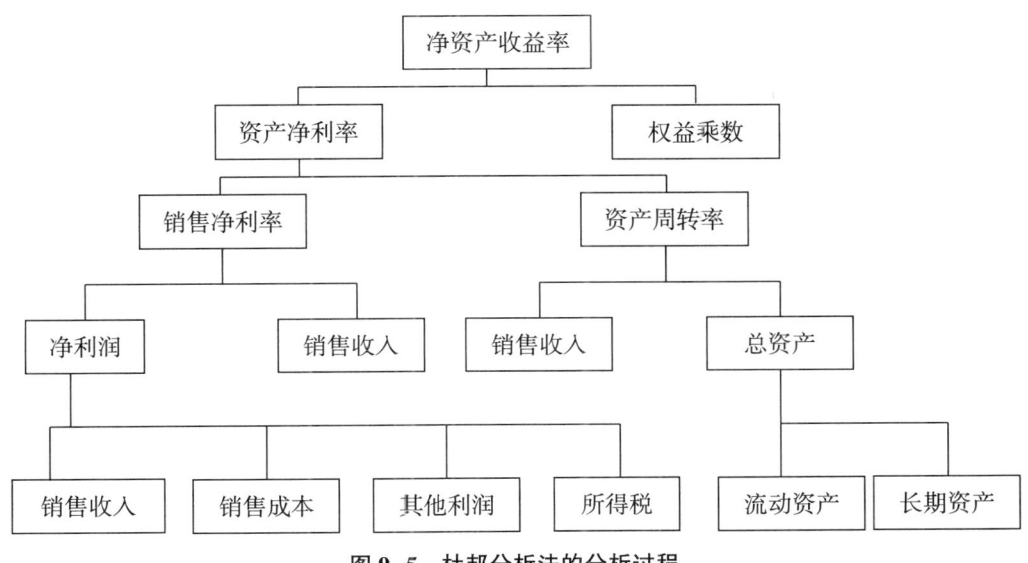

图 9-5　杜邦分析法的分析过程

杜邦分析法的分析过程可以解释如下。

$$\begin{aligned}净资产收益率 &= 净利润/股东权益 \\ &= (净利润/总资产) \times (总资产/股东权益) \\ &= 资产净利率 \times 权益乘数\end{aligned}$$

式中，

$$资产净利率 = 销售净利率 \times 资产周转率$$
$$= （净利润/销售收入）\times （销售收入/总资产）$$
$$净利润 = 销售收入 - 销售成本 + 其他利润 - 所得税$$
$$总资产 = 流动资产 + 长期资产$$
$$权益乘数 = 总资产/股东权益$$

通过对净资产收益率的分析，找出净资产收益率下降的原因可能是资产净利率下降，而资产净利率的下降可能是销售净利率或资产周转率下降引起的。其中，销售净利率下降可能是净利润下降造成的，净利润的下降可能是销售收入下降或销售成本上升等原因造成的；资产周转率下降可能是销售收入下降或总资产上升引起的，而总资产上升的原因可能是流动资产增加或长期资产增加。利用杜邦分析法对综合财务指标——净资产收益率进行层层分解，可以寻找出引起净资产收益率下降的真正原因，从而便于企业采取措施进行调整。

2. 经济增加值法

经济增加值法的核心是考虑了资本成本（机会成本），经济增加值与传统反映盈利能力的财务指标的区别是，它主张企业只有获得高于其资本成本的盈利才是为股东创造价值的。其中的资本成本既包括债务资本成本，也包括股权资本成本。

与杜邦分析法用净资产收益率作为综合业绩评价指标相比，经济增加值更符合基于价值管理的企业业绩评价指标要求。

经济增加值的基本计算公式为：

$$经济增加值 = 税后净营业利润 - 资本总成本 \times 资本成本率$$

经济增加值的具体计算公式为：

$$经济增加值 = 税后净营业利润 - 调整后资本 \times 平均资本成本率$$
$$税后净营业利润 = 净利润 + （利息支出 + 研发费用调整项 - 非经常性收益调整项 \times 50\%）\times （1 - 25\%）$$
$$调整后资本 = 平均所有者权益 + 平均负债合计 - 平均无息流动负债 - 平均在建工程$$

以上针对税后净营业利润的调整，均是为了消除会计利润对企业真实价值创造的扭曲。

①加回利息支出。利息是债务资本成本，在会计上作为税前抵扣的费用列支。

②加回研发费用。研发费用本来属于收益期超过一年的长期投资，但由于未来收益不确定和不易计量，因此在现行会计准则中被作为期间费用一次性在税前扣减利润。

③扣减非经常性收益。被计算在会计利润以内的非经常性收益的业务具有偶发性和不可持续性，不能预计将来是否发生，而且非经常性收益还经常被企业作为盈余管理的主要手段，当经常性业务达不到利润目标时，企业可能会利用非经常性收益来美化会计报表（扭亏为盈）。

对于调整后资本，可以使用资产负债表所有者权益与负债的年初与年末余额的平均值。扣除无息流动负债是因为这部分负债是营运活动自然形成的，而非企业主动融资的结果，并且不需要支付利息。此外，如果长期负债中有因承担国家任务等原因形成的专项应付款和特种储备基金的无息负债，也应视同无息流动负债从债务资本中扣除。扣除在建工程的原因是在建工程在转固定资产交付使用前，没有在当期给企业带来利润，如果金额较大会产生较大资本成本，导致当期经济增加值偏低，挫伤管理者对建设周期长但有利于企业价值增加的项目的投资积极性。将在建工程从总资本中扣除与将研发费用从税后净营业利润中加回一样，也是为了消除短期效应的影响，引导管理者从长远利益出发进行经营决策。

经济增加值法也有局限性，主要体现在以下几方面。

（1）历史局限性

经济增加值指标属于短期财务指标，虽然采用经济增加值法能有效地防止管理者的短期行为，但管理者在企业都有一定的任期，他们可能只关心任期内各年的经济增加值。

（2）信息含量的局限性

在采用经济增加值法进行业绩评价时，对非财务信息重视不够，不能提供如产品、员工、客户以及创新等方面的非财务信息。

（3）不反映现金流情况

经济增加值法本质上仍然关注权责发生制基础上的会计利润，不能反映现金流情况。

（4）折旧影响导致的缺陷

随着资产可使用年限的减少，经济利润会上升，这是因为资本费用是根据资产的净账面价值计算的。在经济增加值法下，有着大量新投资的企业反而比拥有较多旧资产的企业的经济利润低，这显然无法比较出企业的实际盈利能力。

二、财务预警功能

1. 预测功能

财务预警最重要的功能就是预测财务风险程度，财务预警的过程是基于企业现有的财务数据、现处的经济环境、现有的经营战略等因素来判断企业发生风险的可能性，以及通过一定的科学分析方法，结合现有资料分析和预测未来企业发生财务危机的可能性，因此财务预警具有预测功能。

2. 监督功能

企业在进行财务预警的过程中，需要搜集整理并分析与企业经营相关的资料，这一过程会在无形中对企业现行经营状况起到监督作用，如果在整理分析资料的过程中发现异常，就可以及时发现和反馈问题，这就发挥了监督的功能，当然这也无形中给提供资料的相关工作人员带来压力，验证资料的真实性和完整性就成了财务预警过程的重中之重。

3. 整顿功能

财务预警的过程包含了企业财务数据、内外部环境的分析过程，即可以对企业现阶段的经营状况进行分析，看是否出现明显的问题，如果发现问题，还可以就当前的分析结果梳理出发生问题的原因。因此，财务预警具有对企业经营现状进行整顿的功能。

4. 资料搜集功能

企业在进行财务预警工作时，会对企业的相关数据进行搜集、整理和分析，同时会对相关企业、竞争企业、行业的数据进行搜集和分析，因此财务预警工作无形中就带有资料搜集功能，这就便于企业在需要相关资料时，能够高效快捷地使用，为企业日常制定管理策略和经营决策提供了便利。

第十章 中小企业财务管理

思维导图

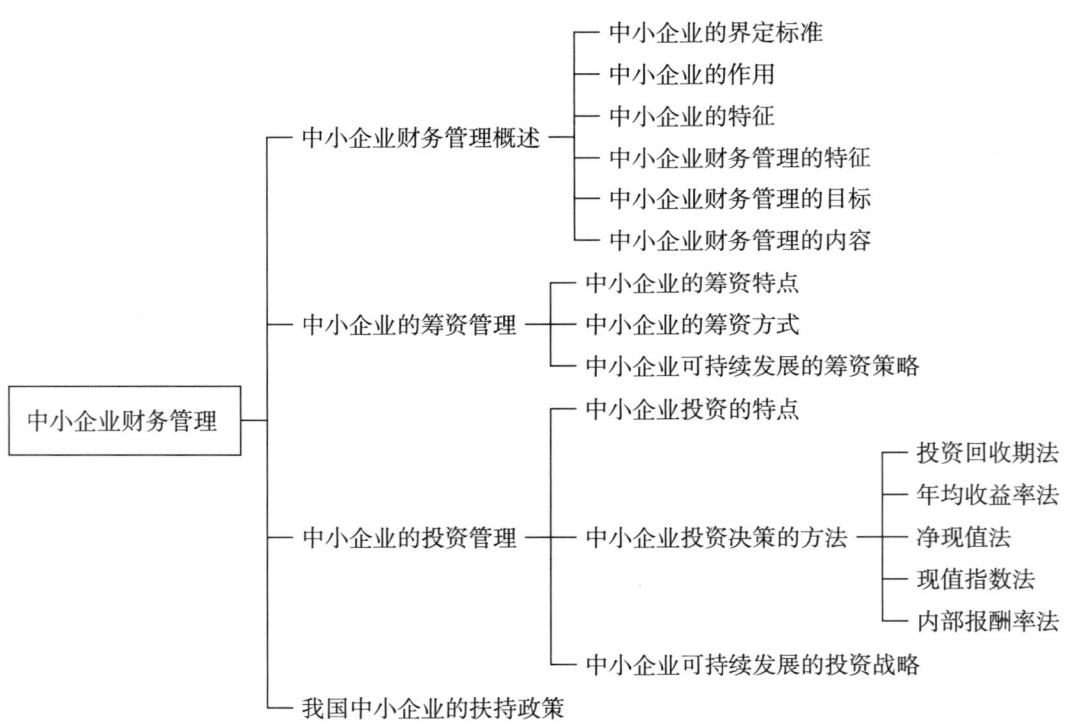

引例

A公司是一家民营企业，于2015年成立，主要工作是给各大公司提供相应的审计核算服务，如代办营业执照，协助各公司进行年度审计工作，上交审计报表，对各公司年度经营状况进行评定，找寻财务漏洞等。两年后，A公司就在业界有了一定的知名度，信誉状况良好。A公司近些年用于办公设备更新以及人员培训和招聘方面的费用，大概为65万元。但是由于市场竞争较为激烈，近些年业绩并没有增长，所以A公司自筹资金有限，仍有一定的资金缺口需要弥补。A公司目前最主要的融资来源还是银行贷款。随着市场竞争越来越激烈，A公司希望进行改革，这意味着A公司需要更多的资金。但是A公司在银行的贷款额度有限，所以A公司正考虑运用民间借贷或者员工内部筹资等方式进行融资。

思考：A公司的财务管理存在哪些问题？

第一节 中小企业财务管理概述

一、中小企业的界定标准

中小企业是一个相对模糊的概念，它是相对于大型企业而言的。对于中小企业的概念，从不同时期、不同国家和地区，同一国家的不同部门等角度来理解会有较大的差异。一般来说，中小企业是指规模较小，在所处行业中不能起主导作用，不能对所处行业产生重大影响的企业。中小企业从单个企业来讲，其作用是很微弱的，但从整体来讲，中小企业由于数量多，在经济建设中起到非常重要的作用。

中小企业的界定标准主要有质和量两个方面。质方面的标准主要有企业所有权、经营权的归属，企业的融资方式及企业在所处行业中的地位等；而量方面的标准则主要包括雇员数量、销售额、资产总额等。国外有学者从统计的角度出发，依据企业雇员数量，提出了划分大、中、小、微型企业的参考标准：雇员1~9人者为微型企业；雇员10~99人者为小型企业；雇员100~499人者为中型企业；雇员500人及以上者为大型企业。然而在实践中，中小企业在不同的国家或地区有着不同的界定标准，在同一国家或地区也会因历史时期不同而有所不同。

联合国贸易与发展会议发布的《中小企业会计指南》将中小企业分为三类：第一类是微型企业，指经营人员为1~5人的企业；第二类是小型企业，指雇员为6~50人的企业；第三类是中型企业，指雇员为51~250人的企业。欧盟2017年开始执行的中小企业标准如表10-1所示。

表10-1 欧盟2017年开始执行的中小企业标准

标准	微型企业	小型企业	中型企业
最多雇员数	10人	50人	250人

(续表)

标准	微型企业	小型企业	中型企业
年营业额	200万欧元	1 000万欧元	5 000万欧元
年资产负债表总值	200万欧元	1 000万欧元	4 300万欧元

资料来源：中华人民共和国驻欧盟使团经济商务处公布的《欧盟中小企业政策》，2017。

我国目前采用的中小企业划分标准是2011年6月18日发布的《中小企业划型标准规定》。该规定是根据企业从业人员、营业收入、资产总额等指标，结合行业特点制定的，适用于农、林、牧、渔业，工业（包括采矿业，制造业，电力、热力、燃气及水生产和供应业），建筑业，批发业，零售业，交通运输业（不含铁路运输业），仓储业，邮政业，住宿业，餐饮业，信息传输业（包括电信、互联网和相关服务），软件和信息技术服务业，房地产开发经营，物业管理，租赁和商务服务业，其他未列明行业（包括科学研究和技术服务业，水利、环境和公共设施管理业，居民服务、修理和其他服务业，社会工作，文化、体育和娱乐业等）。根据规定，中小企业的标准界定如下。

工业中小企业须符合以下条件：从业人员1 000人以下或营业收入40 000万元以下的为中小微型企业。其中，从业人员300人及以上，且营业收入2 000万元及以上的为中型企业；从业人员20人及以上，且营业收入300万元及以上的为小型企业；从业人员20人以下或营业收入300万元以下的为微型企业。

建筑业中小企业须符合以下条件：营业收入80 000万元以下或资产总额80 000万元以下的为中小微型企业。其中，营业收入6 000万元及以上，且资产总额5 000万元及以上的为中型企业；营业收入300万元及以上，且资产总额300万元及以上的为小型企业；营业收入300万元以下或资产总额300万元以下的为微型企业。

零售业中小企业须符合以下条件：从业人员300人以下或营业收入20 000万元以下的为中小微型企业。其中，从业人员50人及以上，且营业收入500万元及以上的为中型企业；从业人员10人及以上，且营业收入100万元及以上的为小型企业；从业人员10人以下或营业收入100万元以下的为微型企业。

批发业中小企业须符合以下条件：从业人员200人以下或营业收入40 000万元以下的为中小微型企业。其中，从业人员20人及以上，且营业收入5 000万元及以上的为中型企业；从业人员5人及以上，且营业收入1 000万元及以上的为小型企业；从业人员5人以下或营业收入1 000万元以下的为微型企业。

交通运输业中小企业须符合以下条件：从业人员1 000人以下或营业收入30 000万元以下的为中小微型企业。其中，从业人员300人及以上，且营业收入3 000万元及以上的为中型企业；从业人员20人及以上，且营业收入200万元及以上的为小型企业；从业人员20人以下或营业收入200万元以下的为微型企业。

邮政业中小企业须符合以下条件：从业人员1 000人以下或营业收入30 000万元以下的为中小微型企业。其中，从业人员300人及以上，且营业收入2 000万元及以上的为中型企业；从业人员20人及以上，且营业收入100万元及以上的为小型企业；从业人员20人以下或营业收入100万元以下的为微型企业。

住宿业中小企业须符合以下条件：从业人员300人以下或营业收入10 000万元以下的

为中小微型企业。其中，从业人员 100 人及以上，且营业收入 2 000 万元及以上的为中型企业；从业人员 10 人及以上，且营业收入 100 万元及以上的为小型企业；从业人员 10 人以下或营业收入 100 万元以下的为微型企业。

餐饮业中小企业须符合以下条件：从业人员 300 人以下或营业收入 10 000 万元以下的为中小微型企业。其中，从业人员 100 人及以上，且营业收入 2 000 万元及以上的为中型企业；从业人员 10 人及以上，且营业收入 100 万元及以上的为小型企业；从业人员 10 人以下或营业收入 100 万元以下的为微型企业。

二、中小企业的作用

中小企业发展势头强劲，总量增长迅速，在国民经济发展中具有举足轻重的作用。归纳起来，中小企业的作用主要表现在以下五个方面。

（一）中小企业是安排劳动力的最主要渠道

在相当长的时期内，就业是我国经济中一个必须加以重视的大问题。近年来，受多种因素的影响，就业形势面临较大压力。据统计，2023 年仅高校毕业生就已达到 1158 万人。而我国中小企业具有"五六七八九"的典型特征，即中小企业贡献了 50% 的税收、60% 以上的 GDP、70% 以上的技术创新、80% 以上的城镇劳动就业和 90% 以上的企业数量。可以看出，中小企业在就业方面做出了很大贡献。

（二）中小企业对经济发展具有重要作用

中小企业在我国经济发展中占有十分重要的地位。近年来，中小企业工业总产值的增长速度一直高于全国的工业总产值的增长。在保持全国经济持续快速发展中，中小企业做出了重大贡献，已经成为我国经济的重要增长点。据统计，截至 2022 年年末，我国工商注册登记的中小企业超过 5 200 万家，占企业总数的 90% 以上，在工业总产值和实现利税方面分别占 60% 和 50% 左右，在技术创新方面占 70% 以上。中小企业是最具创新活力的"细胞"，是扩大就业、改善民生、促进创业创新、稳定产业链、供应链的重要力量。

（三）中小企业是技术创新的重要源泉

许多中小企业（包括乡镇企业）为了迅速在技术上取得优势，从科研院所和国内外大型企业引进技术和人才，使得许多原来只有国外或国内大型企业才能生产的产品也可以自己生产了，中小企业逐渐掌握了很多复杂、先进的技术，从而迅速成为我国经济发展的生力军。据统计，中小企业创造的技术创新成果在数量上占到全国的 65% 以上。

（四）中小企业能够更有效、更经常地利用地方性资源

大型企业由于生产规模巨大，一般采用多层次集中控制的方法对生产实施管理，对于量少、分散的资源难以有效利用。我国幅员辽阔，适合中小企业开发、利用的地方性资源很多。比如在大城市，贴近居民生活的许多经济活动，都具有浓厚的地方化、社区化特色，这些活动很难由少数大型企业做好，而这正是广大中小企业的用武之地。

(五) 中小企业在制度创新中可发挥重大作用

在经济体制改革中,中小企业因改革成本较低,可以承担改革"试验田"和"前驱"的角色,率先进行各种改革尝试,为更大规模的改革提供经验,在制度创新中发挥重大作用。中小企业还可以提供就业机会,吸收在改革过程中从国有大型企业中精简出的人员,从而减少改革带来的社会压力。另外,大量中小企业的创办与充分的市场竞争,能够促进企业家人才的培育和企业家精神的培养。

三、中小企业的特征

(一) 数量多、规模小与机制灵活

从数量上看,中小企业占全国企业总数的90%以上;从规模上看,中小企业的平均人数低于100人,大多数中小企业的规模是极为有限的。事物都有两面性,中小企业规模的有限性为经营的灵活性提供了条件。与大型企业不同,中小企业资金投入少,因此在生产经营对象上可以对大型企业拾遗补缺。根据共生理论,中小企业与大型企业之间有产业内共生和产业间共生两种关系,大型企业的发展会带动中小企业的发展,中小企业专业又灵活的生产体制也会为大型企业的竞争力做出贡献,可以说,大中小企业均有其存在的理由。许多中小企业是大型企业的分包单位,据统计,一家大型企业的分包单位中有三分之二是中小企业,分包的中小企业与大型企业保持着长期和稳固的协作关系。

大型企业经营品种多,资产规模雄厚,在国民经济发展中具有主导作用,而中小企业数量多,经营方式灵活。比如,在制造业,中小企业在设立和改变生产经营产品品种方面可以针对市场要求迅速做出反应,可以快速地生产市场需要的产品;而大型企业的产品一经确定便不易更改,或者说,变更的成本很高。再如,在商业和服务业,中小企业一般扎根当地市场,根据当地的情况利用当地一切有利资源,从而降低服务成本,而大型企业由于当地市场不能满足其生产和经营能力,往往需要打开外地市场,因此,经营成本加大。另外,中小企业组建简单,尤其是个人独资企业和合伙企业,成立手续比较简单,办公地点甚至可以设在家里;而大型企业成立时需要经过较繁杂的程序,申报时间长,容易错过最佳商机。因此,中小企业与大型企业相比,更容易适应市场的变化,能够更迅速地调整生产结构。

(二) 行业的竞争性与生存的脆弱性

1. 中小企业所处的行业大多是竞争性行业

根据统计资料,竞争不是很激烈的行业,如石油工业、船舶工业、航空航天工业、核工业、铁路、航空运输等工业,大多属于大型企业的经营范围。在我国,中小企业所处的行业大多是竞争性行业,因此,中小企业面临的市场竞争十分激烈。

2. 中小企业失败率较高

据统计,中小企业失败率较高。2012年《中国中小企业人力资源管理白皮书》显示,我国中小企业平均寿命仅2.5年;2019年《中国小微企业金融服务报告(2018)》指出,中小企业平均寿命为3年。

(三) 资金和人力资源的贫乏性

中小企业在资金、人力资源等方面与大型企业相比还存在很大差距，具体表现在以下两个方面。

一是资金的贫乏。一方面，企业自身"不争气"，在资金本身已经很紧张的情况下，有些企业还将资金用于风险理财、放高利贷、投资股市等，结果造成资金严重损失，并扰乱了金融市场秩序，形成资金的无序流失。另一方面，一些企事业单位对中小企业的资金占用逐渐增加，表现为垫资、拖欠款项、无偿占用等行为，导致本已利润微薄的中小企业在资金方面更加困难。

二是人力资源的贫乏。中小企业由于规模有限，不能像大型企业那样拥有较多的高素质人才，因此新产品科研开发能力和管理水平较低。人才是企业发展的核心，对大型企业如此，对中小企业亦如此，解决企业发展的人力资源问题，始终是中小企业发展的关键。但中小企业在发展阶段受成本等因素限制，在人才招聘领域掣肘严重，劳动力供给与需求之间存在着错位现象，而且业务的不稳定也使中小企业无法支撑稳定的招聘团队。

(四) 企业组织形式的多样性、组织结构的不规范性与管理活动的随意性

相对于大型企业，中小企业由于规模小、人员少，其组织形式不但有有限责任公司，还有相当一部分是个人独资企业和合伙企业。在这种组织形式下，企业内部的组织机构不像大型企业那样健全，而且，当中小企业在发展过程中触及正规化管理改革时，常会在矛盾冲突中以失败告终，当然有些中小企业依靠强有力的领导能够突破这个怪圈，但总体上，中小企业普遍存在组织形式多样、组织结构不规范、管理活动随意等特征。

(五) 产权相对集中与投资的风险性高

中小企业（除国有中小企业外）的产权主要集中在一个人或少数几个人手中。这种产权相对集中的特点可能导致中小企业决策偏向于满足少数股东（或所有者）的利益，而忽视其他利益相关者的需求，从而增加中小企业的风险。另外，在我国中小企业投资中，存在资金短缺、管理制度不健全、人员专业水平不高、投资项目选择不合理等问题，这增加了中小企业投资的不确定性，增大了投资风险。

四、中小企业财务管理的特征

与大型企业相比，中小企业财务管理的特征表现在以下三个方面。

(一) 中小企业财务管理由业主负责

中小企业财务管理的主体与产权主体一致，财务管理工作由业主负责。而大型企业财务管理的主体与产权主体脱离，财务管理工作由经理人员负责。

(二) 中小企业财务管理内容简单

中小企业的财务管理主要以资金筹集与运作为主，投资管理与利润分配较为简单，财务管理内容相对简单。而大型企业财务管理内容复杂，包括融资管理、投资管理和股利分

配等多个方面。

(三) 中小企业财务管理缺乏规范性

由于中小企业失败率较高，企业寿命受很多因素限制，因此，财务管理工作不够规范。而大型企业由于生产经营的连续性和长期性，财务管理工作比较规范。

五、中小企业财务管理的目标

关于中小企业财务管理的目标，国内外理论界一直存在很大的争议，归纳起来，主要有"利润最大化""每股盈余最大化""股东财富最大化"和"企业价值最大化"四种观点。

(一) 利润最大化

将利润最大化作为中小企业财务管理目标的理由主要有三个：第一，中小企业是以营利为目的的经济实体，将利润最大化作为中小企业财务管理目标符合中小企业的经济本质；第二，在自由竞争的资本市场中，资金的使用权最终属于获利最多的企业，将利润最大化作为中小企业财务管理目标有助于促使中小企业合理地配置资产与负债；第三，利润最大化有助于中小企业提高竞争能力，促进社会财富最大化，从而促进社会的进步与发展。

将利润最大化作为中小企业财务管理目标也存在着许多问题，主要表现在：第一，利润最大化目标没有考虑货币的时间价值，不利于中小企业做出正确的财务决策；第二，利润最大化目标没有考虑所获利润与投入资本额的关系，可能造成资本结构决策倾向于低负债资本结构；第三，利润最大化目标没有考虑获得利润与所承担风险的关系，可能导致经营者在经营决策和财务决策中无视风险的存在，仅以利润高低作为决策方案取舍的标准；第四，利润最大化目标是以静态状况下的边际成本等于边际收益为前提条件的，这可能导致经营者只顾眼前利润的最大化，从而损害中小企业的长远发展；第五，利润最大化目标可能导致经营者操纵会计利润，因为利润要受到会计政策和会计估计选择等人为因素的影响。

(二) 每股盈余最大化

"每股盈余最大化"观点认为，应当用每股盈余最大化作为中小企业的财务管理目标。但这种观点也没有考虑货币的时间价值和获得利润与所承担风险的关系。

(三) 股东财富最大化

"股东财富最大化"观点认为，股东是企业的法定所有者，以股东财富最大化作为中小企业的财务管理目标，符合股东创办企业的目的。在中小企业中，股东财富是由股东所持有的股票数量和股票价格决定的，在股票数量不变的情况下，股票价格越高，股东财富越大。因此，"股东财富最大化"其实是股票价格最高化。将股东财富最大化作为中小企业财务管理目标的理由主要有四个：第一，股东财富最大化考虑了货币的时间价值，有利于中小企业做出科学的财务决策；第二，股东财富最大化考虑了报酬的风险因素；第三，股东财富最大化能在一定程度上克服中小企业追求利润最大化的短期行为；第四，股东财富最大化不易被经营者操控。

但是，这种观点存在以下缺陷：第一，忽视了相关方面的利益，如经营者、职工和债权人的经济利益；第二，有可能导致经营者选择次优化决策方案，这是因为存在债务资本；第三，股东财富最大化目标过于抽象，在实际工作中不易确定。

（四）企业价值最大化

"企业价值最大化"观点认为，应以企业价值最大化作为中小企业的财务管理目标。

从中小企业当前的经济环境、法律环境和金融环境来看，"利润最大化""每股盈余最大化""股东财富最大化"都不宜作为中小企业财务管理的目标，我国中小企业财务管理的目标应该是"企业价值最大化"。这是因为将企业价值最大化作为我国中小企业财务管理目标具有以下四个优点。

第一，企业价值最大化目标全面考虑了股东、债权人、经营者、客户、职工、社会公众、政府等利益相关者的利益，这不但有利于各利益相关者的利益得到满足，而且也为实现中小企业财务管理的良性循环和企业价值的不断增加奠定了坚实的社会基础。

第二，企业价值最大化目标综合考虑了货币的时间价值、风险与报酬的关系，有利于克服利润最大化目标下所产生的短期行为，最大限度地增加中小企业长期的现金流量，实现中小企业持续稳定的发展。

第三，企业价值最大化目标要求实现各利益相关者之间的分配的公平化。要使各利益相关者的利益最大化，必须做到企业价值在各利益相关者之间进行公平的分配，使各方利益达到和谐统一。

第四，企业价值最大化目标体现了战略管理的要求，面对经常改变的环境，中小企业只有将财务目标纳入战略管理的轨道，才能在激烈的市场竞争中求得生存和发展，因此，从这个意义上看，企业价值最大化无疑为中小企业财务管理确定了一个最佳的目标导向。

六、中小企业财务管理的内容

中小企业财务活动可以分为筹资活动、投资活动和利润分配活动三类，因此，中小企业财务管理的内容可分为筹资管理、投资管理和利润分配管理。

（一）中小企业的筹资管理

中小企业的筹资管理任务主要是筹集生产经营所需的资金，并确定合理的资本结构。中小企业要进行正常的生产经营活动，就需要足够的资金，筹集资金是中小企业进行再生产和扩大再生产的首要任务。中小企业的筹资管理包括企业资金需要量的确定、筹资方式的选择、资本结构的规划等。

（二）中小企业的投资管理

中小企业的投资按照投资形式不同可分为实物投资与金融投资。实物投资是指对存货、固定资产、无形资产等资产的投资，金融投资是指对股票、债券等的投资。中小企业的投资管理主要包括合理确定企业的资产结构、进行项目的可行性分析等。

(三) 中小企业的利润分配管理

中小企业的利润分配管理就是确定企业当年实现的税后利润在股东与企业之间的分配比例，主要包括利润分配影响因素的分析、利润分配政策的制定和调整等。

本章将主要介绍中小企业的筹资管理和投资管理。

第二节 中小企业的筹资管理

一、中小企业的筹资特点

与大型企业筹资相比，中小企业筹资具有以下三个特点。

(一) 筹资渠道狭窄

大多数中小企业不能通过发行股票和债券的方式筹集资金，其主要筹资渠道是银行借款、吸收直接投资、内部借款和向亲朋好友借款等。

(二) 筹资难度较大

中小企业由于企业规模小、资产较少，破产的可能性相对较大，同时其可作为担保的资产较少，再加上中小企业数量很多，良莠不齐，社会信用等级低，因此，中小企业的筹资较为困难。

(三) 筹资目标多样化

中小企业筹资目标很多，有的中小企业追求资金成本最低，有的追求还款期长，有的追求偿债风险最小，等等。筹资目标的多样化，决定了中小企业筹资方式的多样性。

二、中小企业的筹资方式

(一) 负债筹资方式

1. 银行借款

对于处于成长期的中小企业来说，银行借款是其主要的资金来源，有时甚至是唯一的外部资金来源。银行借款速度快，但要求高，往往期限也短。

2. 银行透支

银行透支是中小企业常用的短期融资方式。这种方式很灵活，没有最低限额。中小企业随时可以在约定的数额内预支所需资金，过后归还。透支利息按日透支金额计算，相对来说也比较便宜。

3. 租赁

租赁是指一种不用立即支付全部成本就可以获得车辆和机器设备等使用权的方法，它包括经营性租赁和融资性租赁。经营性租赁允许承租者在经济生命期内持有并使用租赁物，如汽车、复印机、自动售货机等，出租人承担设备过时的风险，并负责修理、维护和保险，承租人要为这些服务付费。融资性租赁由承租人负责设备的维护和保险。所以，对承租人来说经营性租赁比融资性租赁的费用要高。

4. 商业信用

商业信用是以赊购或赊销等方式进行的筹资，包括赊购商品、应付商业票据和预收货款等方式。赊购商品是指先收货后付款的购买方式，其特点是购货方收到货物时，既不支付货款，也不出具借据，而是形成应付账款到期支付；应付商业票据是指购货方利用商业汇票的结算方式进行交易，由于商业汇票有一定的付款期限，企业利用应付商业票据筹资可以做到"借鸡生蛋"；预收货款是指销货方要求购货方预先支付货款，而后按商定期限到期交货的一种筹资方式，这种方式一般适用于紧俏的或具有优越条件的商品销售。

5. 内部借款

中小企业在外部筹资困难的情况下，往往会采取内部借款的方法，即以较高的利率向职工借款，由于职工对企业比较了解，是与企业信息较为对称的群体，如果企业有较好的发展前景，职工就愿意将资金借给企业，为企业发展尽力，帮助企业渡过资金难关，同时，职工也能得到较高的利息回报。

6. 向亲朋好友借款

中小企业常见的外部筹资方式还有业主向亲朋好友借款，这是中小企业初创时期常用的筹资方式。

（二）权益筹资方式

1. 吸收直接投资

中小企业在资金紧张时，可以吸收愿意加盟的投资者的资金，增加企业的资本总额。吸收直接投资的主体可以是有权代表国家投资的政府部门或机构、具有法人资格的企业事业单位、个人和外商等。投资主体可以以货币资金、实物、无形资产、股权、特定债权等形式投资。吸收直接投资具有筹资简便、灵活，筹资速度快，筹资成本低，财务风险小等优点，但吸收直接投资分散了原投资者的控制权，而且其资金使用成本较高。

2. 资本积累

中小企业权益筹资的最主要方式是减少甚至不分配盈余，实现盈余的资本化，以此来增加企业的资本总额。资本积累是中小企业初创时期经常采用的筹资方式，而且股东也愿意接受这种方式。资本积累具有灵活、简便，几乎没有筹资成本，企业主动性强等优点。但是资本积累与企业利润分配政策相关，如果处理不当，将影响股东情绪，遭到股东反对。

3. 发行股票

我国中小企业股票板块的兴起，使得符合条件的中小企业可以通过发行股票的方式筹集资金。这种筹资方式可以在短期内筹集到大量的资金，但其筹资成本比较高，筹资条件也比较严格。所以，我国大多数中小企业目前尚无法运用发行股票的方式来筹集资金。

三、中小企业可持续发展的筹资策略

中小企业要实现可持续发展，首要的问题是衡量现有的可持续发展水平。所谓可持续发展水平,是指企业在不增加权益资本并在维持目前的经营效率和目标资本结构及利润分配政策的前提下,以现有财务资源所能实现的最高的销售增长水平。

从财务角度来看,一家企业现有的可持续发展水平取决于该企业所有者权益的扩张程度,在数量上等于该企业的权益资本增长率(权益资本增长率=本期留存收益/期初所有者权益)。中小企业在确定了自身的可持续发展水平后,就应比较企业实际的销售增长水平与可持续发展水平之间的差距,寻求有效的财务支持策略。当企业的实际增长水平超过可持续发展水平时,伴随着销售增长,企业的存货、应收账款等资金的需要量也相应增加,而且销售增长得越快,需要的资金就越多;当企业的实际增长水平低于可持续发展水平时,企业的存货、应收账款等资金的需要量也相应减少,从而造成企业资金的闲置和浪费。

财务专家指出,考察一家企业的可持续发展能力,从财务资源的角度来说,就是在不耗尽财务资源的情况下,计算企业销售额预期最大增长率与实际增长率之间的差额。该差额越小,表明企业基于财务资源的可持续竞争能力越强;该差额越大,表明企业基于财务资源的可持续竞争能力越弱。

由此可见,要实现中小企业的可持续发展,就必须使中小企业的成长速度与中小企业的财务资源相协调,即制定科学合理的财务政策——利润分配政策和负债率政策,在中小企业能够承受的负债水平下,以内生资本和债务资本支持中小企业销售增长,即在不耗尽中小企业财务资源的基础上,实现中小企业销售与财务资源的同步增长。正如美国财务学家霍恩所说,企业可持续成长是保持与企业现实和金融市场状况相符合的销售增长。

1. 实际增长水平超过可持续发展水平的财务支持策略选择

当中小企业的实际增长水平超过可持续发展水平时,其现有的财务资源就不能满足高速发展的需要,中小企业要维持高增长,就必须寻求相应的财务支持。否则,高速发展就可能导致资源紧张,甚至可能导致企业破产。此时,可以选择的财务支持策略有以下六种。

(1) 采用权益筹资方式,优化资本结构

当中小企业面临良好的增长机会而现有资金不足以支持企业发展时,中小企业可以吸收新的直接投资,也可以通过改造为上市公司并发行股票筹集权益资本,从而解决资金问题。权益资本是中小企业的永久性经营资本,对于维持中小企业正常的经营规模具有重要的意义。同时,权益资本比重的提高,使得中小企业在保证其最优资本结构的前提下,进行负债融资成为可能。但是,权益筹资必须考虑权益资本增加对原股东控制权的稀释。因此,中小企业在进行权益筹资时应注意根据实际情况采取相应的策略,在股权扩张的同时保证每股盈利成长率不降低,并将募集到的资金合理运用到企业发展上,通过加强内部管理、提高创新能力等手段,为中小企业的持续发展创造有利条件。

(2) 提高负债比例,合理发挥财务杠杆作用

负债经营是"借鸡生蛋",但其前提条件是总资产报酬率大于负债的资本成本率。只有符合这一条件,中小企业才可以通过适度负债经营,利用财务杠杆原理,获取剩余收益,才能够保证对债务资本的偿还能力,才能够以债务资本发展企业。但要注意的是,一些中小企业为了追求较高的增长率而过度负债,虽然这可以提高中小企业短期的增长能力,却难以维持,并会带来巨大的财务风险。这是因为负债比重的大幅增加,加大了中小

企业的违约风险，需要相应地提高债权人的违约风险补贴率，从而使得负债筹资的资本成本上升。当平均负债资本成本率高于总资产报酬率时，负债经营的财务杠杆作用会引起净资产收益率的大幅降低。

（3）降低盈利分配率

在中小企业高速发展时期，降低盈利分配率，即提高留存收益比例，是中小企业满足增长对于资金的需要的常用方式。提高留存收益比例，不仅使中小企业可以以留存收益支持销售的增长，还为中小企业举债奠定了基础，同时增强了中小企业抗风险能力。但是，对于此做法股东很可能会做出反应，反应的程度取决于中小企业是否将留存于企业内部的资金用于收益率令人满意的项目。如果股东相信留存收益用在了收益率令人满意的项目，他们将愿意放弃目前的股利以获取未来更高的股利或资本利得。但当股东对中小企业丧失信心或倾向于"两鸟在林不如一鸟在手"的观点时，则可能会讨厌降低盈利分配率的做法。股利政策的制定受多种因素的影响，包括税法对股利和出售股票所获收益的不同处理、未来的投资机会、各种资金来源及其成本、股东对当期收入和未来收入的相对偏好等。中小企业必须根据自己的具体情况确定最佳的股利政策，这是企业可持续发展的一项重要内容。

（4）剥离副业，突出主业

中小企业在扩张中，基于对经营风险的考虑，往往会采取多元化经营策略，即将资金投向多个经营方向。但是，多元化经营策略也有弊端，即受资源分散的影响，中小企业往往不能集中资源优势，形成核心竞争力，多元化经营的结果往往是使企业成为追随者而非行业的主导者。经历了20世纪60年代至20世纪90年代多元化经营带来的低盈利水平后，投资者发现，"主业突出"的企业更具有竞争力和可持续发展的能力。因此，有益的剥离可以使中小企业利用有限的资源集中提供核心能力，而剥离所释放的资金可以支持中小企业的增长，提高中小企业的资金周转率。当中小企业进行多元化经营但又不能在所有领域同时进行有效竞争时，应及时调整经营战略，剥离那些经营效率低的副业，获取主业发展所需的资金。

（5）优化资产配置，提高资产使用效率

中小企业可持续发展的财务支持基础是内生资源的优化配置。中小企业可以通过对各种资产占用量进行合理规划，减少不必要、不合理的资产占用，以优化资源配置，有效提高资产使用效率，以相对节约的资本支持企业发展的需要。为了释放现有资产的资金占用，中小企业可以考虑从五个方面着手。一是通过对采购批量和库存量的规划，释放存货的资金占用量。二是缩短生产周期，提高生产资产的周转速度。三是处置闲置设备，使其转化为流动资产。四是分析非生产性资金占用，增强非生产性资金的流动性。五是加强对赊销政策的管理，提高应收账款周转率。

（6）控制企业增长

在中小企业不能通过负债筹资或权益筹资获得外部资金支持，企业留存收益已达最高比例或股东不允许提高留存收益比例，通过内部资源调整也不能得到足够资金的情况下，中小企业就应该考虑控制企业增长，将企业增长率限定在现有资源的可持续增长率水平上，以免失去财务资源的支持，因盲目增长而导致财务状况恶化。控制企业增长可以通过提高商品售价，调整赊销政策等途径来实现。

2. 实际增长水平低于可持续发展水平的财务支持策略选择

当中小企业实际增长水平低于可持续发展水平时，也需要采取一些财务支持策略来改变这一状况。如果对该问题忽略不管，因资源闲置而导致的中小企业市价被低估会使中小企业成为收购目标。此时，可以选择的财务支持策略有以下四种。

（1）寻找新的销售增长点

资金过剩的中小企业一般是销售相对于财务资源来说增长缓慢的企业。当中小企业出现剩余资金时，应努力寻找新的销售增长点，将部分资金用于促进中小企业未来销售的增长。具体路径是通过加大新产品的研究开发力度、增加塑造品牌的支出、适当增加员工的培训支出、加大引进人才的力度等方法增加企业的未来价值，以刺激未来销售的增长。

（2）减少债务，改善资本结构

在中小企业现有负债比重较高的情况下，中小企业应利用剩余资金清偿部分债务。这一方面可以降低利息费用的支出，扩大中小企业的利润规模；另一方面可以通过调整资产负债率，优化中小企业的资本结构，降低资金成本。

（3）增加利润分配支出

如果中小企业找不到良好的投资机会，就应将剩余资金分配给股东，提高股东的报酬，避免资金的闲置和浪费。因为股东将分得的现金投资于其他快速增长的企业，有利于实现社会资源的优化配置，这样既保护了股东的利益，也增加了社会的总财富。同时，增加利润分配支出，一方面带给市场企业经营良好的信号，有利于中小企业外在声誉的提高；另一方面还可降低可持续增长水平，缩小其与实际增长水平的差距。

（4）实施并购，实现产业转型

通过并购其他行业的资产实现中小企业的产业转型，对不希望在本行业持续成长的中小企业有重要意义。我国近年来的并购浪潮很大程度上是由此产生的。在市场经济环境下，中小企业作为独立的经济主体，其经济行为受利益动机驱使。在大多数情况下，中小企业基于谋求管理协同效应、经营协同效应及财务协同效应等原因，实施战略重组，开展多元化经营，从而使多余的资金能够用于持续增长的企业需要。

第三节 中小企业的投资管理

一、中小企业投资的特点

（一）中小企业投资的风险程度高

中小企业由于受资金的限制，投资时往往只能专注于某个项目，不能有效地分散投资风险，再加上中小企业抗风险能力弱，因此，中小企业一旦投资失误，将面临灭顶之灾。

（二）中小企业投资决策与融资决策存在着紧密的关系

中小企业资源相对缺乏，资金来源十分有限，因此，中小企业筹资的针对性很强。对于来源不同的资金，中小企业业主的投资决策结果会差异很大。如果用自有资金进行投资，业主可以根据自己的意愿选择，既可以选择投资回报率较高的项目，也可以选择投资回报率较低的项目。但如果用负债资金进行投资，业主必须选择资产报酬率高于负债资本成本率的项目，否则企业就会陷入财务困境。同时，中小企业投资决策与融资决策存在着紧密的关系，还表现为债权人对投资的控制，这是由于债权人将资金交给中小企业后，为了保障贷款的安全性，往往会要求对中小企业的投资行为进行某种程度的控制。

（三）中小企业投资决策方法往往比较简单

大型企业在进行投资决策时主要采用现金流量折现法，但这种方法不是中小企业进行投资决策的最佳选择，因为中小企业的投资涉及的资金数量少，回收期短，再加上业主专业知识的限制，中小企业在进行投资决策时常常会选择简单实用的方法，如投资回收期法、年均收益率法、净现值法、现值指数法、内部报酬率法等。

（四）中小企业投资可能过度，也可能不足

中小企业投资中常常出现两种极端倾向：一种是过度投资；另一种是投资不足。过度投资主要表现为投资所需资金量远远超过了企业所能筹集的资金量，这会造成项目进行过程中的资金短缺；投资不足主要表现为一些中小企业缺乏投资的动力，不愿将资金投放到回报率较高但风险较大的项目中，从而造成中小企业资金大量富余。

二、中小企业投资决策的方法

（一）投资回收期法

投资回收期是指收回初始投资所需要的时间。项目的投资回收期越短，投资项目越好。

由于项目资金的投入方式和现金的流入方式不同，投资回收期有两种计算方式。

①如果初始投资是一次性投入，每年现金净流量相等，那么投资回收期的计算方式为：

$$投资回收期 = 初始投资额 / 每年现金净流量$$

②如果初始投资不是一次性投入，或者每年现金净流量不相等，那么投资回收期的计算方式为：

$$\sum_{k=0}^{n} I_k = \sum_{k=1}^{n} O_k$$

式中，n 为投资回收期，I_k 为第 k 年投资额，O_k 为第 k 年现金净流量。

当项目的投资回收期小于企业期望的投资回收期时，该项目可行；当项目的投资回收期大于企业期望的投资回收期时，该项目不可行。

使用投资回收期法进行投资决策的优点是计算简单，容易为决策者掌握和理解，其缺点是没有考虑货币的时间价值和投资回收期后的现金流量情况。

（二）年均收益率法

年均收益率是指投资项目在寿命期限内平均的年投资报酬率，其计算公式为：

$$年均收益率 = \frac{年均现金净流量}{初始投资额} \times 100\%$$

当项目的年均收益率大于企业期望的报酬率时,项目可行;当项目的年均收益率小于企业期望的报酬率时,项目不可行。

使用年均收益率法进行投资决策的优点是简明、易懂、易算,其缺点是没有考虑货币的时间价值。

(三) 净现值法

净现值是指特定项目未来现金流入量的现值与未来现金流出量的现值之间的差额。其计算公式为:

$$净现值 = \sum_{k=0}^{n} \frac{I_k}{(1+i)^k} + \sum_{k=0}^{n} \frac{O_k}{(1+i)^k}$$

式中,n为投资有效期,I_k为第k年的现金流入量,O_k为第k年的现金流出量,i为折现率。

当项目的净现值大于零时,该项目可行;当项目的净现值小于零时,该项目不可行。

使用净现值法进行投资决策的优点是考虑了货币的时间价值,能够反映各种方案的净收益,其缺点是净现值是一个绝对值,不能进行不同投资额项目的排序。

(四) 现值指数法

现值指数是未来现金流入量现值与未来现金流出量现值绝对值的比率,又称获利指数、利润指数等。其计算公式为:

$$现值指数 = \sum_{k=0}^{n} \frac{I_k}{(1+i)^k} \bigg/ \left| \sum_{k=0}^{n} \frac{O_k}{(1+i)^k} \right|$$

式中,n为投资有效期,I_k为第k年的现金流入量,O_k为第k年的现金流出量,i为折现率。

当项目的现值指数大于1时,该项目可行;当项目的现值指数小于1时,该项目不可行。

使用净现值法进行投资决策的优点是考虑了货币的时间价值,能够进行不同投资额项目的排序,其缺点是现值指数是一个相对值,不能反映各种方案的净收益。

(五) 内部报酬率法

内部报酬率是指能够使未来现金流入量现值等于未来现金流出量现值的折现率,即使投资项目净现值为零的折现率。其计算公式为:

$$\sum_{k=0}^{n} \frac{I_k}{(1+i)^k} + \sum_{k=0}^{n} \frac{O_k}{(1+i)^k} = 0$$

式中,n为投资有效期,I_k为第k年的现金流入量,O_k为第k年的现金流出量,i为内部报酬率。

当项目的内部报酬率大于企业期望的报酬率时,该项目可行;当项目的内部报酬率小于企业期望的报酬率时,该项目不可行。

使用内部报酬率法进行投资决策的优点是考虑了货币的时间价值,能反映出各项目的实际报酬,能够进行不同投资额项目的排序,其缺点是内部报酬率是一个相对值,不能反映各种方案的净收益。

三、中小企业可持续发展的投资战略

企业快速成长的战略有两种:多元化经营战略和目标聚焦经营战略。20世纪80年代以来,我国许多中小企业在扩张中,基于对经营风险的考虑,往往采取多元化经营战略,即将资金投向多个经营方向。实践结果是,这些中小企业不仅没有做大做强,还陷入资源困境,难以自拔。多元化经营战略有难以克服的弊端,即受资源分散限制,企业难以集中资源优势,形成核心竞争力。多元化经营往往使企业成为追随者而非行业的主导者。我国中小企业不宜采用多元化经营战略,这是由我国中小企业的主客观因素决定的。

第一,我国中小企业不具备采取多元化经营战略的某些客观条件。比如,我国目前市场有效资金供给不足,居民会将剩余资金用于储蓄或证券投资,而不会对企业尤其是中小企业进行直接投资,所以,我国中小企业的融资能力较弱。另外,我国中小企业业主的管理素质偏低。因此,目前我国多数中小企业还不具备多元化经营战略所需的客观条件。

第二,我国中小企业规模普遍偏小,在资金和技术方面存在不足。中小企业不但资金供应不足,而且生产技术比较落后。虽然有些中小企业从国外或国内大型企业、科研院所引进技术,模仿产品,并很快成为我国经济发展的生力军,但是由于缺乏技术创新能力,这些先进技术往往只是昙花一现。在这种情况下,与其全面出击,不如重点进攻。从世界一些知名企业的发展历史来看,多数企业,如可口可乐、万宝路、微软等,都是从单一产品起家的。从战略层面来看,集中优势打好主攻战亦为兵家决策常胜之道,而把有限的战略资源化整为零是兵家大忌。市场如战场,当资源有限时,中小企业应尽可能发挥资源的整体优势,这样才有利于参与市场竞争。

第三,我国大部分中小企业的经营管理水平偏低。多元化经营对经营管理者的素质要求很高。虽然从理论上看,多元化经营战略可以分散经营风险,给企业成长带来好处,但再好的理论和战略都必须与相应的人和事相联系,如果运用不当,就会分散企业的人力、物力和财力,好理论、好战略也可能成为企业发展的绊脚石。因此,对于多元化经营战略,中小企业应慎之又慎,注意欲速则不达。

第四,多元化经营战略不利于提高中小企业的产品品质和市场竞争力。我国中小企业真正走向市场的时间还比较短,中小企业经营管理者的市场意识还比较薄弱,职工的技术素质也有待提升,这些问题都不是短时间内可以解决的。如果不讲实际,一味追求多元化经营,将不利于中小企业提高产品品质和市场竞争力。

资源基础理论与价值链理论说明,任何一家企业都不可能在所有业务上成为世界上最杰出的企业。实施目标聚焦经营战略,有助于巩固企业在供应链中的地位。因此,就我国中小企业而言,目标聚焦经营战略是企业成长的理性选择。因为实施目标聚焦经营战略,一方面可以有效避免中小企业的资源缺陷,另一方面可以有效整合中小企业现有的资源,从而使中小企业聚焦资源于主业,培育核心竞争力。那么,中小企业应如何运用目标聚焦经营战略呢?专家研究认为,中小企业在投资方面的战略应从以下两方面着手。

1. 选择正确的主业

中小企业要可持续发展,首要任务是选择一个在较长时期内具有发展前景的主业,这

将是中小企业发展的初始投资点。首先，中小企业应该以国际先进技术，经济发展趋势和国家、地方的产业政策为导向，积极地进行目标选择。其次，中小企业应根据自身条件进行目标选择。中小企业应该从自身的资金实力、管理资源、人力资源及对产业的驾驭能力出发，量力而行，选择适合自身发展的主业目标。最后，中小企业要适时调整主业目标。一旦原先选择的主业已无利可图，企业就应该收缩战线，进行资产重组，果断退出原主业。

2. 剥离副业，突出主业

对于已经实施了多元化经营战略的中小企业，在确定了应聚焦的目标主业后，应积极地剥离副业。实践证明，主业突出的公司，更具有竞争力和可持续发展能力。有益的剥离可以使中小企业利用有限的资源集中发展核心优势，剥离所释放的资金可以支持企业的目标主业，提高主业的资金周转率。当中小企业因进行多元投资而不能同时在多个领域都进行有效竞争时，就应及时调整经营战略，剥离那些经营效率低的副业，将获取的资金投入主业。

第四节　我国中小企业的扶持政策

2017年9月1日我国第十二届全国人民代表大会常务委员会第二十九次会议修订通过的《中华人民共和国中小企业促进法》共分为十章：第一章总则、第二章财税支持、第三章融资促进、第四章创业扶持、第五章创新支持、第六章市场开拓、第七章服务措施、第八章权益保护、第九章监督检查、第十章附则，自2018年1月1日起施行。

《中华人民共和国中小企业促进法》对我国中小企业的发展起到了非常重要的作用，现介绍如下。

一、总则

第一条　为了改善中小企业经营环境，保障中小企业公平参与市场竞争，维护中小企业合法权益，支持中小企业创业创新，促进中小企业健康发展，扩大城乡就业，发挥中小企业在国民经济和社会发展中的重要作用，制定本法。

第二条　本法所称中小企业，是指在中华人民共和国境内依法设立的，人员规模、经营规模相对较小的企业，包括中型企业、小型企业和微型企业。

中型企业、小型企业和微型企业划分标准由国务院负责中小企业促进工作综合管理的部门会同国务院有关部门，根据企业从业人员、营业收入、资产总额等指标，结合行业特点制定，报国务院批准。

第三条　国家将促进中小企业发展作为长期发展战略，坚持各类企业权利平等、机会平等、规则平等，对中小企业特别是其中的小型微型企业实行积极扶持、加强引导、完善服务、依法规范、保障权益的方针，为中小企业创立和发展创造有利的环境。

第四条　中小企业应当依法经营，遵守国家劳动用工、安全生产、职业卫生、社会保障、资源环境、质量标准、知识产权、财政税收等方面的法律、法规，遵循诚信原则，规范内部管理，提高经营管理水平；不得损害劳动者合法权益，不得损害社会公共利益。

第五条　国务院制定促进中小企业发展政策，建立中小企业促进工作协调机制，统筹全国中小企业促进工作。

国务院负责中小企业促进工作综合管理的部门组织实施促进中小企业发展政策，对中小企业促进工作进行宏观指导、综合协调和监督检查。

国务院有关部门根据国家促进中小企业发展政策，在各自职责范围内负责中小企业促进工作。

县级以上地方各级人民政府根据实际情况建立中小企业促进工作协调机制，明确相应的负责中小企业促进工作综合管理的部门，负责本行政区域内的中小企业促进工作。

第六条　国家建立中小企业统计监测制度。统计部门应当加强对中小企业的统计调查和监测分析，定期发布有关信息。

第七条　国家推进中小企业信用制度建设，建立社会化的信用信息征集与评价体系，实现中小企业信用信息查询、交流和共享的社会化。

二、财税支持

第八条　中央财政应当在本级预算中设立中小企业科目，安排中小企业发展专项资金。

县级以上地方各级人民政府应当根据实际情况，在本级财政预算中安排中小企业发展专项资金。

第九条　中小企业发展专项资金通过资助、购买服务、奖励等方式，重点用于支持中小企业公共服务体系和融资服务体系建设。

中小企业发展专项资金向小型微型企业倾斜，资金管理使用坚持公开、透明的原则，实行预算绩效管理。

第十条　国家设立中小企业发展基金。国家中小企业发展基金应当遵循政策性导向和市场化运作原则，主要用于引导和带动社会资金支持初创期中小企业，促进创业创新。

县级以上地方各级人民政府可以设立中小企业发展基金。

中小企业发展基金的设立和使用管理办法由国务院规定。

第十一条　国家实行有利于小型微型企业发展的税收政策，对符合条件的小型微型企业按照规定实行缓征、减征、免征企业所得税、增值税等措施，简化税收征管程序，减轻小型微型企业税收负担。

第十二条　国家对小型微型企业行政事业性收费实行减免等优惠政策，减轻小型微型企业负担。

三、融资促进

第十三条　金融机构应当发挥服务实体经济的功能，高效、公平地服务中小企业。

第十四条 中国人民银行应当综合运用货币政策工具，鼓励和引导金融机构加大对小型微型企业的信贷支持，改善小型微型企业融资环境。

第十五条 国务院银行业监督管理机构对金融机构开展小型微型企业金融服务应当制定差异化监管政策，采取合理提高小型微型企业不良贷款容忍度等措施，引导金融机构增加小型微型企业融资规模和比重，提高金融服务水平。

第十六条 国家鼓励各类金融机构开发和提供适合中小企业特点的金融产品和服务。

国家政策性金融机构应当在其业务经营范围内，采取多种形式，为中小企业提供金融服务。

第十七条 国家推进和支持普惠金融体系建设，推动中小银行、非存款类放贷机构和互联网金融有序健康发展，引导银行业金融机构向县域和乡镇等小型微型企业金融服务薄弱地区延伸网点和业务。

国有大型商业银行应当设立普惠金融机构，为小型微型企业提供金融服务。国家推动其他银行业金融机构设立小型微型企业金融服务专营机构。

地区性中小银行应当积极为其所在地的小型微型企业提供金融服务，促进实体经济发展。

第十八条 国家健全多层次资本市场体系，多渠道推动股权融资，发展并规范债券市场，促进中小企业利用多种方式直接融资。

第十九条 国家完善担保融资制度，支持金融机构为中小企业提供以应收账款、知识产权、存货、机器设备等为担保品的担保融资。

第二十条 中小企业以应收账款申请担保融资时，其应收账款的付款方，应当及时确认债权债务关系，支持中小企业融资。

国家鼓励中小企业及付款方通过应收账款融资服务平台确认债权债务关系，提高融资效率，降低融资成本。

第二十一条 县级以上人民政府应当建立中小企业政策性信用担保体系，鼓励各类担保机构为中小企业融资提供信用担保。

第二十二条 国家推动保险机构开展中小企业贷款保证保险和信用保险业务，开发适应中小企业分散风险、补偿损失需求的保险产品。

第二十三条 国家支持征信机构发展针对中小企业融资的征信产品和服务，依法向政府有关部门、公用事业单位和商业机构采集信息。

国家鼓励第三方评级机构开展中小企业评级服务。

四、创业扶持

第二十四条 县级以上人民政府及其有关部门应当通过政府网站、宣传资料等形式，为创业人员免费提供工商、财税、金融、环境保护、安全生产、劳动用工、社会保障等方面的法律政策咨询和公共信息服务。

第二十五条 高等学校毕业生、退役军人和失业人员、残疾人员等创办小型微型企业，按照国家规定享受税收优惠和收费减免。

第二十六条 国家采取措施支持社会资金参与投资中小企业。创业投资企业和个人投资者投资初创期科技创新企业的，按照国家规定享受税收优惠。

第二十七条 国家改善企业创业环境，优化审批流程，实现中小企业行政许可便捷，降低中小企业设立成本。

第二十八条 国家鼓励建设和创办小型微型企业创业基地、孵化基地，为小型微型企业提供生产经营场地和服务。

第二十九条 地方各级人民政府应当根据中小企业发展的需要，在城乡规划中安排必要的用地和设施，为中小企业获得生产经营场所提供便利。

国家支持利用闲置的商业用房、工业厂房、企业库房和物流设施等，为创业者提供低成本生产经营场所。

第三十条 国家鼓励互联网平台向中小企业开放技术、开发、营销、推广等资源，加强资源共享与合作，为中小企业创业提供服务。

第三十一条 国家简化中小企业注销登记程序，实现中小企业市场退出便利化。

五、创新支持

第三十二条 国家鼓励中小企业按照市场需求，推进技术、产品、管理模式、商业模式等创新。

中小企业的固定资产由于技术进步等原因，确需加速折旧的，可以依法缩短折旧年限或者采取加速折旧方法。

国家完善中小企业研究开发费用加计扣除政策，支持中小企业技术创新。

第三十三条 国家支持中小企业在研发设计、生产制造、运营管理等环节应用互联网、云计算、大数据、人工智能等现代技术手段，创新生产方式，提高生产经营效率。

第三十四条 国家鼓励中小企业参与产业关键共性技术研究开发和利用财政资金设立的科研项目实施。

国家推动军民融合深度发展，支持中小企业参与国防科研和生产活动。

国家支持中小企业及中小企业的有关行业组织参与标准的制定。

第三十五条 国家鼓励中小企业研究开发拥有自主知识产权的技术和产品，规范内部知识产权管理，提升保护和运用知识产权的能力；鼓励中小企业投保知识产权保险；减轻中小企业申请和维持知识产权的费用等负担。

第三十六条 县级以上人民政府有关部门应当在规划、用地、财政等方面提供支持，推动建立和发展各类创新服务机构。

国家鼓励各类创新服务机构为中小企业提供技术信息、研发设计与应用、质量标准、实验试验、检验检测、技术转让、技术培训等服务，促进科技成果转化，推动企业技术、产品升级。

第三十七条 县级以上人民政府有关部门应当拓宽渠道，采取补贴、培训等措施，引导高等学校毕业生到中小企业就业，帮助中小企业引进创新人才。

国家鼓励科研机构、高等学校和大型企业等创造条件向中小企业开放试验设施，开展技术研发与合作，帮助中小企业开发新产品，培养专业人才。

国家鼓励科研机构、高等学校支持本单位的科技人员以兼职、挂职、参与项目合作等形式到中小企业从事产学研合作和科技成果转化活动，并按照国家有关规定取得相应报酬。

六、市场开拓

第三十八条 国家完善市场体系，实行统一的市场准入和市场监管制度，反对垄断和不正当竞争，营造中小企业公平参与竞争的市场环境。

第三十九条 国家支持大型企业与中小企业建立以市场配置资源为基础的、稳定的原材料供应、生产、销售、服务外包、技术开发和技术改造等方面的协作关系，带动和促进中小企业发展。

第四十条 国务院有关部门应当制定中小企业政府采购的相关优惠政策，通过制定采购需求标准、预留采购份额、价格评审优惠、优先采购等措施，提高中小企业在政府采购中的份额。

向中小企业预留的采购份额应当占本部门年度政府采购项目预算总额的百分之三十以上；其中，预留给小型微型企业的比例不低于百分之六十。中小企业无法提供的商品和服务除外。

政府采购不得在企业股权结构、经营年限、经营规模和财务指标等方面对中小企业实行差别待遇或者歧视待遇。

政府采购部门应当在政府采购监督管理部门指定的媒体上及时向社会公开发布采购信息，为中小企业获得政府采购合同提供指导和服务。

第四十一条 县级以上人民政府有关部门应当在法律咨询、知识产权保护、技术性贸易措施、产品认证等方面为中小企业产品和服务出口提供指导和帮助，推动对外经济技术合作与交流。

国家有关政策性金融机构应当通过开展进出口信贷、出口信用保险等业务，支持中小企业开拓境外市场。

第四十二条 县级以上人民政府有关部门应当为中小企业提供用汇、人员出入境等方面的便利，支持中小企业到境外投资，开拓国际市场。

七、服务措施

第四十三条 国家建立健全社会化的中小企业公共服务体系，为中小企业提供服务。

第四十四条 县级以上地方各级人民政府应当根据实际需要建立和完善中小企业公共服务机构，为中小企业提供公益性服务。

第四十五条 县级以上人民政府负责中小企业促进工作综合管理的部门应当建立跨部门的政策信息互联网发布平台，及时汇集涉及中小企业的法律法规、创业、创新、金融、市场、权益保护等各类政府服务信息，为中小企业提供便捷无偿服务。

第四十六条 国家鼓励各类服务机构为中小企业提供创业培训与辅导、知识产权保护、管理咨询、信息咨询、信用服务、市场营销、项目开发、投资融资、财会税务、产权交易、技术支持、人才引进、对外合作、展览展销、法律咨询等服务。

第四十七条 县级以上人民政府负责中小企业促进工作综合管理的部门应当安排资金，有计划地组织实施中小企业经营管理人员培训。

第四十八条 国家支持有关机构、高等学校开展针对中小企业经营管理及生产技术等方面的人员培训，提高企业营销、管理和技术水平。

国家支持高等学校、职业教育院校和各类职业技能培训机构与中小企业合作共建实习实践基地，支持职业教育院校教师和中小企业技术人才双向交流，创新中小企业人才培养模式。

第四十九条 中小企业的有关行业组织应当依法维护会员的合法权益，反映会员诉求，加强自律管理，为中小企业创业创新、开拓市场等提供服务。

八、权益保护

第五十条 国家保护中小企业及其出资人的财产权和其他合法权益。任何单位和个人不得侵犯中小企业财产及其合法收益。

第五十一条 县级以上人民政府负责中小企业促进工作综合管理的部门应当建立专门渠道，听取中小企业对政府相关管理工作的意见和建议，并及时向有关部门反馈，督促改进。

县级以上地方各级人民政府有关部门和有关行业组织应当公布联系方式，受理中小企业的投诉、举报，并在规定的时间内予以调查、处理。

第五十二条 地方各级人民政府应当依法实施行政许可，依法开展管理工作，不得实施没有法律、法规依据的检查，不得强制或者变相强制中小企业参加考核、评比、表彰、培训等活动。

第五十三条 国家机关、事业单位和大型企业不得违约拖欠中小企业的货物、工程、服务款项。

中小企业有权要求拖欠方支付拖欠款并要求对拖欠造成的损失进行赔偿。

第五十四条 任何单位不得违反法律、法规向中小企业收取费用，不得实施没有法律、法规依据的罚款，不得向中小企业摊派财物。中小企业对违反上述规定的行为有权拒绝和举报、控告。

第五十五条 国家建立和实施涉企行政事业性收费目录清单制度，收费目录清单及其实施情况向社会公开，接受社会监督。

任何单位不得对中小企业执行目录清单之外的行政事业性收费，不得对中小企业擅自提高收费标准、扩大收费范围；严禁以各种方式强制中小企业赞助捐赠、订购报刊、加入社团、接受指定服务；严禁行业组织依靠代行政府职能或者利用行政资源擅自设立收费项目、提高收费标准。

第五十六条 县级以上地方各级人民政府有关部门对中小企业实施监督检查应当依法进行，建立随机抽查机制。同一部门对中小企业实施的多项监督检查能够合并进行的，应当合并进行；不同部门对中小企业实施的多项监督检查能够合并完成的，由本级人民政府组织有关部门实施合并或者联合检查。

九、监督检查

第五十七条 县级以上人民政府定期组织对中小企业促进工作情况的监督检查；对违反本法的行为及时予以纠正，并对直接负责的主管人员和其他直接责任人员依法给予处分。

第五十八条 国务院负责中小企业促进工作综合管理的部门应当委托第三方机构定期开展中小企业发展环境评估，并向社会公布。

地方各级人民政府可以根据实际情况委托第三方机构开展中小企业发展环境评估。

第五十九条 县级以上人民政府应当定期组织开展对中小企业发展专项资金、中小企业发展基金使用效果的企业评价、社会评价和资金使用动态评估，并将评价和评估情况及时向社会公布，接受社会监督。

县级以上人民政府有关部门在各自职责范围内，对中小企业发展专项资金、中小企业发展基金的管理和使用情况进行监督，对截留、挤占、挪用、侵占、贪污中小企业发展专项资金、中小企业发展基金等行为依法进行查处，并对直接负责的主管人员和其他直接责任人员依法给予处分；构成犯罪的，依法追究刑事责任。

第六十条 县级以上地方各级人民政府有关部门在各自职责范围内，对强制或者变相强制中小企业参加考核、评比、表彰、培训等活动的行为，违法向中小企业收费、罚款、摊派财物的行为，以及其他侵犯中小企业合法权益的行为进行查处，并对直接负责的主管人员和其他直接责任人员依法给予处分。

十、附则

第六十一条 本法自2018年1月1日起施行。

第十一章　非营利组织财务管理

思维导图

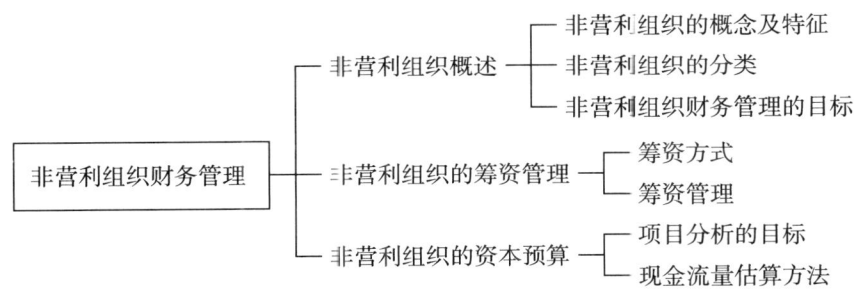

引 例

鹤童老年福利协会（以下简称鹤童）是于1995年创建的中国第一家民办非营利老年福利服务社团，其在创建之初只是一家小型养老院，发展到现在已成为拥有6座院舍、8个相关机构、200多名员工，服务辐射北京、天津两地，赡养着400余名老人的非营利组织。创办养老院等服务机构负担沉重，鹤童现有的6所养老院，仅年租金一项就高达97万元，在这种情况下，单纯依靠政府拨款和社会捐赠是远远不够的。鹤童作为一个非营利组织，既不像国有养老院一样能得到大量的政府补助，也不像营利养老院一样可以收取高额入住费用，因此压力非常大，而它之所以能够取得成功，离不开它的商业化经营方式。鹤童直面市场，像企业一样进行经营预算，其中，服务定价是鹤童在市场定位中一个重要的机构营运参数。鹤童通过对近年天津市居民人均可支配收入进行调查，估算出老年人口月均可支配收入（包括退休金、储蓄和子女的赡养费）只有600元左右，鹤童将这个数据作为服务定价的基础。这样做既可以面向社会提供有效服务，又考虑到了老年人口的支付能力。

思考：根据上述案例，分析非营利组织应如何解决资金短缺问题。

第一节 非营利组织概述

一、非营利组织的概念及特征

（一）非营利组织的概念

1. 美国非营利组织的概念

美国约翰·霍普金斯大学非营利组织比较研究中心对非营利组织的定义，着眼于组织的基本结构和运作方式，认为凡符合组织性、民间性、非营利性、自治性和志愿性五个特性的组织都可被视为非营利组织。

具体来说，非营利组织应该有根据国家法律注册的合法身份，有内部规章制度，组织的管理者能对组织的承诺负责，有经常性活动；非营利组织不是政府的一部分；非营利组织不为其拥有者积累利润，非营利组织虽然可以营利，但所得必须继续用于实现组织的使命，而不是在其成员中进行分配；非营利组织能控制自己的活动，有不受外部控制的内部管理程序；无论是在实际开展的活动中，还是在组织管理事务中，均有显著程度的志愿参与。

2. 我国非营利组织的概念及范围

我国将非营利组织定义为不以营利为宗旨和目的，资源提供者向组织投入资源不取得经济回报，资源提供者不享有组织的所有权，其剩余资产不存在明确的所有者权益，承担一定的受托经营责任的组织。

在我国，非营利组织表现为学会、协会、商会、基金会、联合会等各种社会团体，以及学校、图书馆、博物馆、研究所、医院、福利院等各种事业单位和民办非企业单位。非营利组织在教育、文化、科学技术、医疗卫生、环境保护、权益保护、社区服务、扶贫发展及慈善救济等领域为社会公益提供服务。

(二) 非营利组织的特征

我国的非营利组织既不同于企业，也不同于政府和行政单位，它具有自己的特征。

1. 非营利组织是社会公益性组织，行政管理职能弱

非营利组织和政府组织都具有社会公益性，但两者相比，后者的行政管理职能强，前者的行政管理职能弱，除部分具有一定行政管理职能的事业单位外，大多数非营利组织不具备行政管理职能。

2. 非营利组织不以营利为目的，不存在利润指标

非营利组织与企业的最大区别在于，非营利组织不以营利为目的，而是通过为社会提供产品和服务来实现提高宏观社会效益的目的。虽然有些非营利组织也开展各种经营活动，提供有偿服务，进行经济核算，但是其所获取的收入主要用于补偿完成其社会使命所花费的支出，创造的营业结余不分配给组织内的成员，而是留在组织内部，使组织能够持续不断地发展。

因此，以提高社会效益为目的的非营利组织，在执行社会职能时是不产生利润的，不能用利润指标衡量其绩效，而应将社会效益作为衡量非营利组织业绩的基本标准。

3. 非营利组织是一种特殊的生产部门

非营利组织一般不提供物质产品，它们大多从事着能够创造价值的智力劳动，向社会提供精神产品和服务，具有一定的生产性。有些非营利组织虽然也提供物质产品，但与企业进行生产经营不同，其所提供的物质产品是作为知识、信息、技术等的载体。

4. 非营利组织的资金来源

美国财务会计准则委员会在归纳非营利组织的特征时，指出非营利组织"大部分资金来源于资金的供给者，他们不期望收回或据以取得经济上的利益"。在我国，非营利组织的资财主要源于全额或差额财政拨款或财政补助、本组织的收支结余和捐赠者的捐赠。资财提供者向非营利组织投入资财，不为取得经济回报，不准备收回所投入的资财，不享有该组织的所有权。即使非营利组织解体，资财提供者也不拥有能分享剩余资财的所有者权益。

5. 非营利组织享受税收优惠待遇

因为非营利组织不以营利为目的，而是以实现社会效益为目的，其出资者也不要求获取经济回报，所以政府通常给予其特殊的税收支持。一般来说，凡是与非营利项目有关的收入都可以免交收入所得税。如果收入与非营利项目无关，如经营活动取得的收入，则这部分收入应该缴纳所得税。然而，在同一非营利组织的内部，这是很难明确界定的，因此，非营利组织多少会从税收优惠中获得一定的收益。

二、非营利组织的分类

(一) 按其具体的业务性质划分

非营利组织按其具体的业务性质，大致可以分为以下五类。

①科教文卫事业单位，如科学、教育、卫生、体育、广播电视等。
②公益性事业单位，如环保局、气象局等。
③社会福利、救济事业单位，如养老院、孤儿院、慈善机构等。
④宗教组织。
⑤基金会，如教育基金会、希望工程基金会等。

（二）按主体性质划分

非营利组织按主体性质，大致可以分为以下两类。

1. 公立非营利组织

我国的公立非营利组织主要指事业单位。近年来，我国对事业单位的改革一直在不断探索和进行中，我国的事业单位体制发生了较大变革，其资金也由计划经济时期的全部依靠国家拨款逐步转变为大部分或部分依靠国家拨款。

事业单位按财政资金支持程度不同，可分为全额拨款事业单位、差额拨款事业单位和自收自支事业单位。全额拨款事业单位的开支一般由财政拨付；差额拨款事业单位一般只有人员工资由财政拨付，其他开支由组织开展业务活动所获取的收入来解决；自收自支事业单位一般无财政拨款，所有开支由组织开展的业务活动收入来解决。

事业单位按性质不同，可分为行政支持类事业单位、社会公益类事业单位和经营开发服务类事业单位。对事业单位陆续进行的改革，也因事业单位的性质不同而有所差异，如对行政支持类事业单位，主要是规范精简、加强管理；对社会公益类事业单位，主要是优化布局结构、完善机制、放权搞活；对经营开发服务类事业单位，主要是实行改企转制，使其进入市场。

2. 民间非营利组织

民间非营利组织是指按照财政部 2004 年发布的《民间非营利组织会计制度》所界定的，依照国家法律、行政法规登记的社会团体、基金会、民办非企业单位和寺院、宫观、清真寺、教堂等。这些民间非营利组织一般具有三方面的特点：不以营利为宗旨和目标；资源提供者向组织投入资源不取得经济回报；资源提供者不享有组织的所有权。

大力发展民间非营利组织，对社会、政府、公民个人均有非常重要的意义。首先，发展民间非营利组织可以弥补政府在公共产品和准公共产品提供上的资金不足问题，使社会和公民得到更多、更好的服务。民间非营利组织一般没有政府财政资金的支持，而是依法从民间广泛地筹集所需资金用于社会救助、扶贫、教育、医疗、养老等社会公共事业，是公立非营利组织的有益补充。其次，民间非营利组织更具有效率优势。这是因为民间非营利组织是市场经济中的有机组成部分，是依据市场经济体制建立的，依靠市场机制维持的。最后，民间非营利组织的业务开展透明度高，便于社会和政府的监督，更具公平性。由于民间非营利组织的资源主要来自捐赠者、会员和服务对象（有的还会得到政府的资助），因此其资源提供者将对组织的正常运转实施有效的监督，再加上政府部门和社会公众的监督，这些都会使其业务透明度明显提高，其效率和公平性得到更高程度的保障。

三、非营利组织财务管理的目标

非营利组织从事的是社会公益性、服务性事业，提供的是公共产品，且不以获取利润为目的，因此，非营利组织的设立和运营的主要动机往往是在某个特定范围内完成某种特定的社会使命和工作任务。我国非营利组织的目标可以被认为是实现某一具体的社会使命，以实现社会效益最大化。

在现代市场经济社会，任何组织的行为都需要资金的支持。非营利组织也不例外，实际上，非营利组织本身运营所需要的办公经费、活动经费、人员经费等常常困扰着组织管理者。财务管理作为组织管理的一部分，是与资金的获得和有效使用相关的管理工作，财务管理的目标取决于组织本身的目标。因此，非营利组织财务管理的目标与其组织目标相适应，即致力于最大限度地筹集资金，有效地使用资金，以完成社会使命，使社会效益最大化。

第二节　非营利组织的筹资管理

一、筹资方式

1. 政府拨款或补助

这种筹资方式对于资金来源主要依靠财政拨款的全额拨款事业单位有着极为重要的意义，因此，该类事业单位要根据工作目标，进行深入调研与科学核算，准确核定所需拨款的数额，制订科学合理的预算方案，确定的预算额度既要保证能满足既定工作任务的开支需要，又要保证不夸大虚报。

这种筹资方式对于差额拨款事业单位也有一定的影响。差额拨款事业单位的人员工资是由财政拨付的，工资能否正常足额发放直接影响到工作人员的工作热情和积极性，对于事业单位顺利开展其业务活动有重要的作用。因此，认真准确地核定人员编制，正确计算工资发放额，科学编制预算是该类事业单位必须做好的基础工作。

民间非营利组织有时也会得到政府给予的适当资助。随着民间非营利组织的进一步发展壮大，其发挥的作用也将越来越大，政府给予的资助将会逐步增加。

2. 社会捐赠

不论是公立非营利组织——事业单位，还是民间非营利组织，都可以接受社会捐赠和赞助，也可以在国家政策法规允许的条件下向社会捐赠。

特别是对于民间非营利组织来说，其基本资源的提供者主要是组织的捐赠者和会员，因而接受捐款和发展会员成为其最重要的资金渠道。民间非营利组织应不断拓展业务空间，吸引不同阶层、不同领域、不同国家的人员向组织捐款、捐物或成为组织的会员。必须注意的是，不论捐赠者、会员身份如何，他们关心的问题都是相同的，即所捐赠的资产、缴纳的会费能否为民间非营利组织开展业务活动服务，能否保证按照捐赠者、会员的意愿发挥其应有的服务潜力。

3. 自创收入

非营利组织的自创收入是指非营利组织通过提供产品或服务而向消费者直接收取的收入，以及通过投资而从受资方取得的收益，扩大自创收入并加强对其的管理应当是我国非营利组织发展的方向。自创收入主要包括业务收入、经营收入和投资收益。

业务收入是指非营利组织为实现其社会使命而开展业务活动所取得的收入，这是自创收入的基本形式。

经营收入是指非营利组织在其实现社会使命的业务活动之外开展经营活动所取得的收入，非营利组织若想通过从事合法的经营活动来支持其非营利性的活动，需要符合下列条件：一是利润或收入不可分配给其创立人、会员、干部、董事或员工；二是其主要目的并非单纯从事经营活动，而是实现其非营利宗旨。

投资收益是指非营利组织所获取的资金，在运用于实现其社会使命的具体项目之前，通过资本运作方式进行投资，获取投资收益，以实现资金的保值与增值。非营利组织进行投资时，必须认真研究投资项目的收益及风险，优化投资组合，在不提高风险的条件下使收益最高，或者在一定的收益条件下使风险最低。

4. 借款

非营利组织可以通过向银行等金融机构或非银行金融机构借款的方式筹集自身发展所需的资金。因为非营利组织不是以营利为目的的，所以利用这种筹资方式时，可能会遇到很多困难，如由于非营利组织的盈利能力有限，银行或非银行金融机构不愿意将资金贷给它们，或贷款额度过大，导致非营利组织短期内的还款压力过大，财务风险过高，进而影响到非营利组织正常业务的开展。由于采用向银行或非银行金融机构借款的方式筹集资金的资金成本较发行债券低，因此这种筹资方式正被越来越多的非营利组织所看好。

5. 发行债券

非营利组织可以通过向社会公开发行债券的方式筹集资金。这种筹资方式在营利组织中采用得较多，在非营利组织中采用得较少。非营利组织可以借鉴营利组织发行债券的成功经验，发行符合自身业务特点的债券以筹集所需资金。

发行债券与向银行借款相比，筹资风险较大，资金成本较高，但一般无须办理担保抵押手续，所以，该方式是前几种筹资方式的有益补充。非营利组织应根据自身实际需要，权衡利弊，合理使用这种方式来筹集资金。

二、筹资管理

在非营利组织的各种筹资方式中，政府拨款或补助、社会捐赠、自创收入所形成的资金为自有资金；借款、发行债券所形成的资金为负债。不同的筹资方式有不同的特点，非营利组织应该加强自有资金管理和负债管理，做好充分、科学的预测，仔细权衡各种筹资方式的资本成本和财务风险，选择适当的筹资渠道和筹资方式。

（一）非营利组织的自有资金

非营利组织的自有资金包括非自创资金和自创资金。非自创资金又称非自创收入，包括政府拨款或补助和社会捐赠；自创资金即自创收入。

1. 非自创收入管理

非自创收入管理需要做好三点：与政府合作，扩大社会捐赠，寻找企业合作伙伴。

（1）与政府合作

政府不但可提供经费及其他资源，还可以给予认同和道义方面的支持。政府的认同和道义方面的支持，能够使非营利组织获得社会的认同和支持，有利于非营利组织在经济上获得更多的外部援助。特别是民间非营利组织，更应该与政府部门，特别是民政部门、财政部门、统计部门等加强沟通和联系，以争取更多的政府资助和支持。

（2）扩大社会捐赠

①非营利组织应充分认识到社会捐赠这一筹资方式的重要性，切实做好宣传工作，努力开展业务活动，不断提高其资金的利用效率，充分发挥其社会职能，不断提高组织的知名度。

②非营利组织在社会筹资中要重视对捐赠者的利益补偿。在社会筹资过程中，非营利组织不仅要与捐赠者坦诚相待，与之建立密切的合作伙伴关系，还要就捐款的使用和结果与捐赠者进行及时、有效的沟通。要让捐赠者充分了解他们所捐赠的资金都能被谨慎地按捐赠者意愿使用，并且资金的使用过程有完整的财务记录，只有这样，才能争取到更多的捐赠。

③筹资目标要有针对性。非营利组织应设计好资助项目，围绕资助项目对公众行为进行调查，以了解有哪些人在捐赠，他们为什么捐赠，还可以根据年龄、职业、收入、对捐赠各种资源的态度等多方面将公众进行分类。非营利组织可以通过深入了解公众的行为，区分不同的捐赠者，有针对性地展开筹资，从而灵活运用多种筹资方法，提升筹资效率。

（3）寻找企业合作伙伴

非营利组织与企业建立紧密的合作关系，对双方都有益。非营利组织可以得到资金与财物的援助，还可吸收企业的员工作为志愿者参与公益事业。企业则可树立良好的社会形象，企业的社会公益成绩可以帮助企业取得更好的营运成效，鼓励企业的员工把工作做得更好，使优质的人才不致流失，进而增加企业的收益，吸引更多的投资者。

2. 自创收入管理

在我国非营利组织的筹资方式中，自创收入是潜力最大的一种，但其目前所占比重较小，从西方发达国家非营利组织的经验来看，我国非营利组织的发展趋势还是要扩大自创收入，以加快发展步伐。

（1）增加经营收入

我国很多非营利组织不存在经营收入或经营收入所占比重很小。比如，学校主要是依靠业务收入，即向学生收取学费。学校要想更换设备或聘请名师，只靠有限的财政拨款和学生的学费是远远不够的，可学校如果对学生增加其他收费或提高收费额，那又是政府和社会所不允许的。这种情况下，学校可以考虑设立校办厂，如杭州娃哈哈公司就是校办厂出身。由此可见，非营利组织增加经营收入是可行和必行的。

（2）扩大业务收入总额

非营利组织是为实现其社会使命而运作的，因此，对于为实现其社会使命所提供的服务，其收费应当是低水平甚至是免费的，即不能按照市场经济的价值规律来收费。由于业务收费的单价是不能提高的，因此，非营利组织能做的、要做的，就是通过扩大规模、延伸服务方式的方法来扩大业务收入总额。

（二）非营利组织的负债

对于非营利组织发展过程中普遍存在的资金缺乏问题，非营利组织可以积极通过负债筹资来解决。比如，高等院校为扩大招生规模而扩建教学楼与学生宿舍，医院为改善医疗条件而更新医疗设备,这些都可通过负债来筹集资金。非营利组织应该加强负债筹资的管理工作,合理确定贷款规模,努力规避和控制财务风险,合理安排整个项目期间的现金流量,在拓展业务领域的同时,不断提高其社会声誉,使组织具有广阔的发展前景和持续发展的能力。因此,采用向银行或非银行金融机构借款的方式筹集组织发展所需资金将是一种越来越普遍的筹资方式。

第三节 非营利组织的资本预算

一、项目分析的目标

非营利组织的整体目标是向社会提供服务,而不是使股东财富最大化。在这种情况下,资本预算决策除考虑项目的盈利能力以外,还要考虑其他许多要素,如社会的正常运行等非经济要素。这些要素的重要性甚至超过了非营利组织财务要素的重要性。

但是,要想保证非营利组织未来的生命力,就必须做出正确的财务决策。这就要求非营利组织的管理者充分认识每项资本投资的财务影响。实际上,如果某家非营利组织所承担的非营利性项目的耗费,无法被其承担的营利性项目的收入抵销,那么这一组织的财务状况就会逐步恶化。如果这种情况持续下去,就可能导致组织破产倒闭。很显然,一家破产组织是无法满足社会需求的。

二、现金流量估算方法

营利组织的项目分析技术一般也适用于非营利组织,不过在使用上还是存在差别的。由于非营利组织的某些项目除具有经济价值以外,还要提供社会价值,因此进行项目分析时,既要考虑财务价值或现金流量价值,还要考虑社会价值。项目的总净现值(total net present value,TNPV)可以表示为:

$$TNPV = NPV + NPSV$$

式中,NPV 为现金流量的净现值;NPSV 为社会价值的净现值。

很显然,总现值这一定义使非营利组织的资本预算与营利组织不同,它提出了与通过现金流量的净现值来衡量单纯的财务价值相类似的项目社会价值的估价问题。如果某个项目的 TNPV≥0,那么就认为这个项目是可以接受的,事实上并不是所有的项目都存在社会价值,但是如果某个项目存在社会价值,那么在决策过程中就要予以充分考虑。为了保持财务活力,计划期内所有投资项目的现金流量的净现值,加上获得的未附加限制条件的捐赠的价值,必须大于或等于零。如果未附加强制性限制条件,那么社会价值随时间推移可以取代财务价值,但这并不一定是一个持续的过程,因为除非某家组织能保持它的财务完整性,否则它就无法持续地提供社会价值。

社会价值的净现值可以表示为:

$$NPSV = \sum_{t=1}^{n} \frac{SV_t}{(1+K_s)^t}$$

式中,SV_t 为项目在第 t 年所取得的社会价值;K_s 为适合这种社会价值的折现率。

特别要注意的是，非营利组织的资本提供者从未从它们的投资中取得过现金报酬，它们得到的是"社会股利"形式的报酬，如慈善护理服务，医疗科研教育以及其他许多不需要它们付出代价的社会服务等。如果非营利组织为消费者提供的服务的价格大于或等于其成本，那么一般认为这种服务没有产生社会价值。与此类似，如果政府主体购置服务是为了某个项目的团体利益或支持某项研究，那么，我们认为这个项目所带来的社会价值的贡献者是政府主体，而不是服务的提供者。

若想估算某个项目的 NPSV，就必须对项目每年提供的服务的社会价值进行定量分析，并确定适用于这些服务的贴现率。

第一，考虑如何才能确定项目所提供服务的社会价值。当某个项目向消费者提供服务，而接受服务的消费者愿意并且能够为这些服务付费时，这些服务的价值就可以用消费者支付的实际数额来表示。因此，测算无支付能力的消费者所接受的服务价值的一种方法就是使用那些有支付能力的消费者所支付的实际数额的平均值。这种方法看起来很直观，但是在以下几个方面存在争论。

①消费者对所接受的服务的真实价值必须具有判断能力。只有在这一条件下，价格才能公平地成为价值衡量标准。而许多了解项目的人认为，项目的提供者和消费者之间的信息不对称，降低了消费者对真实价值的判断能力。

②由于项目的支付大多通过第三方进行，因此，可能出现价格歪曲的现象。

③消费者愿意支付的数额，可能高于或低于捐赠者或其他基金资本提供者愿意为相同服务所支付的数额。

另外，还有许多关于在某些医疗条件下，医疗服务的真实价值的争论。如果我们可以接受任何医疗服务而无须顾及其他成本，或者我们个人无须为这些服务付费（而是由社会作为一个整体来付费），那么，我们就有可能要求获得一些未必有真实价值的服务。

第二，确定适用于此项目每年社会价值的折现率。关于如何对未来社会价值进行合适的折现也存在很多争论。显然，捐赠者可以通过两种途径获得社会价值：一是可以直接将财物捐赠给非营利组织；二是捐赠者可以将资金投资于有价证券，然后利用产生的收入直接购买医疗服务。由于捐赠的收入可以免税，所以，在第一种情况下不会产生税务后果。但是，捐赠者不得不对其在证券投资上的收益纳税。由于存在第二种情况，因此可以说捐赠者有权获得社会价值回报，这种回报大约与投资于提供相同服务的营利组织的权益资本所获得的回报相等。

社会价值的净现值模型使资本预算决策过程适用于非营利组织。虽然很少有非营利组织会将它们所有项目的社会价值都进行量化，但是非营利组织至少应该客观地考虑其待施行的项目的内在社会价值。

在进行项目分析时，营利组织与非营利组织之间的另一个重要差别涉及可用于投资的资本数量。标准的资本预算过程假设企业可以筹集无限数量的资本去满足投资的需要。可以假定，如果某家企业想将资金投资于盈利（有正现金流量的）项目，那么，他们必须增加负债或权益去满足项目的资金需求。然而，非营利组织的资本获得是受到限制的，它们的资本首先与它们可取得的保留结余、捐赠和政府拨款有关，而负债的数额又要以其资本为基础。非营利组织可能面临某个待开展项目所需成本高于其可筹资本量的情况。所以，非营利组织有时不得不进行资本配置。

如果存在资本配置的情况，从财务角度来说，非营利组织就应该接受那种既能使现金流量的净现值最大化，又不违反资本限制的项目组合。这既包括"使手中的钱尽可能地发挥最大效用"，还包括挑选能给非营利组织的财务状况带来最佳正面影响的项目。然而，非营利组织有时不得不优先挑选利润较低甚至现金流量的净现值为负的项目，在这些项目带来的负面效应可以被现金流量的净现值为正的项目所抵销的条件下，此种优先考虑是可以接受的，因为在这种情况下，优先选择低利润的项目不会破坏财务的完整性。

第十二章 特许经营财务管理

思维导图

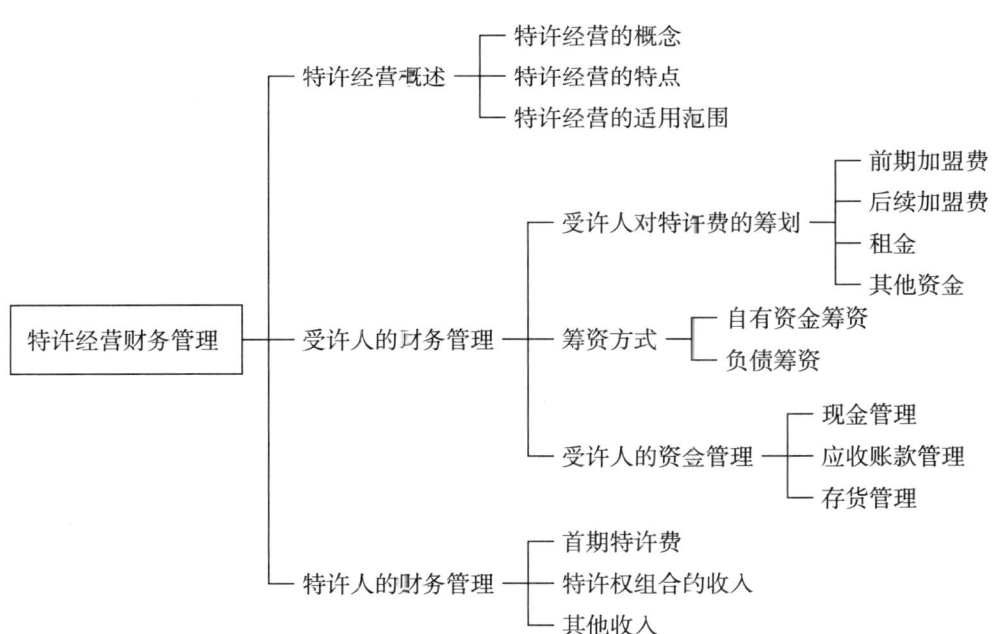

引 例

麦当劳是一家世界公认的最成功的特许经营企业之一,也是美国最成功的十大企业之一。麦当劳走过了一条漫长的发展道路。

1940年,麦氏兄弟一度火红的生意陷入困境,于是他们决定借鉴当时超市的做法,让客人自助,以达到快速、低价、批量出货的目的。果然,不到一年他们就收回了投资,麦当劳也形成了现代快餐的基本模式。20世纪50年代,麦当劳引入特许经营体系,以高质量、好服务、绝对整洁和物有所值四项业务原则,作为特许经营的指导思想,吸引了大批加盟者。麦当劳靠汉堡包加特许,走遍全球,并在经营过程中完善了特许经营业态。据统计,这家作为全球成功典范的特许经营企业,平均每8小时就有一家分店开张,每天接待的食客超过280万人。

20世纪80年代,麦当劳进入中国,并掀起了中国特许经营的浪潮。

思考:麦当劳特许经营的成功带给我们哪些启示?

第一节 特许经营概述

一、特许经营的概念

特许经营是一种销售产品或服务的方法,而非一个行业。特许经营是由特许人和受许人通过契约(合同)建立特许关系,特许人向受许人提供经营诀窍和培训,在其开业后仍提供持续不断的支持和协助;受许人的经营由特许人所有和控制,在一个与特许人共同标记、共同经营的模式和(或)过程之下进行,受许人要用自己的资源对业务进行投资。

特许人的经营资金由受许人承担,资金容易保障,特许网络可以迅速形成规模,降低成本,提高运作效率,可以产生规模效益,这是特许经营的魅力所在。

在特许经营中,特许人和受许人存在着契约经营关系,双方共同经营着同一品牌,具有共同的利益导向和兴衰相伴的合作关系,这也会引起特许经营特有的财务问题。特许经营的当事人是特许人和受许人,因而在后文中将分别介绍特许人和受许人两个方面的财务管理。

二、特许经营的特点

作为一种商业经营模式,特许经营的经营过程和经营方法有以下四个特点。

①特定单位对商标、服务标志、独特概念、专利、商业秘密、经营诀窍等拥有所有权。

②权利所有者授权其他人使用上述权利。

③授权合同包含一些调整和控制条款,用以指导受许人的经营活动。

④受许人需要支付权利使用费和其他费用。

三、特许经营的适用范围

特许经营在美国已经有一百多年的历史了，其适用范围非常广泛。从流通业和服务业（如肯德基），到制造业（如可口可乐在世界各地的装瓶企业），特许经营已经成为美国最为流行的经营方式之一。在我国，特许经营起步较晚，占主导地位的还是正规连锁，特许经营所占比重较少。事实上，我国已经具备发展特许经营的条件，随着全球化的发展，跨国企业将更多地采取特许经营来实现跨国经营。我国企业应借鉴西方的经验，利用我国的名牌产品和名牌企业，大力发展特许经营，以适应经济全球化的趋势。

企业建立特许经营组织常常是通过以下两种方式：一是将现有业务转换成特许业务；二是从一开始就建立特许经营组织。为避免经营失败，企业采用特许经营方式时，必须满足以下条件：企业的业务能与同类企业业务相区别，经营上有创新观念，所提供的产品和服务能够满足顾客的需要和期望；在管理上能够对特许经营体系提供有效的控制，可以通过管理功能为受许人提供较好的支持，能将该项业务所涉及的各方面因素（经营方法、工作操作方法、业务体系、业务特征等）创造成特许权组合，并将特许权组合销售出去；在财务评价结果上，采用特许经营方式要比采用其他经营方式，能给特许人和受许人带来更多的好处和收益。只有当满足这些条件时，企业才能采用特许经营方式。

第二节 受许人的财务管理

一、受许人对特许费的筹划

筹资是任何一个企业资金运动的起点，特许经营组织也不例外。受许人要加盟特许经营体系，必然要筹集资金，这就需要弄清楚到底需要筹集多少资金？受许人在加盟特许经营体系时，需要筹集以下几方面的资金。

（一）前期加盟费

加盟者（受许人）在开业之前，必须向总部（特许人）支付一笔特许经营权使用费，即前期加盟费。通过支付前期加盟费，加盟者可以在总部的协助、支援下开展自己的事业，可以降低风险。一般情况下，前期加盟费在签订合约时支付，占加盟者全部投资的5%~10%，对于那些声望较高、利润也较高的总部来说，前期加盟费所占比重可能更高。

前期加盟费主要包括以下两个部分。

（1）加盟金

加盟金又称首期特许费，是加盟者在加盟时向总部一次性交纳的费用，它包括加盟者有权使用总部开发出来的商标、特殊技术等费用，体现了加盟者加入特许经营体系所得到的各种好处的价值。

（2）保证金

保证金既是今后交纳各项费用及债务的担保，也具有预付金（因总部向加盟者提供产品）的性质。合同终止时，保证金是否退还，要依据双方的合约而定。

（二）后续加盟费

后续加盟费是加盟者开业后每隔一段时间支付的一笔费用，有的按月支付，有的按年支付。后续加盟费包括特许权使用费，即权利金；加盟者购买或销售总部产品所需费用，如原料、产成品、经营设施和设备等；总部为加盟者提供经营管理服务所收取的费用；广告宣传费用；等等。其中，权利金是指总部因对加盟者进行经营指导而收取的费用，由加盟者按期交纳。

分析后续加盟费是否合理，主要的参考依据是加盟者的盈利能力。假设其所在行业的投资回报率为 X，我们就可以计算出每年合理的投资回报金额，并计算出利润。计算公式如下。

$$投资总额 \times X = 每年投资回报金额 = 每年预期利润 + 后续加盟费$$

即：

$$后续加盟费 = 投资总额 \times X - 每年预期利润$$

由此，我们可以在不同的投资总额，不同的预期利润水平基础上计算出合理的后续加盟费，同样，我们也可以在确定后续加盟费的基础上计算出加盟者期望得到的利润水平。

（三）租金

特许经营体系中的店铺租赁一般有三种方法：一是总部先租下来，装修后，再转租给加盟者；二是总部与加盟者一起去选择合适的店铺，选中后，加盟者在总部协助下直接与业主签约；三是加盟者自己去寻找店铺，选中后租下来再与总部商洽加盟事宜。

总部先租下店铺，再转租给加盟者，对加盟者来说最有保障，这是因为总部名声大，谈租约时讨价还价能力强，而对总部来说，总部可以控制店铺。但这种方式也有一些缺点，如有些商场店铺是不允许转租或分租的，总部将店铺转租给加盟者可能与租方合约相抵触；如果加盟者决定不再继续经营，在找到新的加盟者之前，总部就要承担租金。因此，很多总部索性由加盟者直接向业主租店铺，这样虽然较为简单，但对加盟者来说缺乏保障。

为了确保承租者具有租赁能力，业主在签约时往往要求承租者预先支付半年或一年的租金以做保证，因而加盟者在开业前就得拿出这笔钱来。租金的高低视店铺的地理位置而定。

（四）其他资金

其他资金包括店铺设计及施工费、培训费、财务业务费、意外保险费等。这类资金需求量的大小，取决于加盟者所加盟的行业。

二、筹资方式

受许人的筹资方式主要有两种：一种是通过自有资金筹资；另一种是通过负债筹资。

（一）自有资金筹资

在自有资金筹资方式下，受许人完全靠自己的资金积累完成开业和进行日常经营活动。由于受许人依靠的是自有资金,无须偿还负债,因此财务风险较小。另外,自有资金筹资能够提高受许人的商业信誉。但要筹集到足够的开店资金,并非易事,如果筹资不及时,就会延迟开店的时间。这不但会使受许人丧失商业机会,而且由于存在通货膨胀,受许人开店越迟,所需资金越多,开业难度也越大。在受许人的经营过程中,全部依靠自有资金来满足日常经营需要及固定资产的投资需要等,几乎是不可能的。

(二) 负债筹资

负债对企业来说是正常且合适的行为,企业经常会因开业、短期资金需要、购买设备、建造大楼或购买运输工具而筹借资金。对于受许人来说,最常见的方法是借款。借款可以帮助受许人减轻开业时的财务压力,早日实现加盟特许经营体系的目标;并且,负债具有财务杠杆作用,可以提高受许人的自有资金收益率。但是,由于借款需要定期支付利息,到期偿还本金,因此会增加受许人的财务风险,如果借款数量和比例不合适,受许人就容易陷入财务困境。

由此看来,受许人与其他企业一样,也要保持合理的自有资金和负债比例,一般来说,自有资金最好占60%左右。若负债占60%,则受许人就容易出现经营困难,除非市场行情出乎意料地好,收回投资很快,否则就极易陷入困境。

三、受许人的资金管理

在受许人的经营中,大多是现金交易。如何有效地管理财务,如何做好资金的管理与规划并配合好企业的多元化经营,就成为特许经营企业财务管理的重点。受许人的资金管理主要包括现金管理、应收账款管理和存货管理。

(一) 现金管理

现金是营运资金最重要的组成部分,因此对它的监管也要最重视。受许人应该力求将现金不足的风险降到最低,并合理安排企业的闲置资金,以保障企业的运营。

受许人可以通过现金折扣等政策来及时收回应收款项。此外,受许人可将闲置资金用于证券投资以赚取利息,从而在降低资金管理成本的同时,实现现金流入、流出时间相匹配。

1. 现金折扣

现金折扣是指因顾客提前付款而降低的产品或服务的价格。例如,现金折扣政策表示为"2/10,$n/30$",意思就是买方如果在10天内付清货款,则他可以获得货款2%的折扣;如果超过10天但在30天付清货款,则他必须全额付款。

2. 证券投资

证券投资或其他流动性投资也是特许经营现金资产或营运资金的重要组成部分。一般而言,证券投资是流动性较强、有收益且风险较低的财务资产。

对于受许人来说,可行的财务计划是除持有足够的现金以保证随时有足够的营运资金外,将其余现金都用于投资。这些以市场利率投资的资金在营运资金意外短缺时可以供受许人使用。例如,若特许人和受许人的促销计划使得受许人购买的存货多于平时,则受许人可以卖掉证券以获得可用于追加存货的现金。通过出售证券进行存货融资比向特许人或其他供应商赊购，或向银行寻求短期借款的成本要低得多。

（二）应收账款管理

应收账款管理涉及的是以商业信用赊销产品或服务的政策和行为，此处的商业信用是指受许人以融通方式销售产品或服务而被占用的资金。

受许人应该认识到销售量与商业信用之间存在着直接的关系。受许人商业信用政策越宽松，销售量就越大。然而，因宽松的信用政策而实现的销售量越大，赊销产生坏账的风险就越大。因此，受许人应制定合理的应收账款政策，在应收账款管理成本、坏账成本、资金占用成本与销售量之间做出权衡，以提高营运资金的使用效率。

（三）存货管理

存货占用资金最多，存货若变成无法脱手的陈货，则受许人的损失更大，因此存货必须控制得当。受许人应该尽量在保证不缺货的同时保持最低的存货成本。存货管理还涉及订货成本、持有成本以及与存货相关的成本（如保险费、仓储费、税费）等。一般企业的存货管理方法，如经济订货量模型等，对受许人存货管理同样适用。

第三节　特许人的财务管理

在特许经营体系中，特许人和受许人是相互独立的经营主体，特许人和受许人的目标都包括生存、发展和获利。受许人要从经营收入中得到能够弥补一般管理费用和满足利润要求的收入，并且受许人要得到自己的劳动报酬和投资回报。特许人应能建立最有可能获利的受许人业务模式，使受许人通过经营产生足够的利润，在财务上要做到收入项目和计算方法能让受许人清楚明白，在此基础上，双方才能建立互相信任的关系，而这一关系又是特许经营的基础。本着这一原则，特许人可从下面几项中取得收入。

一、首期特许费

首期特许费包含受许人向特许人支付的初始服务费和培训费，以及加入特许经营体系所得到的各种好处的价值。特许人要帮助受许人进行开业前的各项准备工作，指导受许人开业。在这期间要进行业务记录、会计核算、报告、人员选择、管理和控制、业务程序以及一些基本业务内容的技能培训，使受许人能对业务经营状况及发生的问题做出简单的判断分析。特许人一般都要收取首期特许费，它也是特许人初期的重要收入来源。

如果特许人除出售给受许人一系列服务之外，还出售给受许人其经营所需的全部初始设备。那么，这个售价中就包括通过对设备和费用价格加价而得到的首期特许费。

首期特许费的多少与授予特许权的程序，转交的经营诀窍的先进性，目标区域市场机会的价值，特许人对受许人的业务的帮助程度等因素有关，一般占受许人对加入特许经营体系和经营业务的全部投资的 5%~10%，但对于小型和较便宜的特许权组合，首期特许费所占的比重可以高于 10%。

二、特许权组合的收入

受许人在经营之初,需要购买专用设备或按特许经营要求布置店面陈设,特许人可以向其提供有关设备和营业场所的帮助,这些帮助对受许人来说表现为购买特许权组合的费用。特许人可以用多种方式销售特许权组合,常用的有以下几种。

1. 监管

监管的方法有很多种,其中之一是特许人向受许人提供完全装备好的营业场所,使受许人可以马上开展经营活动。在这种情况下,特许人与受许人签订的合同中包含特许人要为受许人提供这些服务,而受许人要为这些服务支付费用。这些费用在经营期间应一直被支付。特许人的定价中还可包括标高服务费用的部分,这个标高的部分可以包括首期特许费。当然,特许人也可以单独收取首期特许费,但特许人不能想收多少费用就收多少。费用水平应与特许人为受许人提供的服务所带来的附加价值相适应。如果费用不合理,特许人就要承担以下风险。

①费用不合理将妨碍潜在的受许人加入特许经营体系,尤其是在有竞争对手相比较的情况下。
②费用不合理可能使受许人得不到合理的投资回报。
③费用不合理可能会导致银行或其他信贷机构拒绝给予受许人资金上的支持。
④特许经营体系的长期发展可能会受到损害。

2. 设备组合

特许人可向受许人提供一些设施方面的规格标准或计划,以便受许人在找到营业场所之后,对营业场所进行装备。受许人可能要求特许人提供营业场所必需的一整套设备组合。由于特许人可以从供应商处以低于市场价格的折扣价格买到这些设备,因此特许人可适当加价,以便弥补其把设备组合到一起的费用和管理费用。

3. 设备购买

特许人可向受许人提供设备种类、规格、备选品牌等标准并收取一定费用,受许人根据自身情况,自行决定从何处购买。

4. 设备租赁

特许人与受许人签订设备租赁协议,受许人可以从特许人处租赁设备,这样可以降低受许人的特许权组合的费用,而特许人可以获得一定的押金或租金收入。

5. 特殊设备

当经营内容与某些特殊设备密切相关时,受许人需要从特许人那里购买一些新设备或重要设备,在设备销售中特许人也可获得一定收入。

三、其他收入

(一)营业场所的出租收入

如果特许人能以更有利的条件与业主谈判租借其房屋,特许人便能以更高的租金转租给受许人,从而获得收入。此外,特许人还可将其拥有的某些场所出租给受许人,获得出租收入。

在这两种情况下，受许人要确保租赁的期限与特许经营合同的期限一致，还要注意不要让特许人在营业场所租赁合同中加入一些特许经营合同中不应有的不合理条款。

（二）年金收入

要想使特许业务良好地运行下去，特许人在开业后仍需对受许人提供不断的服务，一方面，特许人要对经营进行监督，对出现的问题及时进行指导并解决困难；另一方面，特许人本身也要不断研究和开发新产品和新服务，引入新观念和新方法，并及时对受许人进行培训。因此，特许人必须有稳定的现金收入，这通常是通过收取管理服务费的方式来实现的，这种收入通常被称为特许人的年金收入。

在实践中，年金收入水平的确定是比较困难的，一般有以下两种方法。

①根据受许人毛收入的百分比计算。这种方法计算简单，避免了通货膨胀的影响。

②确定一个固定费用额。从特许人的角度来看，这种方法很有吸引力，但如果考虑到通货膨胀的影响和将来的发展，这种办法还是有很多的弊端。

（三）产品销售收入

当特许人是制造商、批发商，或者特许经营涉及有商标的产品时，特许经营合同可规定受许人必须从特许人或指定供应商处购买产品，这时特许人可从产品加价或供应商因批量购买给予的折让中获得收入，这种收入被称为产品销售收入。当以这种方式得到收入时，特许人在财务设计上可采用按成本价收取一定比例费用的方法计算收入。

（四）广告基金收入

特许经营企业的广告和促销费用可由特许人和受许人双方承担或由某一方独自承担。当特许人承担广告和促销义务时，有以下三种处理费用的方法。

①特许人可以按销售收入的一定比例收取广告基金，就像收取后续加盟费一样。这笔费用用于特许人进行广告和促销活动，通常，特许人须对广告和促销活动进行完全的控制。

②特许人收取的后续加盟费中已经包含了广告基金，特许人保证将后续加盟费的一定比例用于广告和促销活动。同样，特许人须对广告和促销活动进行完全的控制。

③当特许人需要进行大量的广告和促销活动时，他可能认为不需要收取广告基金，因为他是一个自己付费的大广告主。在这种情况下，受许人可以获益。

另外，如果特许人要求受许人按收入的一定比例缴付广告基金，那么他就应该做更多的地方性广告，而不是全国性广告，以便为受许人的经营提供更直接的支持。

第十三章　企业破产、重组和清算

思维导图

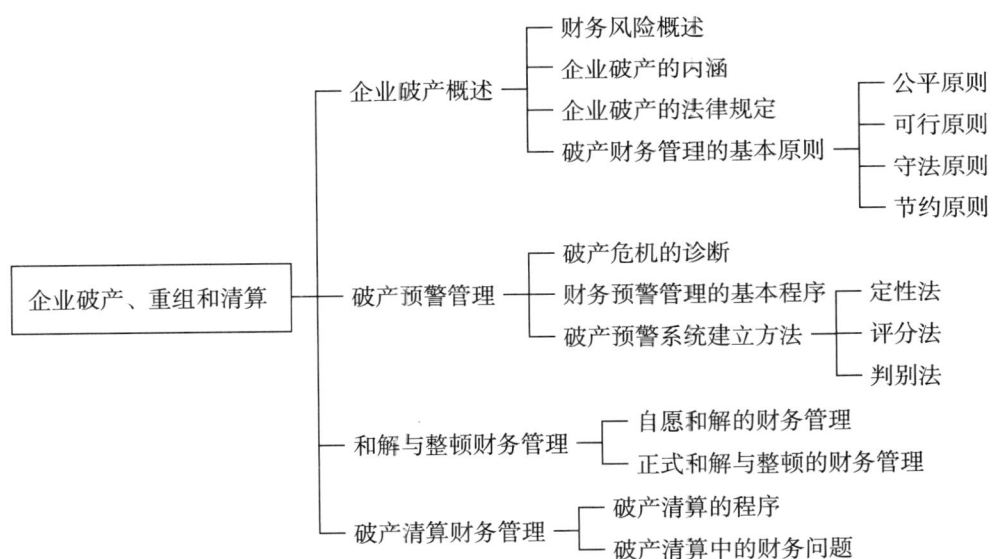

引 例

重庆钢铁股份有限公司（以下简称重庆钢铁）是由重庆钢铁（集团）有限责任公司（以下简称重庆钢铁集团）独家发起设立的上市公司，主要从事钢铁生产、加工和销售。1997年10月、2007年2月，重庆钢铁股票分别在香港联合交易所（以下简称香港联交所）和上海证券交易所（以下简称上交所）挂牌交易。

然而，受市场环境变化、产业结构调整和公司管理落后等因素的影响，重庆钢铁从2011年开始一直处于经营困难状态。2011—2016年实际经营亏损238亿元，年亏损近40亿元。2017年4月5日，重庆钢铁因连续两年亏损且2016年净资产为负，被上交所实施退市风险警示，股票简称由"重庆钢铁"变更为"*ST重钢"。

重庆市第一中级人民法院于2017年7月依法受理"重庆钢铁破产重整案"。该案系当时全国涉及资产及债务规模最大的国有控股上市公司重整案，被认为属于"特别重大且无先例"。2017年11月27日，管理人向重庆钢铁移交已接管的财产和营业事务。在管理人监督和法院协助下，重庆钢铁积极执行重整计划。2017年12月29日，重庆市第一中级人民法院裁定确认重整计划执行完毕。至此，"重庆钢铁破产重整案"圆满落幕。

思考：请谈谈重庆钢铁破产重整对你的启示。

第一节　企业破产概述

一、财务风险概述

（一）财务风险的含义

风险是指特定环境下因未来各种不确定性因素的影响而使利益主体产生损失的可能性。

狭义的财务风险是指因企业负债筹资而给股东收益带来不确定性，甚至导致企业破产的可能性。这里的财务风险与负债有关，若没有负债，则企业不存在财务风险。该定义与"股东财富最大化"这个企业财务目标相一致。

广义的财务风险是指在企业财务活动中，各种不确定性因素导致企业价值增加或减少，从而使各利益相关者的财务收益与期望收益发生偏离。广义的财务风险的定义与"企业价值最大化"和"相关者利益最大化"这两个企业财务目标相一致。

（二）财务风险影响因素

企业财务风险的影响因素可分为外部环境因素和内部管理因素两种。

（1）外部环境因素

外部环境因素主要包括：战争、火灾等不可预料的灾害；国内外政治和法律、法规；因经济的周期性、通货膨胀等因素而引起的市场波动；企业经营对外部环境的敏感度；等等。

(2) 内部管理因素

内部管理因素主要包括：企业的内部控制制度；供、产、销环节的控制；企业管理者素质；企业的资产结构；等等。

二、企业破产的内涵

在市场经济条件下，许多企业都会面临财务上的困难，这些困难甚至会引起企业破产。财务管理中的企业破产具有以下内涵。

（一）技术性的破产

技术性的破产又称技术性的无力偿债，是指因财务管理技术失误导致企业不能偿还到期债务。此时，企业的主要财务表现是缺乏流动性，变现能力差，但盈利能力还比较好，财务基础也比较健全。无力偿债主要是企业债务太多，特别是短期债务太多造成的，此时，企业如果能合理调整财务结构，就会很快渡过难关；但如果处理不好，就会造成法律上的破产，即所谓的"黑字倒闭"。

（二）事实性的破产

事实性的破产又称破产性的无力偿债，是指企业因连年亏损，负债总额超过资产总额（资不抵债）而不能清偿到期债务。此时企业财产不足，实际上已不可能清偿全部债务。这种情况极可能引起法律性的破产。

（三）法律性的破产

法律性的破产是指企业因不能清偿到期债务而被法院宣告破产。此时，企业的资产可能小于负债，也可能等于或超过负债，于是便可能出现企业资产虽超过负债，却因无法获得足够的现金或以债权人同意的其他方式偿还到期债务，而不得不破产还债的情况。之所以称其为法律上的破产，是因为对企业的破产宣告是依法律上的标准进行的，而对破产清算后企业实际能否清偿全部到期债务则不加考虑。

三、企业破产的法律规定

《中华人民共和国企业破产法》（以下简称新破产法）规定，企业法人不能清偿到期债务，并且资产不足以清偿全部债务或者明显缺乏清偿能力的，依照本法规定清理债务。企业法人有前款规定情形，或者有明显丧失清偿能力可能的，可以依照本法规定进行重整。这里规定的"不能清偿到期债务"是指：①债务的履行期限已届满；②债务人明显缺乏清偿债务的能力，债务人停止清偿到期债务并呈连续状态，如无相反证据，可推定为"不能清偿到期债务"。

与1986年的《企业破产法（试行）》相比，新破产法的适用范围和立法思路发生了变化，增加了许多新的制度。实践证明，1986年颁布的《企业破产法（试行）》以"经营管理不善"或"严重亏损"作为破产的原因是不妥当的。因此，新破产法规定，只要"债务人不能清偿到期债务"，债权人就可以向人民法院提出对债务人进行破产清算的申请，这就极大地减轻了债权人在提出破产申请时的举证负担。但是，"债务人不能清偿到期债务"只是债权人提出破产申请的条件,而作为破产界限,还需满足"资产不足以清偿全部债务或者明显缺乏清偿能力"的条件。

四、破产财务管理的基本原则

企业一旦进入破产程序,其财务管理就进入了非常时期。破产财务管理不同于一般的财务管理,它所要处理的财务关系主要是破产企业和债权人之间的关系,管理的对象是达到破产界限的企业,所以,企业的破产财务管理应遵循以下几个原则。

(一)公平原则

公平原则是指在和解与整顿、破产清算过程中,要对所有的债权人一视同仁,按照法律和财产合同上规定的先后顺序,对各债权人的求偿权予以清偿,不能违背法律,为一个或几个债权人的利益而损害其他债权人的利益。公平原则就是要保证各债权人能公平分配破产企业的财产。

(二)可行原则

可行原则是指和解与整顿必须具备相应的条件,如果不具备相应条件,则认为和解与整顿是不可行的。和解与整顿是否可行的一个基本判别标准,就是达到破产界限的企业经过和解与整顿后,能否按和解协议清偿债务。如果企业能按时清偿债务,则认为和解与整顿可行,否则就认为不可行,应通过破产清算来加以解决。

(三)守法原则

企业的破产财务管理不仅需要财务方面的技术与方法,还需要更多的法律知识。无论是在和解与整顿过程中,还是在破产清算过程中,都必须依法办事。比如,对各种破产财产、破产债权的界定与确认,对破产费用的支付和管理,对各种债权的清偿,都要按破产法和有关法律处理。

(四)节约原则

破产财务管理必须处处遵循节约原则。一般来说,和解与整顿比破产清算节约费用支出,所以,在可行原则的基础上,若和解与整顿可行,则应尽量采用和解与整顿方式解决,若和解与整顿不可行,则采用破产清算。在破产清算时,也应尽量节约各种清算费用。

第二节 破产预警管理

一、破产危机的诊断

(一)企业常见疾病

1. 资产负债及资本方面的疾病

资产负债及资本方面的疾病主要包括:资产结构不合理;营运资本不足或过多;资产

估价过高或过低；财务结构不合理（负债过多或不足，权益资本不足或过多）；或有负债过多；等等。该类疾病可以根据资产负债表验定。

2. 经营方面（收支方面）的疾病

经营方面（收支方面）的疾病包括：收入少而成本高引起的企业获利太少；经营效率太低；盈余留存于企业的太少，股息发放过多；借入资本（负债）的成本过高；等等。该类疾病可以根据损益表验定。

3. 综合性疾病

综合性疾病主要包括：存货、应收款项、流动资产、固定资产等周转呆滞；生产机能使用不经济；资源使用不经济；等等。该类疾病可以根据资产负债表和损益表进行验定。

（二）危机症状分析

1. 破产危机潜伏期

在此时期，企业的主要症状有：盲目扩张；进行无效市场营销；疏于风险管理；缺乏有效的管理制度，企业资源分配不当；无视环境的重大变化；等等。

2. 破产危机发作期

在此时期，企业的主要症状有：自有资本不足；过分依赖外部资金，利息负担重；会计缺乏预警作用；债务拖延偿付；等等。

3. 破产危机恶化期

在此时期，企业的主要症状有：经营者无心经营业务，专心于财务周转；资金周转困难；债务到期不支付；等等。

4. 破产危机实现期

在此时期，企业的主要症状有：负债超过资产，丧失偿付能力；宣布倒闭；等等。

（三）判断企业破产危机的财务指标

企业在日常经营过程中，通过观察现金流量、销售额、现金、应收账款，以及财务比率等的变化，可以察觉出财务恶化的苗头。

1. 现金流量

企业出现破产危机时首先会表现出缺乏支付到期债务的现金流量。企业的现金流量与销售收入、利润密切相关，它们会呈现出联动的规律。

2. 销售额

一般情况下，销售额的非正常下降，会导致当期或以后各期现金流量的减少，当期现金流量受影响的程度主要取决于企业的信用政策。如果当期现金余额明显下降，产成品存货大量积压，就可以说企业出现了危机信号。

3. 现金和应收账款

在稳定的信用政策下，如果出现平均收现期延长，账面现金较少而应收账款较多的情况，就说明企业现金回笼状况差，现金流转可能会受到严重影响。

4. 财务比率

通过对反映企业财务状况的各项财务比率进行比较分析，观察其变化趋势，企业可以捕捉到危机信号。判断企业财务状况的主要财务比率见表13-1。

表 13-1　判断企业财务状况的主要财务比率

财务比率	公式	危机的先兆
资产周转率	$\dfrac{销售净额}{平均总资产} \times 100\%$	大幅度下降
资本经常收益率	$\dfrac{经常收益}{资本平均总额} \times 100\%$	大幅度下降或为负数
销售经常收益率	$\dfrac{经常收益}{销售净额} \times 100\%$	大幅度下降或为负数
经常收益增长率	$\dfrac{本期经常收益}{前期经常收益} \times 100\%$	小于100%，并逐年下降
销售利息率	$\dfrac{利息总额}{销售净额} \times 100\%$	接近或超过6%（根据统计数据）
资产负债率	$\dfrac{负债总额}{资产总额} \times 100\%$	大幅度上升
权益负债比率	$\dfrac{权益总额}{负债总额} \times 100\%$	大幅度下降
长期适应比率	$\dfrac{固定资产}{权益总额+固定负债} \times 100\%$	下降到100%以下
流动比率	$\dfrac{流动资产}{流动负债} \times 100\%$	下降到150%以下
经营债务比率	$\dfrac{应付账款+应付票据}{月销售额} \times 100\%$	接近或超过400%（根据统计数据）

二、财务预警管理的基本程序

（一）寻找财务预警的警源

警源是指警情产生的根源，财务预警的警源包括外生警源和内生警源。外生警源是指因外部经营环境变化而产生的警源。比如国家产业政策的调整，有可能导致企业被迫转产或做出重大经营政策上的调整，也有可能直接或间接地导致企业发生巨额亏损，甚至破产，此时，外生警源为"政策调整"。内生警源是指因企业内部运行机制不协调而产生的警源。比如企业投资失误，而投入的资金又是从银行借入的，这就导致营运资金出现负数，企业难以用流动资产偿还即将到期的流动负债，很可能会被迫折价变卖长期资产，以解燃眉之急。此时，投资失误为企业出现财务预警的内生警源。

（二）分析财务预警的警兆

财务预警的警兆是指伴随着现金流量状况恶化的一些财务先导性指标或迹象。分析财务预警的警兆，是财务预警系统的关键环节。从警源到警兆，有一个发展过程：警源孕育警情—警情发展扩大—警情爆发前的警兆出现。财务预警的目的就是在警情爆发前，分析警兆，控制警源，拟定排警对策。

警兆又可细分为景气警兆和动向警兆。景气警兆主要是由警情指标中先行警情指标和来自警源的部分指标构成，如主要工农业产品的价格波动，主要原材料和能源生产的波动等，它们可以直接反映宏观经济运行过程中景气或警情的程度；动向警兆主要是由警情发展过程中产生的外部现象的特征指标构成，如工资水平与劳动生产率相比增长过快，价格水平与收入水平相比增长过快，信贷规模和投资规模过大等。动向警兆不能直接反映景气或警情的程度，只能反映宏观经济运行的动向。

（三）监测并预报警度

警度是指警情的级别和程度。财务预警的警度一般有五种：无警、轻警、中警、重警、巨警。警度的确定，一般是根据警兆指标的数值大小，找出相对应的警限区域，警兆指标值落在哪个警限区域，则确定为相应级别的警度。比如，为了监测企业的债务情况，设置资产负债率为警兆指标。假定设置的警限区域为：当资产负债率小于10%为无警，10%～30%为轻警，30%～50%为中警，50%～70%为重警，70%以上为巨警。若某企业的资产负债率的实际值为58%，则说明该企业的警度为重警。

（四）建立预警模型

建立预警模型有两种方法：一种是定性分析方法，如专家调查法、德尔菲法、经验分析法等；另一种是定量分析方法，包括指标形式和模型形式。

（五）拟定排警对策

预警的目的，就是在警情扩大或爆发之前，采取排警对策。企业应有效地寻找警源，通过分析警兆、测定警度，采取行之有效的排警对策。监测财务风险的目的是有效地防范财务危机。当警情已出现或实际警度已测定时，人们的注意力不再集中于财务预警，而是集中于财务排警对策研究。

三、破产预警系统建立方法

对于任何一家企业来说，生存和发展是其根本目标，任何企业都不希望陷入破产清算的境地。虽然造成企业破产的原因可能很多，但是破产总是与企业的财务状况和经营成果直接关联的。因此，破产预警系统应当紧密围绕着对企业会计信息的加工和处理来建立。建立企业破产预警系统，通常可采用两种方法：定性法和定量法。定性法一般指财务报表分析法；定量法则有多种方法，其中比较常用的有评分法和判别法。

（一）定性法

定性法的特点是只能根据经验做出判断，因此，在判断过程中，判断者的风险倾向会影响结果，也就是说，结果具有较强的主观性。

（二）评分法

评分法是运用指数法来计算反映企业破产风险大小的综合指数。评分法操作步骤如下。

①选择一组财务指标，并确定它们的标准值。
②确定各个财务指标的权重。
③计算各个财务指标的实际值。
④用实际值除以标准值，计算出"关系系数"。
⑤用"关系系数"乘以权重，得出综合指数，然后加总。

评分法的规则是：综合指数的加总结果越接近于1，企业的破产风险就越小；综合指数的加总结果超过1越多，企业的破产风险就越大。必须说明的是，在使用评分法时，应将所有的财务指标都设计为正指标。评分法的主要缺点是，难以知道结果为多少时，企业会破产。

（三）判别法

破产预警系统建立的关键是确定预警的指标和判断预警的警戒线。其建立有以下两种思路。

1. 单一模式思路

单一模式思路是通过单个财务比率（如资产收益率、资产负债率）的恶化程度来预测财务风险。

企业良好的现金流量、净收益和债务状况可以表明企业有长期的、稳定的发展态势，所以当企业关注的财务比率达到经营者设立的警戒值时，预警系统便发出警示，提醒经营者注意。但单一模式没有区别不同财务比率对整体的作用，也不能很好地反映企业各财务比率正反交替变化的情况，如果一个财务比率变好，另一个财务比率变坏，就很难做出准确的预警。

2. 综合模式思路

综合模式思路是运用多种财务指标加权汇总产生的总判别值来预测财务风险，即建立一个多元线性模型来综合反映企业的财务风险。

美国学者阿特曼采用统计学中的判别分析方法，建立了预测企业破产的判别模型。他发现，与企业破产相关性较大的财务指标有以下五个。

①营运资金比率（X_1）= 营运资金/资产总额。
②留存收益比率（X_2）= 留存收益/资产总额。
③税息前资产利润率（X_3）= 税息前利润/资产总额。
④权益负债比率（X_4）= 所有者权益市值/负债账面价值。
⑤总资产周转率（X_5）= 销售收入/资产总额。

阿特曼将以上五个指标作为自变量，其判别模型为：

$$Z = 0.012X_1 + 0.014X_2 + 0.033X_3 + 0.006X_4 + 0.999X_5$$

在该模型中，Z 的判别值为 2.675。即当 Z 值大于 2.675 时，企业就不会面临破产；而当 Z 值小于 2.675 时，企业就面临破产的境地。阿特曼运用此模型计算了已破产的 33 家企业的 Z 值，正确率达到 97%。此外，他还发现，预测的准确程度受到预测期间的影响，用 Z 值预测未来一年企业破产的准确率为 90%，两年的准确率为 80%，而三年以上的准确率仅为 48%。所以阿特曼认为预测期间越长，企业发生变动的可能性越大，所以，Z

值适用于预测企业短期破产的可能性。

由于 20 世纪 60 年代以来财务报告的编制标准发生了很大变化，因此，1977 年，阿特曼等又提出了一种能更准确预测企业破产的新模型——"ZETA"模型。此后，很多学者根据阿特曼的思路，开发了多种危机预测模型。

第三节　和解与整顿财务管理

一、自愿和解的财务管理

（一）自愿和解概述

如果企业属于技术性的破产，财务困难不是十分严重，恢复经营和偿还债务的前景比较乐观，那么企业通常都愿意自愿和解，而不通过法律程序来进行处理。

自愿和解是简单的和非正式的，这种方法由于能减少法律费用和管理费用，因此可以节约大量成本。自愿和解一般可使债权人收回较多的账款，使企业免于破产，继续经营，同时还能使企业和债权人保持良好关系，有利于今后的经营。

自愿和解虽然不像正式和解与整顿那样正规，但也必须遵循必要的程序，一般要经过自愿和解的提出、召开债权人会议、债权人与债务人（企业）会谈、签署和解协议，以及实施和解协议五个步骤。

（二）自愿和解涉及的财务问题

在进行自愿和解的过程中，企业在财务方面需要处理好以下三个问题。

1. 通过与债权人的谈判，尽量延长债务的到期日

自愿和解通常都要进行债权的展期。债权人之所以愿意展期，是因为他们期望在以后能收回更多的债权。如果企业与债权人谈判顺利，债权人不仅会同意展期，还可能同意在展期期间，把求偿权的位置退于现在的供应商之后。展期的时期越长，对企业越有利。

2. 通过与债权人的谈判，争取最大数量的债权减免

在债权减免情况下，债权人仅收回部分债权金额，却要注销全部债权。债权人同意减免债权，是因为减免后可避免企业正式破产所增加的成本，如管理成本、法律费用、调查费用等。债权人既愿意进行债权减免，又不愿意减免太多，因此企业财务人员在谈判时要努力争取减免尽可能多的债权。

3. 必须按展期和债权减免的规定来清偿债务

经过展期和债权减免以后，企业的债务有所减少，偿还时间有所推迟，但经过展期和债权减免后的债务必须按时偿还。

二、正式和解与整顿的财务管理

如果企业不具备自愿和解的基本条件，就必须采用正式的法律程序来解决。

正式和解与整顿是对达到破产界限的企业依法采取的各种拯救措施。经过正式和解与整顿，多数企业都能起死回生，重新经营，因而正式和解与整顿具有重要意义。当然，正

式和解与整顿也有缺点。如果整顿无效，企业继续亏损，显然会使债权人的利益受到更大程度的损害。

（一）正式和解与整顿的基本程序

破产案件中的和解是指企业与债权人就到期债务的展期或债权减免达成协议，从而避免破产的一种程序，企业利用和解所提供的机会进行整顿，争取重新取得成功，这一过程被称为和解与整顿。

正式和解与整顿与自愿和解有相似之处，但正式和解与整顿要由法院来判定，涉及许多正式的法律程序。这些程序非常复杂，只有专门从事和解与整顿工作的律师才最了解，其基本程序有以下六个步骤。

①企业不能及时清偿债务，债权人向法院提出申请。

②被申请破产企业或其上级主管部门向法院提出和解与整顿的申请。企业由债权人申请破产的，在法院受理破产案件以后的三个月内，破产企业或其上级主管部门可以申请对该企业进行整顿。整顿申请提出后，企业应向债权人会议提出和解协议草案，草案上应说明企业清偿债务的限期、数额及具体的整顿措施。

③债权人会议通过和解协议草案。企业提出和解后，债权人要召开会议，决定是否同意和解与整顿。只有当债权人会议通过和解协议草案时，和解才能成立。如果和解协议草案未被债权人会议通过，那么，法院就要宣布企业破产，并予以清算。

④法院对和解协议认可并作出裁定，中止破产程序。企业和债权人达成和解协议后，应将和解协议提交法院，由法院作最后判定。一般而言，如果在达成和解协议过程中没有其他违法行为，法院都会认可。和解协议经法院认可后，由法院发布公告，中止破产程序。

⑤企业及其上级主管部门对企业进行整顿。重整计划经法院认可后，其执行就会被提上议事日程。重整计划的执行主体为重整人，或财产管理人，或"占有中的债务人"。执行重整计划应当遵循以下四个原则：一是效率原则，即重整人在重整计划批准后，应当及时、高效地将其付诸执行，并在计划所确定的重整期间内执行完毕，整顿期限不得超过两年；二是集体执行原则，即重整工作的执行，应当遵循民主集中制原则，而不是各行其是；三是全面执行原则，即重整人应当按照重整计划，全面地、适当地执行；四是情势变更原则，即在重整计划的执行过程中，若发生不得已的事由，需要变更重整计划规定的内容时，法院可根据情况变更重整计划。

⑥破产重整程序的终止与完成。重整程序的终止是指重整程序未能达到预期目标而提前结束，即重整失败。在整顿期间，企业有下列情形之一者，经法院裁定，终结该企业的整顿，宣告其破产：a.不执行和解协议；b.财务状况继续恶化，债权人会议申请终止整顿；c.严重损害债权人利益。

重整程序的完成是指重整人在重整计划所确定的时间内，按照重整计划完成了重整工作，达到了恢复企业常态、恢复企业清偿能力的重整目的。重整人完成重整工作后，应当通知、公告并召集重整后的首次股东大会。首次股东大会的召开，标志着企业自此恢复常态。法院将在重整人及恢复常态的企业管理机构的申请下作出重整完成的裁定。

企业经过整顿，若能按和解协议及时清偿债务，法院应当终止该企业的破产程序并予以公布。但如果整顿期满，企业不能按和解协议清偿债务，法院应宣告该企业破产并依法进行清算。

(二) 正式和解与整顿涉及的财务问题

正式和解与整顿涉及的财务问题，基本上与自愿和解一样，但还有以下几个特殊问题需要注意。

1. 和解协议草案的编制

和解协议草案是一份非常重要的法律文件。和解协议草案一般应包括以下内容：各项债务的偿还数额、日期和步骤；改善财务状况的具体方案；上级主管部门具体的支持意见；等等。

2. 整顿期间的财务管理

破产企业一般都存在管理混乱、资产破坏严重、销售收入减少、成本居高不下、产品质次价高等问题。为使整顿取得成效，在财务上必须做好以下几项工作。

①必须筹集一定数量的资金对厂房和设备进行修理或更新，以便正常进行生产和大幅度降低成本。

②必须筹集一定数量的资金，以购置生产经营所需要的流动资产。

③筹集一定数量的资金开发新产品和占领新市场，以便增加销售收入。

④筹集一定数量的资金偿还到期债务。

整顿能否取得成功，关键在于财务人员能否筹集到上述几笔企业在整顿过程中需要的资金。在整顿期间，企业的信誉较低，财务人员可以努力争取上级主管部门的资金或者通过寻找信誉良好的企业做担保人，从银行获取担保贷款等方式进行筹资。

第四节 破产清算财务管理

如果达到破产界限的企业不具备和解与整顿的基本条件，或和解与整顿被否决，那么，法院要依法宣告该企业破产，并进行债权、债务的清算。

一、破产清算的程序

破产清算由法院裁定，须严格按法定程序进行。破产清算程序一般包括以下五个步骤。

①法院依法宣告企业破产。

②成立清算组。破产企业的清算工作应由清算组来完成。法院自宣布破产之日起成立清算组，接管破产企业。清算组负责破产企业财产的保管、清理、估价、处理和分配。清算组可依法进行必要的民事活动。

③全面清查财产、债权、债务。清算组成立后，应对企业的财产、债权、债务做全面检查，编制出资产负债表和详细的财产目录。清算组还要依法对企业的财产进行处理和拍卖，以便清偿各种债务。如果破产财产不能清偿同一顺序的债务，则应按比例进行分配。

④分配剩余财产。如果破产企业财产的变价收入清偿所有债务后还有剩余，那么，清

算组应指导将剩余收入依法在所有者之间进行分配。

⑤办理停业登记。破产清算程序终结时,清算组应提出清算报告,并编制清算期内的收支表和各种财务账册,经由政府批准的会计师事务所和审计师事务所验证,报审批部门批准后,向企业原登记机关申请解除登记,宣布企业终止营业。自此,企业法人资格正式终止。

二、破产清算中的财务问题

同和解与整顿相比,破产清算涉及的财务问题更加复杂。破产清算过程中的财务问题主要包括以下四项。

1. 破产财产的确定与变卖

破产财产是指破产宣告起至破产程序终结前,归清算占有、支配并用于破产分配的破产企业的财产。破产财产包括:宣告破产时,破产企业经营管理的全部财产;破产企业在破产宣告后至破产程序终结前所取得的财产;应当由破产企业行使的其他财产权利,包括在破产程序结束时尚未到期的,应由破产企业将来行使的财产请求权等;担保品的价款超过其所担保的债务数额的,超过部分也属于破产财产。

破产财产被确定以后,一般都要变卖为货币资金,以便清偿债务。破产财产中若有法律限制自由买卖的商品,如黄金、炸药等,应由政府主管部门或指定部门收购。

2. 破产债权的界定和确认

破产债权是指在破产前宣告成立的,对于破产企业享有的无财产担保债权。在界定和确认破产债权时,应遵循以下六个标准。

①破产宣告前成立的无财产担保的债权,以及放弃优先受偿权的有财产担保的债权为破产债权。

②破产宣告前未到期的债权,视为已到期债权,但应当减去未到期的利息。

③破产宣告前成立的有担保品担保的债权,债权人有就该担保品优先受偿的权利,这部分债权不能构成破产债权。但是,有担保的债权,其数额超过担保品价款的,未受偿部分应作为破产债权。

④债权人对破产企业负有债务的,其债权可在破产清算之前抵消,抵消部分不能作为破产债权。

⑤债权人未在法律规定的期限内向法院申报债权,视为自动放弃债权,被自动放弃的债权不能作为破产债权。

⑥债权人参加破产清算程序的费用不能作为破产债权。

3. 破产费用的核算与管理

破产费用是指在破产案件中,为破产债权人的共同利益而支出的费用,主要包括:破产财产的管理、变卖和分配所需要的费用;聘任工作人员的费用;破产案件的诉讼费用;为债权人共同利益而在破产程序中支付的其他费用。

在破产案件清算过程中,应当尽量减少破产费用的支出。破产费用在破产财产中优先拨付,当破产财产不足以支付破产费用时,清算组要向法院及时申报,由法院宣告破产终结。

4. *破产财产的分配与破产财产的清偿*

当破产财产全部被确定和变卖，破产债权全部被界定和确认，破产费用核算（估算）出来以后，清算组便可提出分配方案。这一方案要由债权人会议通过，经法院裁定后执行。破产财产在优先扣除破产费用以后，一般应按以下顺序清偿。

①破产企业欠付职工的工资和劳动保险费用。

②破产企业欠缴的各种税款。

③各种破产债权。

如果破产财产不足以清偿同一顺序的债权，则应按比例在各债权人之间进行分配。未得到清偿的债权不再清偿。如果在清偿所有破产债权以后，破产财产还有剩余，则要将剩余部分在企业所有者之间进行分配。

第十四章　国际财务管理

思维导图

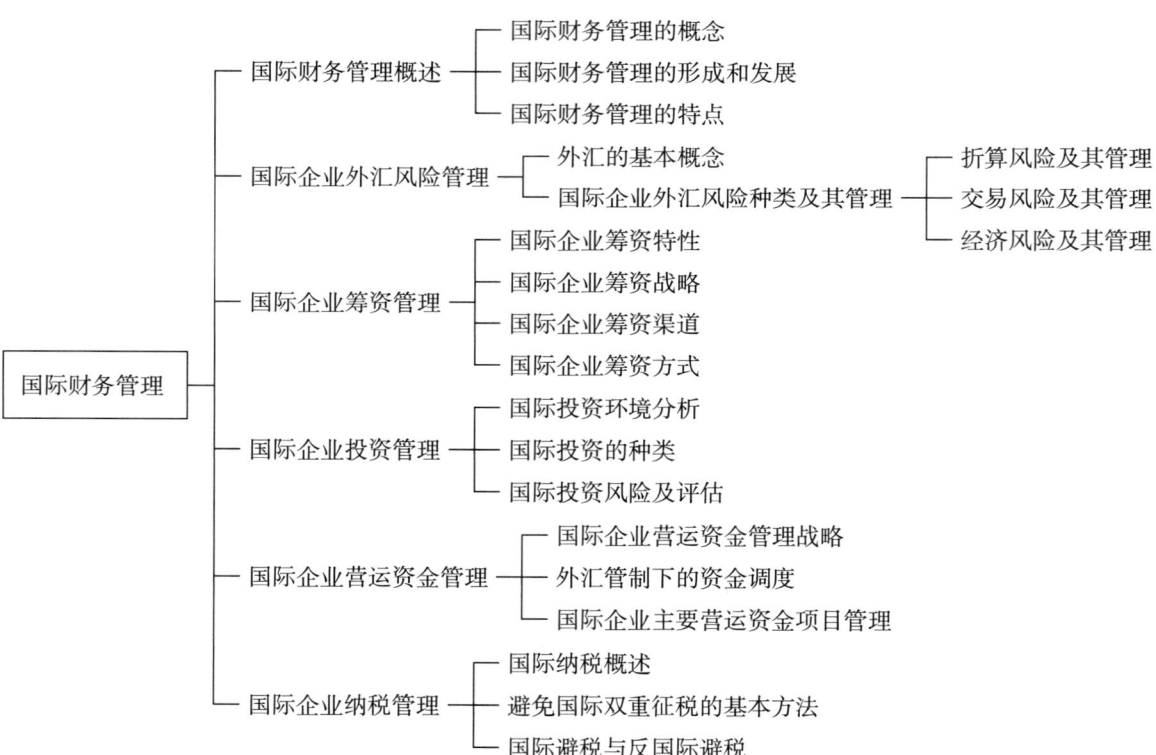

引 例

为了适应全球经济一体化，形成全球范围的品牌，从 2006 年开始，海尔进入了它的第四个发展战略创新阶段——全球化战略阶段。

在海尔高层看来，海尔的全球化必须基于海尔财务的全球化。财务要前瞻性地规划公司未来，精通商务创新及风险管控。财务管理的角色应定位为业务的合作伙伴、风险管控师和价值驱动者。因而，海尔在全球化过程中形成了具有海尔特点的资金管理模式，这种模式支持了海尔全球事业的发展。其中，海尔对于外汇资金管理采用的是"全球外汇资金集中管理+境外放款"模式。该模式主要是在分别实行境内、境外资金集中管理的基础上，通过设定境外放款综合头寸进行境内、境外资金跨境集中运作；通过境内、境外两个外汇资金集中管理专户分别对境内、境外外汇资金进行集中运营管理，在外汇局核定的 5 亿美元跨境放款额度内，初步实现跨境外汇资金集中运营管理。

思考：在全球化战略阶段，海尔的外汇资金管理模式具有哪些优势？

第一节　国际财务管理概述

一、国际财务管理的概念

国际财务管理作为现代财务管理的一个新领域，其目标、内容、方法体系尚不十分成熟，国内外学者对于国际财务管理的概念也有不同的看法，概括起来，主要有以下几种观点。

第一种观点：把国际财务管理理解为世界财务管理，认为国际财务管理应当研究全世界范围内各国企业普遍适用的原理与方法，使世界各国的财务管理逐渐走向统一。

第二种观点：把国际财务管理理解为比较财务管理，认为各国的政治、经济、社会、法律、文化、教育等理财环境存在着很大的差异，各国财务管理的目标、内容、方法也不尽相同，国际财务管理应在如实描述各国财务管理基本特征的同时，比较不同国家在组织财务活动、处理财务关系方面的差异，力求求同存异、互惠互利。

第三种观点：把国际财务管理理解为跨国公司财务管理，认为国际财务管理主要是研究跨国公司在组织财务活动、处理财务关系时所遇到的特殊问题。

综合而言，国际财务管理是财务管理的一个新领域，它是按照国际惯例和国际经济法的有关条款，根据国际企业财务收支的特点，组织国际企业财务活动，处理国际企业财务关系的一项经济管理工作。

二、国际财务管理的形成和发展

国际财务管理的形成和发展，主要基于以下三种因素。

（一）跨国公司的迅猛发展

跨国公司的迅猛发展是国际财务管理形成和发展的现实基础。第二次世界大战以来，随着生产的发展和科学技术的不断进步，国际企业得到了前所未有的发展。那些大型垄断企业通过对国外直接投资，在国外设立分支机构或子公司，形成了一个从国内到国外，从生产到销售，按照自己的"全球战略"，在世界范围内追逐高额利润的独特的企业体系，这就是现代意义上的跨国公司。据统计，发达国家的跨国公司，每家母公司平均拥有8家国外子公司。以跨国公司为主的国际企业，必然要求财务管理与其全球经营战略相适应，这极大地促进了国际财务管理的形成和发展。

（二）财务管理基本原理的广泛传播

财务管理基本原理的广泛传播是国际财务管理形成和发展的历史因素。财务管理的历史本来就是一部国际化的历史。通常，人们认为财务管理于19世纪末产生于美国，之后迅速传入西欧。英国把财务管理的基本原理传入了印度及其他英联邦国家。第二次世界大战以后，亚洲的日本、韩国等国家由于吸收了欧美财务管理的方法，财务管理得到快速发展。到目前为止，财务管理的一些基本原理在各国大致相同。但在不同时期和不同国家，财务管理还带有某一特定时期，或特定国家的政治、经济和民族的色彩。国际财务管理的发展有助于这种差异的协调，能促进各国财务管理不断融合，使各国财务管理进一步走向国际化。

（三）金融市场的不断完善及国际化

金融市场的不断完善及国际化是国际财务管理形成和发展的推动力量。第二次世界大战以来，由于科技革命的影响，生产国际化上升到一个新的阶段，生产国际化又推动了资本国际化，国际资金借贷活动日益频繁，国际资本流动达到空前规模，极大地促进了国际金融市场的发展。近二三十年，国际金融市场的发展，为国际企业迅速筹集资金和合理运用资金提供了条件，同时对国际企业的财务管理提出了新的要求。这是因为在国际金融市场上，无论是进行筹资还是进行投资，都必须认真预测汇率的变动趋势，选用合理的避险方式以减少或消除外汇风险。总之，金融市场的不断完善及国际化，极大地促进了国际财务管理的形成和发展，使其成了一门新兴的科学。

三、国际财务管理的特点

国际财务管理是国内财务管理向国际的扩展，所以，一国企业财务管理的基本原理和方法，也适用于国际企业。但是，由于国际企业的业务散布于许多国家，财务管理常涉及外汇的兑换和多国政府的法规制度，因此，国际财务管理比国内财务管理更为复杂。与国内财务管理相比，国际财务管理具有以下三个特点。

（一）理财环境具有复杂性

国际企业经营活动涉及多个国家，而各国的政治、经济、法律和文化环境有很大差异，因而形成了复杂的理财环境。国际企业在进行财务管理时，不仅要考虑本国的各种环境因素，还要密切注意国际形势和其他国家的具体情况，对汇率的变化、外汇的管制程度、税负的轻重、资金市场的完善程度、政治上的稳定程度等问题给予充分的考虑，以便提高财务决策的正确性和及时性。

（二）资金筹集具有更多的选择性

无论是国际企业的资金来源还是国际企业的筹资方式，都呈现出多样化的特点，这使得国际企业在筹资时具有更多的选择性。国际企业既可以利用母国的资金，也可以利用子公司东道国的资金，还可以向国际金融机构和国际金融市场筹资，国际企业可以利用这种多方融资的有利条件，选择最有利的资金来源，以便降低企业的资金成本。

（三）资金投入具有较高的风险性

从某种意义上来说，从事国际投资活动就是预测风险、避免风险的过程。国际企业除面临国内企业所具有的风险外，还面临国际政治、经济环境中的各种风险，这些风险可以概括为以下两类：

①上层建筑和政治方面的风险，主要包括：政府变动的风险；政策变动的风险；战争的风险；法律方面的风险；等等。

②经济和经营方面的风险，主要包括：汇率变动风险；利率变动风险；通货膨胀风险；经营管理风险及其他经营风险。

一般而言，上层建筑和政治方面的风险属于企业无法左右的风险，而经济和经营方面的风险可以通过企业有效经营来加以避免。这是因为，汇率、利率、通货膨胀对国际企业来说，既是其遭受损失的原因，又是其获得收益的条件。企业财务管理人员应对经济和经营方面的风险做出合理预测，以避免不利影响，获得最大收益。

第二节　国际企业外汇风险管理

一、外汇的基本概念

从动态的角度来看，外汇是指以本国货币兑换成外国货币并转移到国外的活动；从静态的角度来看，外汇是以外币表示的进行国际结算的手段。外汇的具体形式包括外国货币、外国有价证券、外币支付凭证等。

根据外汇交易交割时间的不同，可将外汇交易大致分为即期外汇交易、远期外汇交易和掉期外汇交易。即期外汇交易要求立即交割外汇；远期外汇交易要求在将来的某个时间交割外汇；而掉期外汇交易要求同时确定买进和卖出某种货币的两份合约，但这两份合约的交割日不同。

外汇汇率的标价方法包括直接标价法和间接标价法。直接标价法是以一定单位的外国货币为标准，折算成若干本国货币来表示汇率的方法。间接标价法是以外国货币表示一定单位本国货币的价格。

二、国际企业外汇风险种类及其管理

外汇风险又称外汇涉险，是指汇率变动对企业盈利能力、现金净流量和市场价值的潜在影响。企业财务管理人员的一个重要工作就是把握外汇风险状况，并据此进行外汇风险管理，以使企业盈利能力、净现金流量和市场价值尽可能地实现最大化。

从影响内容来看，国际企业在经营中所面临的外汇风险主要有三种类型：折算风险、交易风险和经济风险。

（一）折算风险及其管理

折算风险又称会计风险或资产负债表风险，是指在国际企业把不同外币余额的资产和负债按照一定汇率折算为本国货币的过程中，由于交易日和换算日的汇率不同，财务报表上的有关项目发生变动的风险。

国际企业通常采用资产负债表保值方法应对企业的折算风险，也就是使企业的合并资产负债表中的外币风险资产与外币风险负债相等。如果达到了这样的状态，即净风险资产等于零，那么汇率变化引起的风险就被负债价值变化所抵消，但这样做会引起交易风险或信用风险等。由于采用资产负债表保值方法时，需要调整外币风险资产额或外币风险负债额，因此，国际企业财务管理人员必须仔细分析与权衡，以使风险最小且不会造成其他种类外汇风险的产生或增加。

（二）交易风险及其管理

交易风险是指国际企业未来现金交易受汇率波动影响的可能性。国际企业各种货币的现金流入量和流出量的价值会受到这些货币汇率的影响。交易风险具体包括：商品进出口交易的外汇风险；外币借贷的外汇风险；远期外汇交易的外汇风险。

国际企业对交易风险的管理，通常采用套期保值的方法，它包括远期外汇市场套期保值、货币市场套期保值以及货币期权套期保值。套期保值方法的选择取决于汇率的预测值。如果预测值使国际企业认为自己会受到交易风险的不利影响，那么远期外汇市场套期保值或货币市场套期保值较合适。相反，如果国际企业认为自己会从交易风险中受益，那么货币期权套期保值就较合适。

（三）经济风险及其管理

经济风险又称营运风险，是指国际企业的全部现金流量（间接或直接的）受汇率影响的程度，因而也称"现金流量风险暴露"。这里的现金流量是税后利润加折旧额。

由于经济风险涉及投入、生产、销售以及行业等经营管理的诸多方面，比折算风险和交易风险的影响更大，而且它的影响是连续的、长期的，因此对经济风险的分析比折算风险和交易风险更为重要。

经济风险的防范通常有两种方法：经营多元化和财务多元化。国际企业通过经营多元化，使某些国家或地区现金流量的现值减少，另外一些国家或地区现金流量的现值增加，从而形成一个中和，进而减少难以预料的汇率变动对企业现金流量的影响，中和经济风险。国际企业的财务多元化，主要可以通过筹资多元化、投资多元化，以及将外币应收账款与外币应付账款做配合等方式实现，它不仅能够帮助国际企业减少外汇风险和政治风险，还可以提高资金收益率并降低资金成本。

上述三种外汇风险发生的时间和影响的期间是不同的。经济风险产生于汇率变动之后；交易风险产生于汇率变动之前，结束于汇率变动之后；而折算风险则在汇率变动时就已定型。

第三节　国际企业筹资管理

一、国际企业筹资特性

与国内企业相比，国际企业筹资特性主要表现在以下三个方面。

（一）资金需要量及资金来源方面

国际企业为实施其全球战略而在世界范围内从事各种生产经营活动，其所需资金较多，需要跨越国界在地区性市场或国际市场上筹措资金；而国内企业经营规模较小，生产经营活动有限，其所需资金通常由企业内部各单位相互融通或者由企业向银行及其他单一组织借款即可满足。

（二）筹资机会与风险方面

国际企业可以在国际市场上筹措资金，筹资的机会相对较多。国际企业筹资要受到各国的政治气候、法律环境、经济条件及文化背景等诸多因素的影响，而且其中大部分因素都处于不断变化之中，不确定性较大，因此筹资风险也较大。

（三）筹资决策方面

与国内企业相比，无论是在筹资渠道及筹资方式的选择上，还是在筹资结构及综合成本的设定上，抑或是在筹资方案的选择及筹资风险的防范上，国际企业须考虑的因素都更多，难度更大，要求也更高。

二、国际企业筹资战略

筹资战略是国际企业跨国筹资管理的重要组成部分。跨国筹资的成本、风险及结构，既影响跨国理财的成效，也影响国际企业的成长。因此，国际企业可从全球战略的高度，权衡各类可以利用的资金来源，从中择优并合理地组合，以实现筹资成本最小化、避免或降低筹资风险、设定最优筹资结构三大筹资战略目标。

（一）筹资成本最小化

一方面，国际资本市场上的各类资金，因风险不同及受各国政府政策等因素影响而成本各异，这就为国际企业实现筹资成本最小化战略目标提供了机会；另一方面，国际企业可凭借其内部一体化的组织能力和全球战略的信息网络，及时、准确地把握使筹资成本最小化的机会。

（二）避免或降低筹资风险

就筹资风险而言，任何一种重要的筹资安排，都会对国际企业总体的风险水平及筹资来源产生影响。因此，国际企业在进行筹资安排时，无论是由母公司筹资还是由子公司筹资，都必须考虑风险因素，努力避免或降低筹资风险。

（三）设定最优筹资结构

国际企业必须设定最优的筹资结构，以寻求低成本和低风险的筹资来源。在设定最优筹资结构时，应当考虑三个主要问题：国际企业的总体资本结构；子公司或投资项目的资本结构；母公司未担保或未合并子公司的债务。

三、国际企业筹资渠道

为了实现筹资战略目标，国际企业需要选择最合适的筹资渠道与筹资方式。国际企业筹资渠道大致分为以下四种。

（一）来自国际企业内部的资金

来自国际企业内部的资金是指母公司与子公司之间、子公司与子公司之间相互提供的资金。除在国外子公司创建初期，母公司投入足够的股权资本以保持对该子公司的所有权和控制权之外，母公司有时还以贷款形式向国外子公司提供资金。采用内部相互融通的方式筹集资金时，国际企业不需要支付筹资费用，因而可以降低筹资成本。

（二）来自国际企业母国的资金

国际企业可以利用其与母国经济发展的密切联系，通过从母国金融机构获得贷款，在母国资本市场上发行债券，从母国有关政府机构或经济组织获得贸易信贷等途径筹资。

（三）来自国际企业东道国的资金

当来自国际企业内部及其母国的资金不能满足生产经营的需要时，国际企业东道国（母国以外的子公司所在的国家和地区）的资金也是重要的补充来源。由于各国的经济状况与条件不同，因此国际企业利用东道国资金的情况也因国别而异。比如，美国证券市场较为健全，是国际企业最重要的筹资渠道；德国金融业务较为发达，因而银行业是提供各种资金的主要机构。

（四）来自国际的资金

来自国际的资金是指从除上述三个渠道以外的第三国或国际组织获取的资金，它是国际企业筹措资金的另一个主要渠道。当国际企业向第三国购买货物时，一般可从该国银行获取出口信贷，也可通过向国际金融机构（如世界银行）借款，在国际股票市场上发行股票，在国际债券市场上发行中长期债券等方式进行筹资。

四、国际企业筹资方式

国际企业的筹资方式主要可分为两类,即国际股票筹资和国际债务筹资。

(一) 国际股票筹资

国际股票筹资又称国际股权融资,是国际企业通过在国际市场上发行股票向投资者筹措资金的一种方式,是国际企业的基础资金来源。国际股票既可以在有关交易所挂牌上市交易,也可以在全球范围内通过有关金融机构进行分销。

国际股票筹资可分为国际普通股票筹资和国际优先股票筹资两种。

国际普通股票筹资是指国际企业通过发行国际普通股票进行的筹资活动。通过发行国际普通股票筹集到的资金,称为普通股股本,是国际企业资金的基本来源。

国际优先股票筹资是指国际企业通过发行国际优先股票进行的筹资活动。与国际普通股票相比,国际优先股票是一种具有某些优先权利的股票,国际企业通常在增募资本以吸收投资时发行这种股票。

(二) 国际债务筹资

除了股票筹资,国际企业还可以通过举债方式筹措资金,即国际债务筹资。国际债务筹资的具体形式又有国际债券筹资、国际信贷筹资及国际租赁融资等。

1. 国际债券筹资

在国际债券市场上筹资,是国际企业重要的资金筹措方式。发行国际债券一般有两种方式:一种是私募发行,即在有限范围内对特定的投资者发行债券;另一种是公募发行,即对社会各单位和广大公众发行债券。国际企业筹资时所利用的国际债券,主要指外国债券和欧洲债券。外国债券是指一国政府、金融机构或企业等在某一外国债券市场上发行的,以发行所在国货币为面值的债券,如我国企业在日本债券市场上发行的日元债券;欧洲债券是指一国政府、金融机构或企业等在某一外国债券市场上发行的,但不以发行所在国货币为面值的债券,如日本企业在瑞士发行的美元债券。

国际债券筹资要考虑的因素较多、筹资难度较大,因此国际企业须充分了解国际债券市场及国际债券的有关问题。

2. 国际信贷筹资

国际企业利用国际信贷筹资时,主要有两种方式:国际银行信贷和国际贸易信贷。

(1) 国际银行信贷

国际银行信贷是指国际企业在国际金融市场(如欧洲美元市场、亚洲美元市场)上向外国贷款银行借入资金的一种信贷方式。这种贷款大多由国际银团提供,又称辛迪加贷款或银团贷款。在辛迪加贷款方式下,辛迪加贷款者对借款者的资信状况十分关注,通常要在评估不同借款者资金实力和信用风险的基础上,确定给予贷款的额度、期限、利率和附加费用及还本付息的方式。

(2) 国际贸易信贷

国际贸易信贷又称国际企业的进出口信贷,是指一国为支持和扩大本国出口,增强国际竞争力,以对本国的出口给予利息补贴或提供信贷担保的方法,鼓励本国的银行对本国出口商或外国进口商（或其银行）提供利率较低的贷款，以解决本国出口商资金周转困难的问题，或满足外国进口商对本国出口商支付货款需要的一种信贷方式。

3. 国际租赁融资

国际租赁融资作为利用外资的一种特殊形式，具有资金融通和贸易相结合的特点。由于跨越国界，承租人和出租人分属不同的国家，因此国际租赁融资能够起到减轻企业总体税负，转移企业内部资金，降低或避免政府风险的作用。

除了国际股票筹资和国际债务筹资，国际企业有时还可以利用国际补偿贸易方式筹措资金。国际补偿贸易筹资主要有两种形式：一种是以特定项目的产品偿还贷款，称为"直接产品补偿"，它是国际补偿贸易的基本形式；另一种是以除特定目的产品以外的其他办法偿还贷款，称为"间接产品补偿"。国际补偿贸易多为发展中国家采取的一种特殊的筹资方式，属于具有商品信贷性质的贸易合作。其特点是以出口信贷为基础，将技术设备的进口与产品的出口相联系。国际补偿贸易有利于缓和进口方外汇资金紧张的状况。在国际补偿贸易中，进、出口双方是贸易关系，而不是资金借贷关系。

第四节　国际企业投资管理

一、国际投资环境分析

国际投资环境是指在国际投资过程中影响国际资本运行的东道国（资本输入国）的综合条件。它由硬环境和软环境组成。

（一）投资硬环境的基本因素

1. 城市和工业基础设施

城市和工业基础设施主要包括能源、交通运输、原材料供应、仓储、厂房、供水供电供热系统、金融信息、生活设施、文化卫生和其他服务设施条件等。

2. 自然地理条件

自然地理条件主要包括地理位置、面积、地形、人口、城市的分布状况、自然资源、气候、自然风光等因素。其中，人口因素是投资者评估东道国市场规模的重要依据之一。

（二）投资软环境的基本因素

1. 政治因素

政治因素直接关系到国际投资的"安全性"问题。它包括一般政治观念、政治体制、法律体制、外交政策、政治机构和政治稳定性，以及政府对外贸的态度、对外国企业的法律规定、对进出口贸易的限制情况、对国际投资的鼓励与限制、对盈利汇回本国的限制情况、外汇管理规定等。其中，能直接影响国际投资的因素是政治体制、政治稳定性、政府对外资的态度、对外国企业的法律规定等。

2. 经济因素

经济环境是影响国际投资的直接因素，主要包括经济政策、经济发展水平和市场规模、市场消费水平，以及市场的健全程度和开放程度四个方面。

3. 社会文化因素

各国的社会文化环境不同，这种不同必然影响东道国消费者的生活方式、消费倾向、购买动机、购买种类等，从而影响国际企业进行国际投资的国别与项目选择。社会文化因素包括宗教制度、教育、劳动力素质、社会心理和民族意识等。

大多数国家对外国公司的直接投资持既欢迎又限制的双重态度。东道国政府一方面可能采取减免所得税、关税等鼓励措施，另一方面又会设置许多限制性条件，如外商的投资份额不能超过或低于一定标准，对利润汇回母国和产品在东道国销售实施限制，甚至还可能会对外国投资强行征用甚至没收。因此，国际企业在决定进行对外直接投资之前，必须仔细分析东道国的投资环境。

二、国际投资的种类

按照不同的标准，可对国际投资进行不同的分类，国际上常见的分类标准主要有以下四种。

（一）按投资方式划分

按投资方式，可将国际投资划分为国际直接投资和国际间接投资。

1. 国际直接投资

国际直接投资又称对外直接投资，一般是指在国外开设独资企业、兴办合资企业、合作企业。如果国际企业的股票投资达到了对某企业进行控制的程度，那么这种股票投资也属于直接投资。

2. 国际间接投资

国际间接投资又称对外间接投资，是指投资者不掌握投资对象的动产或不动产的所有权，或是在投资对象中没有足够的控制权的投资。

（二）按资金来源划分

按资金来源，可将国际投资划分为公共投资和私人投资。

1. 公共投资

公共投资是指政府或国际组织出资进行的投资，如政府出资兴建公共设施，国际金融机构出资改善投资环境等都属于公共投资。

2. 私人投资

私人投资是指由私人（包括法人和自然人）筹集资金，为谋求经济利益所进行的投资。

国际财务管理中的投资主要是企业（法人）筹集资金到国外去投资，以谋求利润的行为，因此属于私人投资。

（三）按投资时间长短划分

按投资时间长短，可将国际投资划分为长期投资和短期投资。

1. 长期投资

长期投资一般是指一年及以上的投资。长期投资一般所需资金多，投资时间长，风险大。

2. 短期投资

短期投资一般是指一年以内的投资，通常指证券投资，如果是合作经营，那么时间不超过一年的也属于短期投资。短期投资一般所需资金少，投资时间短，相应地，投资风险也小。

（四）按投资主体及合作方式划分

按投资主体及合作方式，可将国际投资划分为国际合资投资、国际合作投资和国际独资投资。

1. 国际合资投资

国际合资投资是国际投资的一种主要形式，它是指某国投资者与另一国投资者通过组建合资经营企业的形式进行的投资。这里的合资经营企业通常是指两个或两个以上的不同国家或地区的投资者按照共同投资、共同经营、共负盈亏、共担风险的原则所建立的企业。

在国际合资投资中，东道国投资者对自己国家的政治、经济、文化等情况了解比较多，外国投资者参与投资不仅能学习东道国投资者的先进管理经验，加强企业管理，提高经济效益，还能够减少经营上的风险，更容易获得东道国对本国企业的优惠政策。但是，由于寻找合适的投资伙伴难度大，审批手续比较复杂，因此进行国际合资投资所需时间较长。另外，很多国家还规定，外资股权不能超过50%，所以，外国投资者往往不能对合资经营企业进行完全控制。

2. 国际合作投资

国际合作投资是指通过组建合作经营企业的形式进行的投资。这里的合作经营企业又称契约式合营企业，是指外国投资者与东道国投资者通过签订合同、协议等形式来规定各方的责任、权利、义务而组建的企业。

兴办合作经营企业的申请、审批手续比较简单，合作经营的内容与形式没有固定的格式，便于双方协商并达成协议，因而国际合作投资较为灵活，所需时间较短。国际合作投资的缺点主要在于合作经营企业的组织形式不像合资经营企业那样规范，合作者在合作过程中容易对合同中的条款产生争议，进而影响合作经营企业的正常发展。

3. 国际独资投资

国际独资投资是指通过在国外设立独资企业的形式进行的投资。这里的独资企业是指根据某国的法律，经该国政府批准，在其境内兴办的全部为外国资本的企业。

国际独资投资是由外国投资者提供全部资本，独立经营管理的，因而在资金的筹集、运用和分配上，外国投资者拥有自主权，不会受到干涉。但在许多国家，独资企业投资的条件比合资经营企业严格，且由于对东道国的投资环境调查比较困难，外国投资者承担的风险较大。

三、国际投资风险及评估

国际投资风险是指在特定环境和时期客观存在的可能导致国际投资发生经济损失的风险，主要包括政治风险、经营风险和外汇风险三类。外汇风险已在本章第二节中述及，这里仅分析政治风险和经营风险。

（一）政治风险

政治风险是指国际经济活动中因政治因素导致发生经济损失的风险，主要包括以下四种。

1. 国有化风险

国有化风险是伴随国家独立、革命，制度发生根本性变化而产生的，是指东道国对境内所有外资财产实施全面接管的风险，它已经成为国际企业在海外投资过程中面临的最突出的风险。受到国有化伤害的国际企业往往得不到补偿，即使得到适当补偿，补偿金额也远低于市场价值。

2. 战争风险

战争风险包括内战、边境战争、骚乱，以及与政治因素相关的恐怖事件所导致的风险。这类事件带有突发性，难以预测，且其带来的破坏波及国内外许多企业。企业因战争、骚乱而蒙受的经济损失，一般都无法得到补偿。

3. 转移风险

转移风险指东道国通过外汇管制等措施，使外国投资者无法将其资产和投资所得利润等汇回母国或转移到其他国家，从而达到限制资本外流的目的。

4. 其他风险

有些国家的政府强制规定外国投资者在环境保护和社会福利项目上的投资比例或数额，外资企业在各种岗位上雇用东道国居民的最低比率，高于本国企业的税率、水电费率以及工资率等，使外资企业在竞争中处于不利地位。

为了评估国际投资的政治风险，外国投资者应当收集有关国家的历史资料和现实情况，在了解该国的国际关系、社会情况、政局、法律规定、政策变化、投资保护、民族矛盾等情况的基础上，定性分析企业在各个国家或地区可能遇到的政治风险来源、风险类型以及风险大小，进而做出合理的投资决策。

（二）经营风险

经营风险是指生产经营方面的原因给投资收益带来的不确定性。国际企业在生产经营过程中除了受到经济形势和经营环境的变化、市场供求和价格变化、税收调整和通货膨胀率的变化及其他在经营过程中可能遇到的外部因素的影响，还受自身技术装备、产品结构和设备利用率、工人生产率、原材料使用情况及企业应变能力等内部因素的影响。

评估国际投资的经营风险，与评估国内投资风险一样，要采用定性与定量相结合的方法，常用概率方法来研究概率分布，计算出投资收益率期望值、标准离差和标准离差率等指标，并以此衡量经营风险的大小。

除了对投资风险进行科学论证，国际企业还可通过参加国外投资保险、利用多渠道筹资、借助东道国当地的力量及经营多样化、分散化等措施进行投资风险管理。

第五节　国际企业营运资金管理

一、国际企业营运资金管理战略

国际企业营运资金管理战略是指对国际企业流动资产和流动负债进行组合的全球性管理战略。国际企业营运资金管理战略包括资金配置、资金调拨成本最小化、子公司的汇款政策和外汇风险管理四个方面。其中，外汇风险管理已在本章第二节中述及，这里仅就其他三个方面加以阐述。

（一）资金配置

国际企业通常通过专门的资金营运机构使国际企业的全部资金活动联系起来，借此实施高度集中的营运资金管理政策。国际企业资金配置是通过资金库账户实施的。具体的资金库账户形式有三种：以某一附属单位作为资金库账户的持有者，其他各附属单位的剩余资金往来都以这个账户的名称记账；以一个国际财务子公司、再开票公司、控股公司或银行业务中心等专门的资金机构作为资金库账户的持有者，各参加者之间的资金转移都通过这一专门账户进行；以一家银行代设资金库账户，国际企业各子公司可以自己设立工作账户，再经由统一的专门账户处理资产与债务差额。

（二）资金调拨成本最小化

资金调拨成本是资金使用成本的构成内容之一。实现资金调拨成本最小化的主要手段包括三个：通过选择合理的中转地点及正确的调拨工具（邮汇或者电汇）加速资金调拨；正确运用净额方法（双边净额和多边净额）进行结算；通过净额支付和集中决算的方法统一协调各子公司为交易和预防目的而保存的准备金需求。

（三）子公司的汇款政策

确定国外子公司的汇款政策，是国际企业营运资金管理战略的重要内容。汇款政策的核心问题就是要确定国外子公司资金汇回母公司的比例。确定汇款计划时须考虑的因素主要包括：计划期内子公司内部的现金流动状况；母国或东道国税务当局对子公司股息的课税；子公司的预期收益；子公司向母公司或其他单位汇款可选择的手段；等等。

二、外汇管制下的资金调度

国际企业各子公司的东道国政府，很可能会对子公司营运资金的支付及汇出国外加以限制，如在偿付债务、特许权费和劳务费支付的时间和额度等方面设限制。遇到这种情况时，国际企业应采取相应对策。一般来说，外汇管制下转移或调度资金的途径包括以下五种。

（一）利用不受管制的渠道

如果东道国政府只限制股利汇付，那么，国际企业就可以利用特许权费和劳务费的支付、债务的偿还等途径转移资金。

（二）金融中介贷款

金融中介贷款是指国际企业的母公司先把资金存入金融中介机构（通常是大的国际性银行），再由该金融中介机构把同一数额的资金贷给借款子公司。从银行的立场来看，银行有母公司存款做担保，这笔贷款毫无风险。借款子公司支付给银行的利息略高于银行支付给母公司的利息，差异部分为银行的收益。利用金融中介贷款，可以提高子公司偿付贷款的可能性，这是因为如果借款子公司东道国发生政治动荡，东道国政府常会禁止借款子公司偿付给母公司，但一般不会禁止借款子公司偿付给金融中介机构。

（三）提前或延期结付

提前或延期结付是指通过改变子公司之间的款项支付时间，使部分流动资金从外汇管制的国家转移出来。这种途径的优点是：它并不要求付款方正式承认其对销售商负有债务；可以通过属于国际企业的内部账户来进行。由于这种途径属于国际企业的内部贷款，因此政府的干预一般较少。

（四）利用转移价格

利用转移价格转移资金也是一种常用的方法。因为通常有许多零部件并无统一的市场价格，所以，子公司可通过较高的价格支付，将资金从外汇管制的国家转移出来。这种途径的主要缺陷是，东道国政府有权坚持采用公允价格。

（五）主动或被迫再投资

若上述办法都行不通，则国际企业可以考虑对有利于东道国经济发展的重要产业进行再投资。在被迫再投资情况下，国际企业必须在当地寻找最佳的投资机会，以实现在可接受的风险水平上的报酬最大化。如果资金冻结是暂时的，国际企业可以将资金投资于短期证券。被冻结的资金也可定期存入银行，或经由东道国的跨国银行贷给设在其他国家的子公司。如果这些做法都不可行，则国际企业只能进行直接投资增加生产设施。

三、国际企业主要营运资金项目管理

（一）国际企业现金管理

国际企业不但现金数量大，而且分布广泛，通常会涉及多个国家。在现金调度过程中，要考虑到所涉及的各个国家对现金管理的法令、条例，特别是外汇管理条例及各个国家的税则。国际企业一般对现金采取集中管理。

现金集中管理的优点主要有以下三个。

①可以减少整个企业集团的现金储备量，从而减少流动资产总额和降低筹资成本，提

高整个企业集团的盈利能力。

②集团总部在现金管理上能从全局考虑，所做出的决策都以全局利益为出发点。

③可以分散风险，特别是外汇风险。

有效的现金管理依赖于健全的现金报告制度和现金控制制度，国际企业必须每日掌握这些方面的信息。

例 15-1：假设伦敦为某国际企业的现金调度中心，该国际企业要求其驻巴黎、汉堡、伦敦和罗马四地的子公司，每日营业终了时向现金调度中心送交"现金日报"，报告明年一季度的现金金额及近期 5 日的现金收付预算。所有子公司的现金金额都按现金调度中心规定的汇率换算成统一的记账货币（美元）。四家子公司明年一季度的现金预测日报见表 15-1、表 15-2、表 15-3 和表 15-4。

表 15-1　子公司：巴黎　　　　　　　　　　　　　　单位：万美元

	收入	支出	净额
1 月	30	18	+12
2 月	32	45	−13
3 月	31	26	+5
一季度合计	+4		

表 15-2　子公司：汉堡　　　　　　　　　　　　　　单位：万美元

	收入	支出	净额
1 月	20	30	−10
2 月	18	14	+4
3 月	16	10	+6
一季度合计	0		

表 15-3　子公司：伦敦　　　　　　　　　　　　　　单位：万美元

	收入	支出	净额
1 月	40	17	+23
2 月	20	45	−25
3 月	30	19	+11
一季度合计	+9		

表 15-4　子公司：罗马　　　　　　　　　　　　　　单位：万美元

	收入	支出	净额
1 月	28	4	+24

(单位:万美元)(续表)

	收入	支出	净额
2月	25	24	+1
3月	30	31	-1
一季度合计			+24

现金调度中心可以根据各地子公司的现金预测结果编制综合的一季度现金预测表（表15-5）来综合考虑现金余缺的调剂。

表15-5 一季度现金预测表　　　　　　单位：万美元

	1月	2月	3月	合计
巴黎	+12	-13	+5	+4
汉堡	-10	+4	+6	0
伦敦	+23	-25	+11	+9
罗马	+24	+1	-1	+24
现金余缺	+49	-33	+21	+37

从表15-5可以看出，1月将有49万美元的结余，2月有33万美元的缺口，3月有21万美元的结余。现金调度中心可以根据预测情况调度资金、弥补缺口或进行短期投资，以平衡国际企业整体的现金收支状况，避免现金收支出现较大泛动。

（二）国际企业应收账款管理

国际企业应收账款管理包括两个方面：一是国际企业内部的应收账款管理；二是无关联客户的应收账款管理。这两个方面各有其特殊性，因而需要采用不同的管理策略。

1. 国际企业内部的应收账款管理

由于国际企业对各地的子公司的现金进行集中管理，而母子公司之间以及子公司相互之间购销货物、提供劳务、收付款项很频繁，国际企业需要考虑在全球范围内对全部母子公司之间以及子公司之间的收付款进行综合调度，抵消一部分收付款额度，只将抵消后的净额进行结算，以节约资金转移成本。据估计，资金转移成本，包括汇费、银行手续费、在途汇款的机会成本（利息费用）等，通常占到资金转移数额的0.25%～1.5%。因此，实行净额结算制度可以有效地节约国际企业的费用。

（1）双边净额结算制度

假定某国际企业在德国的子公司，销售价值200万美元的产品给在意大利的子公司，而意大利子公司同期又向德国子公司出口价值300万美元的原材料，这两笔业务的收付款如果不相互抵消，就要有500万美元的资金流动，而采用双边净额结算制度，只要德国子公司净支付100万美元给意大利子公司，就可以结清账目。这样，子公司之间实际资金流动仅为100万美元，从而节约了400万美元的资金转移成本。

（2）多边净额结算制度

只有当母公司与子公司、子公司与子公司之间互为购销方时，双边净额结算制度才是有效的。但是，如果国际企业的内部贸易结构复杂，多个子公司之间相互有货款和劳务往来，数额很大，双边净额结算制度难以有效运行，就需要在内部实行多边净额结算制度。多边净额结算制度和双边净额结算制度的主要差别是：双边净额结算制度是相互之间直接抵消，从而结出净额资金；而多边净额结算制度是相互"间接地"轧抵收付款资金，抵消后清算出净额，从而节约资金转移成本。

如果由母公司充当各个子公司之间的结算中心，采用多边净额结算制度，对子公司之间的应收应付款进行综合调度，就可以极大地减少内部资金转移的数量。为了准确计算净额，母公司需要编制子公司间应收应付款矩阵表。

例 15-2：某国际企业下属加拿大子公司、法国子公司、英国子公司、日本子公司四个子公司，它们之间互相拖欠款项，欠款情况明细如表 15-6 所示。

表 15-6 欠款情况明细　　　　　　　　　　　　　　　　　单位：千美元

欠款方	欠下列各子公司的款项			
	加拿大子公司	法国子公司	英国子公司	日本子公司
加拿大子公司	—	40	80	90
法国子公司	60	—	40	30
英国子公司	90	20	—	20
日本子公司	100	30	50	—

该国际企业通过现金结算中心，采用多边净额结算制度，对子公司之间的应收应付款进行综合调度，编制了子公司间应收应付款矩阵表（表 15-7）。

表 15-7 子公司间应收应付款矩阵表　　　　　　　　　　　单位：千美元

收款子公司	付款子公司				合计	净额
	加拿大子公司	法国子公司	英国子公司	日本子公司		
加拿大子公司	—	60	90	100	250	40（250-210）
法国子公司	40	—	20	30	90	-40（90-130）
英国子公司	80	40	—	50	170	40（170-130）
日本子公司	90	30	20	—	140	-40（140-180）
合计	210	130	130	180	650	0

经过多边净额结算，子公司之间的现金收支相互冲销，内部资金转移为 80 000 美元，比合计的 650 000 美元减少了 87.69%，节约了大量的资金转移成本和货币兑换成本。

子公司之间相互购销货物（劳务），发生应收应付账款。应收方如果当时资金充裕，收到的账款可以存入银行，收取存款利息；如果当时资金短缺，可以用收到的账款偿还银行贷款，减少利息费用。应付方如果当时资金充裕，支付账款就等于减少银行存款，减少利息收入；如果当时资金短缺，就必须从银行借入款项支付货款，从而增加利息费用。而银行存款与银行贷款的利率是有高低的,前者低,后者高。因此,国际企业可以有意识地提前或推迟还款,以节约利息费用或增加利息收益。提前或推迟还款,实际上是由销货人对商业贷款期加以改变。如果销货人能在销售时准确预测利率差而当即决定付款期的长度,就会更为主动。

适度地改变信用期限有利于提高国际企业的整体偿债能力,降低税负,减少外汇风险。但要执行得好,必须做到信息及时。需要的信息一般包括:①子公司间应收应付账款结算资料;②各国外汇管理条例;③各国税则;④各子公司营运资本情况(这影响到其在当地贷款的能力);⑤当地存款利率;⑥预计外汇汇率变动。

2. 无关联客户的应收账款管理

无关联客户的应收账款管理主要涉及两个问题:一是结算币种的选择;二是付款条件的确定。在跨国经营情况下,销售结算是采用出口方货币、购买方货币,还是第三国货币,须视情况而定。一般来说,出口方愿意采用硬通货结算,而进口方愿意采用软通货支付到期款项。出口方为了获得硬通货,往往在价格和付款条件上做一定让步。若采用软通货支付,则出口方希望越早付款越好,以最大限度地减少销售日与付款日之间的汇兑损失。而以硬通货支付的应收账款,则可能被允许延长付款期。实际上,如果销售时出口方预期本国货币急剧贬值,那么出口方可能会鼓励进口方延期支付。这是因为,有些国家的政府要求企业将即期外汇收入兑换成本国货币。

在一些国家,应收账款可用作短期融资抵押品。一般情况下,大企业较小企业更容易获得信用,且信用成本更低。所以,当进口方缺少资金时,出口方可延长付款期,同时将融资成本加到销售价格上去。这样做还可促进销售额的增加。

第六节　国际企业纳税管理

一、国际纳税概述

(一)国际税收

国际税收是指涉及两个或两个以上国家财权利益的税收活动,它反映了各国政府在对从事国际活动的纳税人行使征税权力而形成的税收征纳关系中所发生的国家之间的税收分配关系。

国际税收主要包括以下几种。

(1)所得税

所得税是国家以法人、自然人和其他经济组织在一定时期内的各种所得额为征税对象的各种税收的统称。

(2)增值税

增值税是以商品生产和流通缓解的新增价值或商品附加价值为征税对象的一种流转税。

(3)关税

关税是一个国家的中央政府对过境的应税货物征收的税种。

(4) 预扣税

预扣税是由东道国政府对本国居民或经济法人向外国投资者和债权人支付的股息和利息所征收的税。

(5) 资本利得税

资本利得税是对企业出售资本性资产所得利益而征收的税。

(二) 税收管辖权

税收管辖权是国家主权在税收领域的体现。税收管辖权可分为两类：居民税收管辖权和收入来源地税收管辖权。居民税收管辖权是指国家对居民的所有收入（无论来自本国还是外国）都有权征收所得税；收入来源地税收管辖权是指国家对源于本国境内的所得征收所得税，而对源于境外的所得免征税。

二、避免国际双重征税的基本方法

国际双重征税是指两个或两个以上国家由于采取不同的税收管辖权而对同一纳税人就同一征税对象在同一时期计征类似税种。国际双重征税增加了跨国纳税人的义务，不利于国际资本流动和经济技术的合作与交流。尽管各国政府都极力寻求妥善的解决办法，但各国宏观经济利益以及国际企业的目标和策略不同，使得不同国际企业在避免国际双重征税的具体操作上存在差异。当前，避免国际双重征税的基本方法有以下四种。

(一) 税务协定

国际双重征税的实质是国与国之间财权利益的冲突。各国通过签订国际税收协定，以国际法为准绳，通过平等协商、制定相应的调整规范，以税收协定的形式加以约束，能够有效避免国际双重征税，妥善处理相互之间的财权利益分配问题。

在各国签订的国际税收协定中，营业所得的确定和税率限制是主要内容。对于营业所得的确定，目前通常采用"常设机构"原则，即外国企业在另一国进行其全部或部分营业活动时设有固定场所，或虽未设固定场所，但外国企业在另一国有非独立代理人，并通过该非独立代理人从事特定性质活动，则该外国企业被认定为在该另一国有常设机构，应就其营业所得向另一国交税的原则。"常设机构"原则可以协调签约国双方的税收管辖权。另外，经过协商做出限制利率的规定，可以保证来源地和居住地两国共享征税的权利。

(二) 免税

免税又称豁免，是指居住国（或国籍国）政府对本国居民（或公民）纳税人已被有关外国政府课征同类或类似税种的境外所得或财产免予征税，该方法可以完全避免国际双重征税，操作上简便易行。

由于免税的实质是以牺牲居住国政府税收为基础的，因此不利于居住国组织税收收入，同时，居住国对跨国纳税人的境外所得不予征税，甚至不予考虑，为跨国纳税人偷漏国际税收提供了一定的条件。所以，目前采用免税方法的国家屈指可数。

（三）税收抵免

税收抵免又称税款贷项，是指居住国政府允许纳税人在本国税法规定的限度内，以已缴所得来源国政府的税款，全部或部分抵免应汇总缴纳本国政府的税额的一种避免国际双重征税的方法。对于国际企业而言，就是母公司所在国允许母公司下属企业在境外的已纳税款作为母公司在本国应纳税款的扣除数。

税收抵免的抵免范围仅限于以跨国纳税人的跨国所得或跨国一般财产价值为征税对象征收的各税种，同时，税收抵免通常有限额，即一般以按居住国税率计算的应纳税额为限，超额部分不予抵免，否则会损害居住国政府的税收利益。

（四）税收扣除

税收扣除是指母公司所在国政府行使居民管辖权征税时，允许跨国纳税人将其在国外缴纳的所得税税款作为一项费用在应税所得中扣除，以其扣除后的余额计征所得税，以避免国际双重征税。

税收抵免是以税抵税，而税收扣除是以税抵应税所得，在同等条件下，税收扣除实际上加重了跨国纳税人的税负。与税收抵免中的全额抵免相比，税收扣除方法中，跨国纳税人多缴纳的所得税额为其在国外已缴纳所得税额（本国适用税率）。因此，这种方法只是对国际双重征税一定程度上的缓解，而非完全避免。目前，采用该方法的国家较少。

由于国际双重征税的问题日益复杂化，不同国家出于对自身利益的考虑，对避免国际双重征税的方法有不同的选择。除上述四种基本方法外，有些国家还会采取对国外收入实行低税率，对国外收入实行延期征税，投资抵免或实行区域减免措施等更为灵活的政策。

三、国际避税与反国际避税

（一）国际避税的含义及基本方式

1. 国际避税的含义

国际避税是指跨国纳税人利用各国税法规定上的差异，以种种公认的合法手段，通过课税主体（自然人或法人）和课税客体（货币或资产）的转移或不转移，跨越税境来减少或消除纳税义务的行为。这一定义中包含着以下三层含义。

第一，形成国际避税的基本前提是客观现实中各国税法规定上的差异。国际企业在进行投资决策时，往往将有关国家的所得税税负大小作为决定其投资方向的一个重要因素。国际企业在发现、研究和利用各国在税收管辖权、税种税率、税基等税制差异的基础上做出决策，可以减轻自身的整体税负。

第二，国际避税是以合法的手段来实现的，既遵守了相关国家税法的有关规定，履行了税法规定的义务，又实际上少交了税。

第三，国际避税是跨越税境进行的。税境是一个国家有效行使税收管辖权的界限。不同国家的税境条件不同，而且在世界范围内，不同国家间税境有可能相互交叉或脱钩，国际避税行为不可能在一个固定的税境中得手，它必须游移于多个税境之间，国际企业可利用各种可乘之机达到双重免税或减轻税负的目的。

尽管国际避税行为的直接目的也是减轻税负,且其外部条件是国家之间客观存在的税制差异,但其与国际偷漏税行为有着本质的区别。

2. 国际避税的基本方式

在国际税收实践中,国际企业所采用的国际避税方法多种多样,但从总体上来看,不外乎表现为从税收管辖权角度进行课税主体或课税客体的转移,此"转移"是指跨越税境。国际避税的基本方式有以下五种。

(1) 人的转移

目前,大多数国家都采用居民管辖权,即对居民纳税人的全球所得征税,而对非居民则仅对来源于本国的所得征税。不同国家确定居民身份的标准也不一致,因此,国际企业可以通过改变居民身份或避免成为纳税人的方式来避免某个国家的税收管辖。

(2) 人的非转移

人的非转移是指不一定改变所得或财产所有者在某国的居民身份,而通过设立某种中间媒介来转移所得或财产,造成法律形式上所得或财产与原所有者分离,以减轻所得或财产所有者在居住国的税负。对国际企业而言,一般可采用信托形式或利用双边税收协定等方法达到避税的目的。

(3) 物的转移

物的转移是指国际企业改变所得、资金、货物或劳务的来源国,借以避免成为该国税收管辖对象,从而达到避税的目的。物的转移一般是将资金、所得、货物或劳务通过某些手段,从高税国转移到低税国。常见的方法有避免设立常设机构,利用国际转移价格,以及利用一些国家在资本利得税和转移财产税等方面的特殊政策,在公司转让或合并时,不以法人名义而以个人名义进行等。

(4) 物的非转移

物的非转移主要是利用各国税法中有关延期纳税的规定来达到避税的目的。

(5) 避税港

避税港又称避税地,是转移与非转移相结合的避税方式,它是指向其他国家和地区的投资者提供无税、低税或其他特殊优惠条件的国家和地区。目前,在全世界范围内,避税港数量多、分布广,不同避税港对于外国投资者给予的税务上的宽松度各不相同。

避税港的特点包括:第一,有独特的低税结构;第二,通常以所得税为主体,除少数消费品外,一般不课征流转税;第三,具有较为明确的避税区域范围;第四,提供的税收优惠形式具有多样性,各国都是依据自身的需要来提供的。此外,避税港还拥有完备的通信设备,在提供高水平咨询的同时能够保守严格高标准的银行秘密和企业秘密。

由于各避税港的条件不同,加上新型避税港的不断涌现,国际企业应当根据自身的特点与要求加以选择,采用适当的形式(如在避税港设立投资公司)实施避税方案。

(二) 反国际避税的含义及基本方法

反国际避税(或国际反避税)是指各国政府针对国际纳税人的国际避税行为采取种种反避税措施,以便从各方面消除和制止国际避税,保护自身税收利益的活动。各国政府要组织有效的反国际避税措施,必须先从完善自身税法体系建设、加强税收管理等角度入手,采取相应措施。由于国际避税是跨越税境的,因此必须加强各国之间的国际税收管理协作。从当前形势来看，反国际避税的基本方法主要有以下三类。

1. 制定实施反避税法规

制定实施反避税法规是反国际避税方法中最重要、最有效的一种。加强税收立法，完善反避税法规，实际上是使国际纳税人失去钻税法空子的机会。目前世界各国的具体做法主要有：对税法条款做广泛的经济性规定，在法律条文中尽量采用有助于税务当局反避税的措辞与规定，在表述课税客体时使用经济概念而不使用法律概念；对现有税法的某些条款做更明确的规定，使其具有反避税功能；制定适用于全部税收法规的综合反避税条款，如明确纳税人的各种法律义务与责任及税务管理当局的某些特殊权力等；制定针对国际避税惯用方法的特殊条款。

2. 制定与实施税务申报、会计审计及所得税评估等制度

大多数国家在税法上都规定纳税人必须按期向税务机关申报有关税务事项和各类报表等资料，同时还规定，纳税人特别是股份有限公司申报的各类报表都要经过注册会计师审核并出具审核报告，以保证税务机关能及时取得真实的税收管理资料。许多国家对不能提供准确收入、成本或费用证据，不能正确计算应税所得的企业，补充实施所得税评估制度。如果发现国际企业采用不当国际转移价格来转移利润时，可采用国际转移价格的限制措施或对应税所得调整等措施，来防止正常税收的流失。

3. 加强国际税务管理合作

在反国际避税的国际合作中，主要采用的是签订国际税收协议和进行国际仲裁等方法，其目的是调解国际税务纠纷，协调各国政策，共同抵制国际避税行为。

参考文献

爱默瑞,芬尼特,斯托,2007. 公司财务管理:第2版 [M]. 荆新,改编. 北京:中国人民大学出版社.

侯吉建,袁东,2014. 特许经营概论 [M]. 北京:中国人民大学出版社.

科普兰,威斯顿,2003. 财务理论与公司政策:第3版 [M]. 宋献中,译. 大连:东北财经大学出版社.

黎精明,兰飞,石友蓉,2017. 财务战略管理 [M]. 北京:经济管理出版社.

李忠宝,肖峰,2018. 财务管理概论 [M]. 5版. 大连:东北财经大学出版社.

刘淑莲,2017. 财务管理 [M]. 4版. 大连:东北财经大学出版社.

陆正飞,朱凯,童盼,2018. 高级财务管理 [M]. 3版. 北京:北京大学出版社.

梅林,埃文斯,2019. 并购估值:原书第3版:构建和衡量非上市公司价值 [M]. 李必龙,等译. 北京:机械工业出版社.

彭韶兵,2011. 财务管理概论 [M]. 北京:高等教育出版社.

王化成,刘俊彦,荆新,2021. 财务管理学 [M]. 9版. 北京:中国人民大学出版社.

王化成,刘亭立,2022. 高级财务管理学 [M]. 5版. 北京:中国人民大学出版社.

王名,王超,2016. 非营利组织管理 [M]. 北京:中国人民大学出版社.

王蔚松,2011. 跨国公司财务 [M]. 上海:上海财经大学出版社.

文志宏,2020. 特许经营实战指南 [M]. 北京:电子工业出版社.

徐永涛,2007. 企业并购与财务风险管理 [M]. 成都:西南交通大学出版社.

许艳芳,王建英,支晓强,等,2022. 国际财务管理学 [M]. 6版. 北京:中国人民大学出版社.

杨雄胜,熊焰韧,2022. 高级财务管理理论与案例 [M]. 4版. 大连:东北财经大学出版社.

张蕊,2012. 公司财务学 [M]. 2版. 北京:高等教育出版社.

张先治,2021. 高级财务管理 [M]. 大连:东北财经大学出版社.

章卫东,2014. 企业财务分析 [M]. 上海:复旦大学出版社.

BRIGHAM E F, EHRHARDT M C, 2020. Financial management: theory & practice [M]. 16th ed. Boston: Cengage Learning.

LIBBY R, LIBBY P, HODGE F, 2023. Financial accounting [M]. 17th ed. New York: McGraw Hill LLC.

BERK J, DEMARZO P, 2020. Corporate finance [M]. 5th ed. London: Pearson.

HULL J C, 2021. Options, futures, and other derivatives [M]. 11th ed. London: Pearson.

BREALEY R, STEWART C, MYERS S, et al., 2023. Principles of corporate finance [M]. 14th ed. New York: McGraw Hill LLC.

ROSS S, WESTERFIELD R, JAFFE J, 2022. Corporate finance [M]. 13th ed. New York: McGraw Hill LLC.